A Monsieur Guimoud

Hommage de respectueuse sympathie

[signature]

Chambres Syndicales

DE LA VILLE DE PARIS ET DU DÉPARTEMENT DE LA SEINE

INDUSTRIE & BATIMENT

HISTORIQUE

des Métiers composant le Groupe

et de leurs Syndicats

EXPOSITION UNIVERSELLE DE PARIS
de 1900

Chambres Syndicales

DE LA VILLE DE PARIS ET DU DÉPARTEMENT DE LA SEINE

INDUSTRIE & BATIMENT

3, Rue de Lutèce (Cité)

PARIS

---·---

HISTORIQUE

des Métiers composant le Groupe

ET DE LEURS SYNDICATS

PAR

les Présidents de ces Chambres

AVEC LA COLLABORATION

de M. François HUSSON

BIBLIOTHÉCAIRE DU GROUPE

PARIS

IMPRIMERIE DES CHAMBRES SYNDICALES DE L'INDUSTRIE ET DU BATIMENT

18, RUE D'ODESSA, 18

1900

Note de l'Imprimeur

Depuis vingt-huit ans, mon père et moi, nous n'avons jamais cessé d'avoir la confiance des Chambres syndicales de l'Industrie et du Bâtiment dont nous avons été et sommes les imprimeurs.

En témoignage de reconnaissance de cette longue suite de relations excellentes qui se continuent tant avec moi personnellement, qu'avec mon ami et associé, M. VIGOT, j'ai voulu faire œuvre de mes propres mains et, pour la dernière fois de ma vie de travail, composer, mettre en pages, corriger et imprimer moi-même ce livre. Je le présente aujourd'hui aux Chambres syndicales qui m'ont fait l'honneur de bien vouloir l'accepter à titre gracieux.

Je ne puis terminer ces quelques mots sans remercier les auteurs de cet ouvrage, dont le texte nous a été fourni par Messieurs les Présidents des trente-quatre Chambres qui composent le Groupe de la rue de Lutèce. Leurs collaborateurs ont été, pour cette œuvre de recherches et de science, Messieurs GUINOND, Secrétaire-général du Groupe et François HUSSON, publiciste, Membre-adjoint au Conseil d'Administration, dans les ouvrages et les notes duquel il a été largement puisé pour tout ce qui touche à l'histoire de nos métiers.

J.-E. WATELET

LES

Chambres Syndicales

de l'Industrie et du Bâtiment

EN 1900

Le Groupe

❦

I

ES Chambres syndicales sont des Assemblées de métiers qui s'occupent, non seulement d'intérêts spéciaux, mais encore de questions générales touchant l'industrie tout entière. Leurs délégués ont pour mission de surveiller ces intérêts, d'étudier les créations nouvelles de quelque importance, les ordonnances, lois et décrets qui intéressent leur industrie ou leur commerce ; de faire des enquêtes et des rapports sur tous ces sujets, afin d'éclairer leurs collègues et leurs confrères. C'est dire que ces Chambres doivent s'occuper des besoins, des moyens de production des associés syndiqués et de tout ce qui a rapport, de près ou de loin, au développement des métiers, à leur progrès matériel et moral.

Elles ont, aujourd'hui plus que jamais, le devoir de veiller aux rapports établis entre patrons et ouvriers, car elles peuvent, en exerçant une heureuse action sur ces relations délicates, supprimer les malentendus, faire disparaître certains antagonismes, éviter même les grèves, si funestes à tous les travailleurs.

*
* *

Nos Chambres syndicales sont très souvent chargées de régler les différends survenus entre industriels et commerçants. Elles substituent, dans ce cas, des arbitres très compétents, à peu près gratuits, à ceux très chèrement payés qui prêtent leurs concours (souvent peu éclairé au point de vue technique) aux tribunaux (*).

Plusieurs d'entre elles avaient établi, depuis longtemps, des assurances mutuelles contre les accidents du travail arrivés à leurs ouvriers ou provenant du fait de ces derniers. Mais ces assurances ont dû disparaître, lors de la promulgation de la Loi du 9 avril 1898 concernant les responsabilités des accidents dont les ouvriers sont victimes dans leur travail. Elles se sont alors reformées suivant l'esprit de cette Loi; aujourd'hui elles ne sont plus qu'au nombre de deux, savoir : 1º la *Caisse commune*, instituée par le Conseil d'Administration du Groupe et comptant environ 1400 Membres, elle est administrée par quinze des Présidents de ces Chambres et 2º le *Syndicat général de garantie du Bâtiment et des travaux publics,* créé par la Chambre de Maçonnerie, lequel est administré par quinze Membres de cette Chambre, y compris son Président.

L'amélioration de la situation des apprentis préoccupe vivement nos Syndicats; ils ont établi des Cours professionnels à leur profit et patronnent des écoles de ce genre.

Depuis 1884, ces Chambres décernent à leurs ouvriers les plus méritants et les plus fidèles à leurs devoirs des médailles d'argent d'un très grand module accompagnées de dotations souvent importantes; ces récompenses sont offertes dans des réunions solennelles présidées par un Ministre et auxquelles assistent, en outre d'un représentant officiel

---

(*) La moyenne des affaires qui leur sont renvoyées est d'environ 1500 par année, et la dépense occasionnée par les arbitrages ne dépasse guère, aussi en moyenne, 10 francs par affaire.

du Président de la République, les notabilités les plus considérables de l'Industrie française.

C'est au Président actuel du Conseil d'administration du Groupe, M. Frédéric BERTRAND, qu'est due la création de ces récompenses et c'est lui qui a fait composer, sur ses dessins, la médaille reproduite ci-dessous, qui est offerte annuellement à ces bons et dévoués collaborateurs.

Enfin, nos Chambres ont fondé, en 1896, une Bibliothèque aménagée très confortablement dans un local dépendant de leur hôtel. Cette Bibliothèque, à laquelle est adjointe une salle de lecture, renferme deux mille volumes qui, en dehors des publications spéciales ou officielles, traitent de l'*Architecture*, de la *Construction*, de la *Jurisprudence*, de l'*Enseignement professionnel,* de l'*Économie sociale,* etc., etc. Tous ces ouvrages sont analysés avec soin et, au moyen d'un système de fiches, il est très facile de renseigner immédiatement sur une énorme quantité de questions intéressant les entrepreneurs et les industriels qui viennent nous consulter.

*
* *

Nous esquissons ici à grands traits ce que sont nos Chambres syndicales, la nature de leurs occupations, le genre de services qu'elles rendent. On voit que le champ est très étendu. Et nous ajoutons que par leurs réunions périodiques, nos industriels et nos commerçants apprennent à se connaître, que leurs intérêts privés s'en trouvent mieux;

en effet, ils s'éclairent mutuellement, et se renseignent là plus exactement que partout ailleurs. Les rivalités de métiers s'effacent, et la bonne
harmonie confraternelle s'apprend dans leurs fréquentes assemblées. Il
faudrait être aveugle pour méconnaître l'importance de ces bienfaits,
découlant tout naturellement de l'organisation des Chambres syndicales.

Les syndicats ne sont pas d'origine ancienne.

Tout le monde connaît l'organisation, souvent singulière, des corporations déjà vaincues par l'édit de 1776 et que supprima la loi de
mars 1791. Ces institutions étaient dès lors condamnées comme attenta-
toires à la liberté du travail et des transactions. Cependant, sous le premier Empire, quelques tentatives eurent lieu à l'effet de rétablir l'ordre
ancien, c'est-à-dire le régime des corporations, non pas avec ses mono-
poles et ses privilèges, mais sans doute mitigé et accomodé aux idées
nouvelles. Le pouvoir d'alors encouragea ces essais, qui s'accordaient
avec ses principes d'absolutisme. En effet, sous prétexte d'ordre et de
police, mais avec la volonté de les diriger, de les maintenir, on donna
l'idée à plusieurs groupes de commerçants et d'industriels de s'assembler
et de nommer des syndics, ou plutôt des *délégués* (*). Des statuts, plus
ou moins complets, furent dressés; on formula des règlements, on
tenta de ressusciter les communautés. Mais ces essais ne furent point
heureux, car ces réunions ne firent absolument que végéter. A peu
d'exceptions près, on peut même dire qu'elles passèrent inaperçues.
Cependant, il faut le reconnaître, elles portaient en elles le germe des
associations syndicales. Des esprits plus éclairés, auxquels il est de notre
devoir de rendre hommage, à l'occasion de ces tentatives informes et
maladroites, creusèrent la question, l'étudièrent dans le bon sens : ils
eurent alors l'idée de former des groupes, des sociétés plus utiles, dont
le but devait être de travailler à l'amélioration industrielle et commerciale tout en respectant la liberté et le progrès. Ces hommes d'élite,
appartenant à diverses industries, sont les véritables fondateurs des
Chambres syndicales actuelles.

Les sociétés ou réunions dont nous parlons ici, vivant sous des
formes et des dénominations diverses, n'ont été que tolérées avec plus
ou moins d'indulgence par les gouvernements qui précédèrent celui de
Napoléon III. En effet, la loi les considérait comme illégales; elle pou-

(*) En 1809, les maçons recevaient de la *Préfecture de police* des encouragements
pour constituer un bureau! Nous sommes heureusement loin de ces temps-là.

vait les frapper comme étant autant d'*associations non autorisées*. Ainsi, du jour au lendemain, elles pouvaient être anéanties! Ce n'est qu'à partir de 1868 qu'elles purent respirer un peu plus librement. Un rapport du ministre, approuvé par l'Empereur, déclara que l'administration *« ne serait amenée à les interdire que si, contrairement aux principes posés par l'Assemblée constituante, dans la loi du 17 juin 1791, les chambres syndicales venaient à porter atteinte à la liberté du commerce et de l'industrie, ou si elles s'éloignaient de leur but pour devenir, à un degré quelconque, des réunions politiques non autorisées par la loi. »*

Cette nouvelle situation permit aux Chambres syndicales, dès ce moment, de songer à leur émancipation définitive que la loi de 1884 a formulée.

Cette loi, dite des *Syndicats professionnels*, reconnaît et consacre l'existence légale des Chambres syndicales ; elle détermine leur mode de formation, indique leurs droits et leurs devoirs.

C'est une véritable conquête due aux efforts de quelques-uns des nôtres : elle est le fruit d'un travail opiniâtre de réclamations, d'observations, de critiques ; l'administration leur a donné enfin raison Les personnalités auxquelles nous devons un résultat si heureux, auraient été écoutées davantage, elles auraient parlé avec plus d'autorité, si nos sociétaires étaient plus nombreux ; mais, il faut bien le reconnaître, les Chambres syndicales n'ont pas la quantité d'adhérents qu'elles devraient avoir. Cependant elles renferment dans leur sein les éléments les plus précieux, car elles réunissent une grande quantité d'hommes dévoués à la défense des intérêts généraux de nos industries ; des esprits généreux, désintéressés, qui, très souvent, négligent leurs affaires personnelles pour travailler à celles qui touchent la généralité.

*
* *

Le public intéressé connaît la puissance des Syndicats et les services considérables qu'ils rendent. Il sait que sous une habile administration, ils peuvent faire beaucoup de bonnes choses, devenir par ce fait même, prépondérants en bien des matières, et se rendre nécessaires, peut-être indispensables. Comme exemple, nous citerons les élections consulaires que les Chambres syndicales préparent, dirigent, et font aboutir au mieux des intérêts du Commerce et de l'Industrie.

Les plus grandes autorités affirment ce fait que les Chambres syndicales ont logiquement le devoir de désigner aux électeurs les noms des candidats les plus capables d'exercer les fonctions consulaires.

Nous citerons, entre autres, MM. Dalloz, qui disent textuellement :

« *On comprendra que les Chambres syndicales exercent une influence bien justifiée sur les élections des juges au Tribunal de Commerce. Non-seulement par leurs relations elles sont à même d'apprécier à leur valeur les titres des candidats, mais encore elles trouvent parfois dans leur sein des hommes réunissant les aptitudes qui conviennent à la magistrature.* »

Plus les Chambres persévéreront dans leur marche ascendante, plus elles seront écoutées.

Dans des circonstances solennelles, les représentants du Gouvernement viennent présider nos réunions, assister à nos banquets, donnant par le fait même de leur présence, un éclatant témoignage de la haute estime dans laquelle le Gouvernement tient l'administration des Chambres syndicales et ces Chambres elles-mêmes qui doivent s'élever de plus en plus à la hauteur des grandes institutions du pays.

De plus, lors de la distribution de nos récompenses annuelles dont il a été parlé plus haut, M. le Ministre du Commerce veut bien décorer de l'ordre du *Mérite industriel*, un nombre relativement considérable de nos anciens ouvriers.

II

Dès leur formation, les réunions syndicales sentirent la nécessité de se grouper en nombre suffisant pour atténuer les dépenses générales et pouvoir concentrer un service d'agence et de contentieux. Le groupe le plus ancien, créé par les premières Chambres syndicales, est celui qui a longtemps été désigné sous le nom de *Groupe de la Sainte-Chapelle*, parce qu'il siégeait dans la rue de ce nom. C'est le nôtre, groupe indépendant, composé des 34 Chambres dont on trouvera la nomenclature plus loin. Son siège actuel est situé rue de Lutèce, n° 3, dans un immeuble appartenant à une Société civile dont les membres sont ou furent nos syndicataires.

Les trois Chambres des Charpentiers, des Maçons et des Paveurs, qui avaient au commencement de ce siècle leurs bureaux : les deux premières, rue de la Mortellerie, la dernière, rue des Lions-Saint-Paul, ont eu l'honneur de former le noyau du Groupe de l'Industrie et du Bâtiment, de 1807 à 1810. Puis sont venues successivement : la Chambre des Couvreurs-Plombiers (1817); celle des Fumistes, en 1829; celle des Menuisiers-Parqueteurs et des Serruriers, fondées en 1830; celle des Peintres, Vitriers, Doreurs et Marchands de papiers peints, datant de 1831; celle des Transports, créée en 1832; des Miroitiers (1843); des Carrossiers, Charrons et Selliers, et industries annexes (1844) (*); des Tapissiers (1848); des Fabricants d'Appareils d'Eclairage et de Chauffage par le Gaz (1858); des Marbriers (1862); des Fabricants d'Enseignes et Stores (1868); des Démolisseurs (1880); des Électriciens (1881); des Carriers Français (Matériaux de Viabilité) (1885); et, plus récemment, des Négociants en Verres à Vitres; des Cimentiers; des Constructeurs Métalliques de France; des Métallurgistes; des Maréchaux-Ferrants; des Sculpteurs-Décorateurs; des Carreleurs-Mosaïstes; des Grillageurs; le Groupe syndical des Entrepreneurs de Bâtiment de Seine-et-Oise; des Tôliers; en tout 34 Chambres réunies sous le même toit et qui comptent environ 3,600 sociétaires.

Chacune de nos Chambres a son organisation autonome, déterminée par ses Statuts. Généralement son Bureau, nommé par son Conseil, est composé de 4 à 6 Membres.

Un Conseil supérieur d'administration, dit *Conseil d'administration du Groupe* composé des Présidents et des Trésoriers des Chambres, a pour mission spéciale de régler les dépenses générales, de surveiller les employés, d'admettre ou de rejeter au besoin les demandes d'admission de nouvelles Chambres, de traiter les diverses questions intéressant le Groupe tout entier, etc., etc.

Le Bureau de ce Conseil supérieur est actuellement composé comme suit :

Président :

M. Frédéric BERTRAND, officier de la Légion d'honneur, officier de l'Instruction publique, commandeur de l'ordre de Léopold et du Nicham-Iftikar, Président de la Chambre des Charpentiers. Il est membre du Conseil Supérieur du Travail, depuis la fondation de cette institution.

(*) Les Selliers se sont séparés des Carrossiers et forment actuellement deux syndicats distincts : les *Selliers-Bourreliers* et les *Selliers*.

Vice-Présidents :

MM. Simonet, chevalier de la Légion d'honneur, officier de l'Instruction publique, officier de l'ordre du Dragon d'Annam, chevalier de l'ordre Royal du Cambodge, Président de la Chambre des Menuisiers et Parqueteurs; Houppe, officier d'Académie, Président de la Chambre des Peintres, Vitriers, Doreurs et Marchands de Papiers peints, et Dévillette, Président de la Chambre des Entrepreneurs de Maçonnerie.

Trésorier :

M. Curtet, officier d'Académie, Président de la Chambre des Paveurs.

Secrétaires :

MM. Tournade, chevalier de la Légion d'honneur, Président de la Chambre des Transports, Soulé, officier d'Académie, Président de la Chambre des Couvreurs-Plombiers, Hygiène et Assainissement et Lorphelin, officier d'Académie, Président de la Chambre des Entrepreneurs de Serrurerie et de Charpente en fer.

Président honoraire :

M. Alf. Hunebelle, chevalier de la Légion d'honneur, ex-Président de la Chambre des Maçons.

Vice-Présidents honoraires :

MM. Léturgeon, chevalier de la Légion d'honneur, Président honoraire de la Chambre des Maçons, et Camus, chevalier de la Légion d'honneur, chevalier de l'ordre de Léopold, Président honoraire de la Chambre des Transports.

Un organe officiel a été créé, en 1885, par les Chambres syndicales du Groupe; c'est un recueil important, formant chaque année un volume

Chora

M. BERTRAND (FRÉDÉRIC)

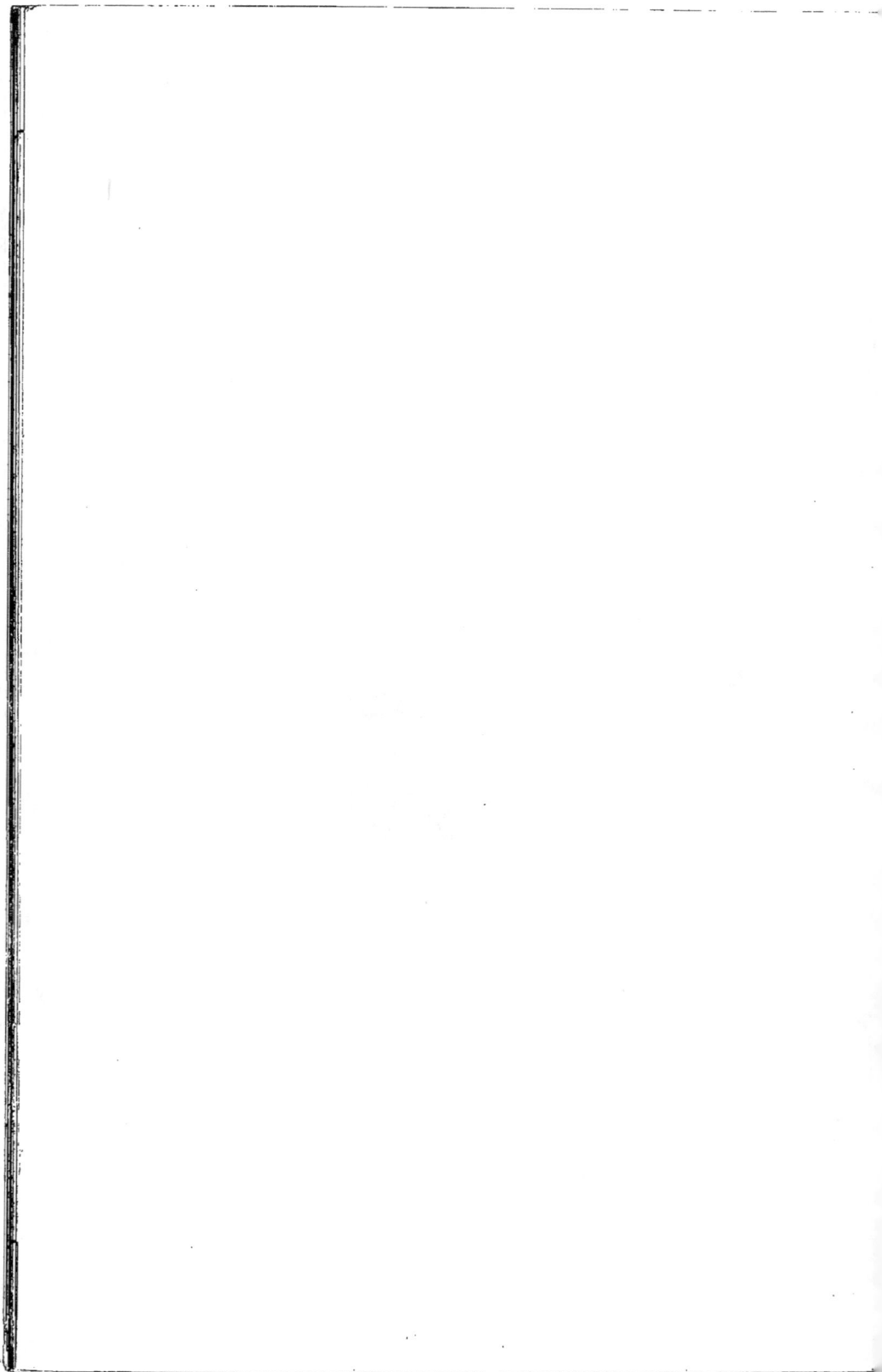

in-octavo d'environ 600 pages. Il est intitulé : *L'Écho des Chambres syn-dicales (Industrie et Bâtiment)*. Son rédacteur en chef est M. François Husson, décoré de la médaille militaire, officier de l'Instruction publique, membre-adjoint au Conseil d'Administration du Groupe et bibliothé-caire. La partie judiciaire du journal est confiée à Me Jules L'Évesque, avocat à la Cour de Paris, officier de l'Instruction publique.

Enfin, le personnel des bureaux des Chambres est très habilement dirigé, depuis 1862, par un secrétaire-général, chef de service : M. Guinond, avocat, officier de l'Instruction publique, ayant pour secré-taire-adjoint M. O. Bouly, avocat.

Le Groupe expose dans les sections d'économie sociale et d'ensei-gnement professionnel des diverses expositions. Il a été récompensé de ses créations par des diplômes d'honneur et des médailles d'or, d'argent et de bronze. En 1900, il expose, de plus, dans la section rétrospective centenale.

III

Le lecteur vient de voir ce que nous avons été, ce que nous sommes devenus. Nos premières associations se sont réunies sous l'œil de la police du premier Empire ; nos premiers Statuts nous ont été délivrés par la Préfecture de police. Pendant près de quatre-vingts années, nous n'avons été que tolérés et souvent menacés même et cependant, nos aînés, hommes de travail avant tout, ne songeaient guère à se transformer en conspirateurs.

C'est par notre attitude sage et réservée que nous avons pu côtoyer l'abîme sans éprouver par trop les rigueurs administratives, ni être frappés par ses foudres. Pendant ce temps, le progrès faisait sourdement sa tâche ; nous nous rendions de plus en plus utiles. Des arbitrages et des expertises étaient confiés à nos soins ; nous étudiions les questions qui touchent à l'amélioration des travailleurs ; nous mettions en pratique l'Enseignement professionnel, les Assurances contre les accidents, les Secours mutuels. Bientôt nous devenions nécessaires ; le Gouvernement nous consulta à propos de questions de travail, des Conseils de Prud'hommes, etc., etc.

Soyons fiers de ces importants résultats que nos prédécesseurs dans la carrière ont certainement plus ou moins entrevus.

HISTORIQUE. — 2

*
* *

Nous allons continuer cette étude par une série de détails, en chapitres séparés concernant chacune de nos Chambres, en suivant l'ordre
chronologique tout naturellement indiqué par l'année de leur création.
Ces détails seront précédés de l'historique de chacun des métiers représentés aujourd'hui par les divers Syndicats du Groupe de l'Industrie et
du Bâtiment de la rue de Lutèce.

CHAMBRE SYNDICALE

DES

Entrepreneurs de Charpente

LA CHARPENTE

D'azur, à un Enfant-Jésus tenant un compas et mesurant un dessin qui lui est présenté
par Saint-Joseph, le tout d'or (*)

HISTORIQUE DU MÉTIER

L'INDUSTRIE, ou plutôt l'art de la Charpente, est, sans aucun doute, le plus ancien des métiers du Bâtiment.

En effet, l'homme, pour la construction de ses premiers abris, utilisa le bois bien avant la pierre et les autres matériaux provenant du règne minéral. C'est avec les troncs et les branchages des arbres qu'il construisit ses premières cabanes, après avoir abandonné les grottes, abris insuffisants, obscurs et malsains. Les habitations lacustres, ainsi que les villages préhistoriques, étaient les œuvres des charpentiers primitifs. Ces artisans des premiers âges du monde débitaient les bois à l'aide d'outils grossiers de pierre. Les silex, en forme de haches, de ciseaux et de scies, que l'on retrouve sur tous les points de la terre

(*) D'Hozier, *Armorial*, Tome 23, Folio 854.

anciennement habités, doivent être attribués, pour la plupart, à ces ouvriers doués, dès le principe, d'un savoir intellectuel remarquable.

Les Grecs, qui importèrent en Europe la civilisation égyptienne, dérivée elle-même des connaissances asiatiques, n'eurent d'abord que des maisons et des temples édifiés en charpente. Et c'est là que, grâce aux charpentiers, le génie de l'architecte naquit. Du reste, le terme grec *architecte* est composé des deux mots : *commander* et *artisan* (ouvrier en général et particulièrement charpentier) ; il signifie, en le traduisant : *maître des charpentiers*. C'est du moins l'opinion de Viollet-le-Duc et d'autres écrivains spéciaux l'ont partagée.

On comprend facilement que, vu l'importance de la Charpente dans les constructions primitives, le charpentier devint l'ouvrier le plus expert, celui auquel on devait avoir recours dans les opérations difficiles et qu'il dut, naturellement, s'ériger en *maître de l'œuvre*. C'est le sentiment de Vitruve qui, après avoir fait connaître le rôle considérable que jouait le bois dans les constructions de son temps, ajoute que l'architecte a tiré sa science des figures que donne la combinaison des bois employés dans la construction des premiers édifices que les hommes érigèrent.

Telle a été l'origine de la profession d'architecte, artiste dont les édifices de pierre et de marbre ne furent d'abord que des imitations des constructions en bois.

C'est ainsi, par exemple, que le comble donna naissance au fronton et que la colonne dériva du grossier tronc d'arbre implanté dans le sol. Autour de ce fût à peine dégrossi, s'enroulèrent des plantes vigoureuses retombant de son sommet en lianes élégantes ; les torsades et les chapiteaux se développèrent ainsi aux yeux de l'artiste naïf de ces temps antiques. La décoration était née de par la nature.

Parmi les ouvrages grecs où la charpente eut à jouer un rôle considérable, on peut citer le Portique, le Parthénon, le temple de Minerve d'Athènes, les temples de Delphes, d'Ephèse, etc.

Les charpentiers romains, en dehors de la charpente des édifices, construisaient les lourdes machines de guerre destinées à l'assaut des villes.

Viollet-le-Duc, dans son Dictionnaire d'architecture, signale le charpentier romain qui construisait des voûtes sphériques et d'arête exigeant des combinaisons compliquées et difficiles d'assemblage.

On voit, dans la Bible, les charpentiers construire l'arche de Noé et le temple de Salomon, où les bois des cèdres du Liban furent spécialement employés par les charpentiers du roi HYRAM qui lui furent demandés et qu'il envoya de Sidon. Le compagnonnage, très ancienne association ouvrière dont les charpentiers plus que les autres ont conservé les usages et les traditions, se glorifie d'avoir été fondé par les maîtres constructeurs de ce dernier édifice.

Sans nous arrêter davantage sur les travaux de ces époques lointaines, nous ferons remarquer qu'après les charpentiers des siècles florissants de la Grèce antique et de la Rome conquérante, les ouvriers qui travaillèrent le bois au moyen-âge, tout en suivant les traditions romaines très bien conservées, nous ont laissé des preuves de leur savoir que nous n'avons fait longtemps que reproduire et que nous reproduisons encore. Mais les charpentes du moyen-âge étaient très massives et avaient le défaut de surcharger à l'excès les murs; tandis que pendant l'époque ogivale qui suivit, la pente très inclinée des combles, ainsi que la légèreté de la couverture, permirent de mettre en œuvre des bois beaucoup moins forts, puisqu'ils n'avaient plus à supporter les lourdes tuiles de terre cuite, de pierre et même de marbre qu'employaient les Romains. Les combles en chêne et en châtaignier de nos vieilles cathédrales gothiques sont souvent des chefs-d'œuvre de charpenterie; ils attestent ce progrès.

Dès les époques les plus reculées de notre histoire industrielle, les charpentiers se réunirent en associations et en confréries de métiers.

Saint-Louis nomma, en 1268, son maître charpentier *maître général de la charpenterie* et mit, sous sa juridiction, les *huchers, huissiers, tonneliers, charrons* et tous les autres ouvriers qui travaillent le bois, littéralement : « *qui œuvrent du trenchant en merrien* ».

« Et se justiceoint, au temps dudit mestre Fouques et de ses devanciers, toutes manières d'ouvriers de trenchant, c'est à savoir : Tonneliers, Cochetiers (ou Charpentiers de navires), Feseurs de nez (lisez nefs, bateaux), Tourneurs, Lambroisseurs, Recouvreurs de mesons, et toutes autres manières de ouvriers que a charpenterie appartiennent. Et estait ainsi establi que, se nus des ouvriers des mestiers dessus diz fussent adjournés devant ledit mestre Fouques, et il défaillait de venir, il paieroit un denier du deffaut de jour. Et pooit ledit mestre Fouques establir en chacun mestier un homme, quel que il volait, pour garder ledit mestier, selonc ce que il est dit dessus, pour raporter les forfaitures au dit mestre. Et prenait, ledit mestre Fouques pour ses gages et la mestrie du mestier, dix huit deniers par jour ou Chastelet et une robe de cent sous prinse à la Toussains (*).

A Paris, la confrérie des charpentiers, association religieuse qu'il ne faut pas confondre avec la communauté, était installée dans l'église Saint-Nicolas-des-Champs, sous la protection de Saint-Joseph.

La communauté des charpentiers reçut, de nos anciens rois, divers privilèges renouvelés et confirmés souvent et notamment en 1574, en 1644, en 1652. En dehors des obligations résultant des statuts qui régissaient la corporation, il est utile de faire remarquer l'honnêteté et la bonne foi qui régnaient dans ses opérations. L'aubier était impitoyablement proscrit des ouvrages des charpentiers et le maître, coupable d'avoir enfreint les règlements concernant la matière, était poursuivi et condamné sans recours, par ses pairs eux-mêmes.

C'est ainsi que nous trouvons dans les archives des métiers du xive siècle, la condamnation d'un charpentier convaincu d'avoir employé des bois non dépouillés de l'aubier. Cet artisan nommé THIBAULT DE TOURNISSEL confessa *avoir fait une fenestre de charpenterie en laquelle à auber* (aubier) *contre les statuts du métier.* Il lui fallut, pour ce délit, payer une amende considérable.

A la gloire de notre industrie, cet esprit de sincérité dans le travail apparaît souvent à travers les âges. Et ces traditions respectables, nous pouvons l'affirmer avec quelque orgueil, ont été conservées avec un soin jaloux dans la corporation.

Les charpentiers d'autrefois, on l'a vu plus haut, fabriquaient toutes sortes d'ouvrages autres que la charpente des maisons ; ce n'est que beaucoup plus tard que les spécialités se formèrent. Il y eut alors des *charpentiers de haute futaie* ou *charpentiers de la grande coignée,* ainsi appelés parce qu'ils se servaient de la *grande coignée à lame droite,* qui abattaient, équarissaient et posaient les gros bois, des *charpentiers en menu* ou *charpentiers de la petite coignée* (ou menuisiers) qui faisaient jusqu'aux meubles grossiers, des *charrons,* enfin des *charpentiers de navires.*

Plus tard encore, les charpentiers de haute futaie s'intitulèrent tout

(*) *Le livre des métiers* d'Etienne BOYLEAUX, titre XLVII.

simplement *charpentiers*, tandis que les menuisiers, carrossiers, scieurs de long, etc., prenaient ces noms modernes.

La charpenterie fut très pratiquée jusqu'au xᵉ siècle, mais il n'existe guère de spécimens anciens qu'à partir du xiiᵉ siècle. Dès le siècle suivant, les volumes des bois sont moindres et le charpentier s'applique à rechercher les moyens de suppléer au faible équarrissage au moyen d'un meilleur équilibre des forces et des assemblages mieux raisonnés.

Les charpentes des combles d'églises construites au xiiiᵉ siècle, sont des plus remarquables. En général, elles portent le nom de *forêts*, en raison de la multiplicité des pièces de bois dont elles se composent. En examinant celle de Notre-Dame de Paris et surtout la souche de la flèche qui a été mise au levage vers 1230, on est frappé de l'adresse et de la science pratique des charpentiers de ce temps.

La charpente de l'église Saint-Ouen de Rouen date du xivᵉ siècle ; elle a été exécutée avec le plus grand soin : les bois sont parfaitement équarris et chanfreinés sur les arêtes. Mais c'est vers le commencement du xviᵉ siècle que l'on voit l'art de la charpenterie à son apogée ; on emploie alors le bois à profusion et avec une habileté supérieure. La cathédrale de Reims a des fermes de 14 mètres 40 de base sur 15 mètres 50 de hauteur. Ses charpentes sont très légères, et les bois employés sont d'une qualité supérieure, parfaitement équarris et assemblés. On remarque, dans cette œuvre, un système de jambes de force et de moises pendantes qui lui donnent une grande fermeté ; les forces et les pesanteurs se neutralisent à ce point que plus la charge agit, plus l'entrait et les arbalétriers se raidissent.

Les charpentes apparentes ne sont pas antérieures au xiiiᵉ siècle ; elles furent d'abord fort simples, puis elles reçurent des motifs de décorations multiples : les moulures et les sculptures ornent les pièces principales, les blochets sont terminés par des figurines, etc...

Les charpentes des tours et des flèches d'églises présentent des particularités des plus compliquées et des plus remarquables.

Ces flèches élégantes, qui s'élancent souvent hardiment à des hauteurs considérables, sans le secours d'aucune ferrure, et dont la Sainte-Chapelle est un des plus remarquables modèles, donnent une haute idée de la perfection à laquelle était arrivée la statique du charpentier et les connaissances théoriques de cet artisan ingénieux. Il ne se bornait pas à élever des combles, des flèches et des charpentes apparentes d'églises. Il construisait des maisons et même des palais et des édifices religieux tout en bois. Dans le nord et l'ouest de la France, on en trouve encore de nombreux exemples. Ces maisons, en général, la place étant rare dans les villes fortifiées (et elles l'étaient presque toutes), empiétaient sur la voie publique en présentant une succession d'encorbellements établis sur les saillies des poutres des planchers, lesquelles étaient supportées par des consoles. Tous ces bois étaient façonnés, refouillés de moulures, décorés d'ornements divers et de sculptures plus ou moins riches. La façade de ces maisons ainsi conçue, formait des pans de bois apparents souvent d'une grande richesse et d'une grande main-d'œuvre.

« A Troyes, dit A. MONTEIL, les maisons sont bâties par les char-
« pentiers et non par les maçons : ici, l'art se perfectionnant de jour en
« jour, en est venu à ce point que l'ouvrier posant la scie et la hache,
« prend le ciseau et sculpte sur les *solives des fenêtres* et surtout sur les
« *solives des portes*, ou la représentation du maître de la maison avec
« l'habit, les insignes de son état ou celle du saint qu'il affectionne le
« plus, ou celle de personnages antiques ou quelquefois même celle de
« grotesques personnages qui vous arrêtent, qui vous font rire, qui
« vous rappellent pour vous faire rire encore. Heureuse ville ! Heureux
« habitants ! »

Les baies étaient très gracieuses ; leurs linteaux en bois formaient des ogives ou des cintres surbaissés avec des motifs sculptés dans la masse.

En tout temps, le charpentier apparaît donc comme un ouvrier habile, ayant l'habitude de se figurer les objets dans l'espace avant de leur donner une forme matérielle ; il est familier avec le trait ou dessin graphique et le tracé des épures, qui n'est autre chose que la pratique de l'appareil, fait partie de son savoir.

*
* *

Parmi les travaux de charpente des temps passés, nous pouvons encore citer les ponts, barrages, écluses, déversoirs, etc...

Le décintrement des ponts était une opération très difficile et dangereuse ; c'est ce que prouve un dessin qui représente le décintrement du pont de Neuilly, opéré devant Louis XV, à l'aide de cabestans et de câbles fixés aux pièces de cintrage et qui, tendus, faisaient perdre l'aplomb aux pièces de bois qui tombaient dans l'eau. Ce système défectueux n'existe plus.

***

Parmi les charpentiers célèbres, on ne peut oublier PHILIBERT DELORME, auteur du comble en dôme, très léger, si connu; FOURNEAU, charpentier du Roi, membre de l'Académie des Beaux-Arts et de l'Académie des Sciences.

La Révolution abolit les maîtrises; la liberté dans le travail était, dès lors, pour jamais conquise. A la suite de cette évolution bienfaisante, les gens de métiers, devenus désormais des hommes maîtres de leur avenir, ne s'occupèrent en aucune façon de se réunir. Leurs intérêts, bientôt mieux compris, les mirent dans la nécessité de se rencontrer souvent, afin de s'entendre sur les questions d'ordre général, de travail et d'intérêt privé. Plus tard ils se constituèrent en groupes, et c'est alors que les premiers syndicats se formèrent. Les charpentiers eurent l'honneur de précéder les autres métiers dans cette voie utile, puisqu'on signale leurs assemblées régulières dès le commencement du xixe siècle.

***

On remarque, parmi les travaux exécutés depuis le commencement de ce siècle, une très grande quantité de combles très hardis quant à la forme et à la surface couverte, comme ceux du marché Saint-Germain (1816) et du Cirque d'Hiver à Paris, par exemple. Ces combles sont tout en bois ou dits *mixtes*, c'est-à-dire, pour ces derniers, que le fer arme le bois.

Les travaux artistiques sont : l'élégante flèche de la Sainte-Chapelle, au Palais de Justice de Paris, celle de Notre-Dame de la même ville, les flèches de l'église d'Orléans et de l'église de Châlons, etc., etc... Mais le nombre des grands ouvrages de charpente diminue de jour en jour et l'industrie de la charpenterie en bois tend plutôt à disparaître, les ouvrages en fer ayant remplacé partout ceux que l'on faisait en bois.

L'invasion du métal dans la construction date de la grève de 1841 ;

on fit alors les premiers planchers en fer. Une autre cause de la décroissance du métier est la concurrence étrangère qui, depuis le traité de
Francfort, peut entrer ses bois ouvrés au même prix que les bois bruts.

.*.

Il y a environ dans le département de la Seine, 5000 charpentiers
dont le salaire est de 0^f90 l'heure, prix relativement élevé. Mais il faut
tenir compte des journées de mauvais temps et d'autres causes qui
amènent forcément le chômage et, si l'on considère que l'ouvrier charpentier ne peut guère travailler que 245 jours par an et que la journée
d'hiver n'est que de 8 heures, la moyenne de cette journée est réduite à
moins de 6 francs.

Le salaire s'est augmenté dans les proportions suivantes : en 1789 la
journée était d'environ 2^f25 pour 12 heures de travail, en 1845 elle était
de 5 francs, en 1862 de 6 francs, en 1876 de 7 francs, en 1879 de 8 francs,
en 1881 de 9 francs, la journée, depuis 1845, n'étant plus que de 10 heures
seulement.

Quant à la situation particulière de cette industrie, nous avons
indiqué plus haut les motifs de sa décroissance. Les charpentiers actuels,
en raison des motifs sur lesquels nous ne pouvons revenir, se sont
livrés, en général, à la fabrication de la charpente en fer et ont, par ce
fait, fait concurrence aux serruriers.

CHAMBRE SYNDICALE

DES

Entrepreneurs de Charpente

DE PARIS ET DU DÉPARTEMENT DE LA SEINE

Fondée en 1807

1816   1867   1834

Jetons de présence des Membres du Conseil d'Administration de la Chambre

Les Maîtres-Charpentiers de la Ville de Paris et du Département de la Seine avaient leur bureau, dès 1807, rue de la Mortellerie n° 151, (aujourd'hui rue de l'Hôtel-de-Ville). Ils furent définitivement organisés en 1808, sous le titre de *Société des Maîtres-charpentiers de Paris,* en vertu d'une ordonnance de police en date du 7 décembre, sur un projet de

Sceau des délégués des Maîtres-Charpentiers, en 1808

statuts soumis au Préfet de police Dubois. Cette ordonnance porte que le bureau de cette société a pour mission de « *surveiller le régime intérieur,* « *de veiller à la solidité des constructions, d'empêcher de placer les pièces* « *de charpente de manière à occasionner les incendies. Dans tous les cas* « *d'incendie, les maîtres-charpentiers associés sont obligés de porter des* « *secours. Leurs outils doivent être marqués d'un poinçon portant en toutes*

« *lettres leurs noms de famille.* » Cette ordonnance se déclare conforme
« *aux lois anciennes et à celles du 1er brumaire an VII, 12 messidor an VII,*
« *et 23 germinal an II.* »

Le bureau de la société comprenait 3 délégués : MM. Bouillette,
Faguet et Girardin, nommés par vingt électeurs. Ces délégués devaient
donner, à la Préfecture de police, les communications qui leur seraient
demandées. Ils se réunissaient une fois par semaine pour recevoir les
maîtres qui avaient des renseignements à communiquer ou à demander.

En 1810, le nombre des charpentiers parisiens était de 119. Le
13 janvier, l'ordonnance de police est renouvelée et octroyée « *pour le*
« *régime intérieur, pour la surveillance des vices et mal-façons, sûreté*
« *publique et individuelle, pour le secours à porter en cas d'incendie et pour*
« *surveiller les compagnons qui pourraient être employés par les proprié-*
« *taires sans avoir les qualités requises, ni aucune espèce de garantie.* »

Les délégués sont, en 1814, MM. Girardin, Leclerc et Quantinet,
désignés par vingt-et-un électeurs, formant le Conseil d'administration
de la Société ; en 1815 : MM. Leclerc, Dabrin et Brian, les électeurs au
nombre de 22 ; en 1823 : MM. Dabrin, Gignoux et Albouy aîné ; en
1825 : MM. Gignoux, Albouy et Fleury ; en 1827 : MM. Albouy aîné,
Rulland et Marcel ; en 1831 : M. Pellagot remplace M. Marcel. En 1833,
les délégués sont MM. Rulland, Boudsot-Durand et Brianchon ; en 1834,
ils sont au nombre de 5 : MM. Boudsot, Quantinet, Lasnier, Ribot et
Migeon fils.

En 1835, la Société se reforme et complète ses statuts ; son bureau
est formé d'un président, d'un vice-président, d'un trésorier et de deux
secrétaires.

Dès 1838, la Société s'installe rue du Renard-Saint-Sauveur n° 9 et
en 1840, rue Grenier-Saint-Lazare, avec les maçons, les menuisiers, les
serruriers et les peintres.

En 1841, cette société change de nouveau de titre, elle s'intitule,
comme actuellement : *Chambre syndicale des Entrepreneurs de Char-*
pente de la Ville de Paris et du Département de la Seine.

Elle est alors administrée par un Conseil composé de 24 membres,
dont 6 membres-adjoints.

En 1849, la Chambre s'installe 13, rue de la Sainte-Chapelle.

Ci-dessous, un tableau indiquant la composition des bureaux de la Société, depuis l'année 1835, jusqu'à l'époque actuelle.

ANNÉES	PRÉSIDENTS	VICE-PRÉSIDENTS	TRÉSORIERS	SECRÉTAIRES
1835-1838	Brianchon	Quantinet	Mort Jeune	Dupré, Albouy
1839	id.	Saint-Salvi	Mort	Duprez, Milbert
1840-1841	Saint-Salvi	Duprez	id.	Albouy, Bernard
1842-1845	id.	id.	id.	id. Roux
1846	id.	id.	Dubief	id. id.
1847-1849	id.	id	id.	id. Digeon
1850-1852	id.	id.	Granger	id. id.
1853-1854	id.	id.	id.	Renard id.
1855-1856	id.	id.	id.	Salet, Dubief fils
1857-1864	id.	id	id.	Lasnier id.
1865	id.	id.	id.	id. Bertrand (Frédéric
1866	id.	id.	id	Camant id.
1867-1873	id.	Bertrand (Frédéric)	id.	id. Mort
1874	id.	id.	Camant	Mort, Vézet
1875-1880	Bertrand (Frédéric)	Mort	id. ,	Collet, Carrier
1881-1893	id.	id.	Chartron	id. Bertrand (Montmartre)
1894-1896	id.	Collet	id.	Bertrand (Montmartre), Dupont fils
1897-1898	id.	id.	id.	id. J. Borderel
1899	id.	id.	Marcadé	J. Borderel, Laforge
1900	id.	J. Borderel	id.	Laforge, Périer

M. Frédéric BERTRAND, président actuel, est donc à la tête de la Chambre de Charpente depuis 25 ans. Il est en même temps président du Conseil d'administration du Groupe, comme il a été dit précédemment. Il est officier de la Légion d'honneur, officier de l'Instruction publique, commandeur du Nicham-Iftikar et de l'ordre de Léopold. Enfin, M. BERTRAND est membre du Conseil Supérieur du Travail, depuis la fondation de cette institution.

La Chambre a fondé, en 1876, une Société mutuelle d'assurance contre la responsabilité des entrepreneurs de charpente pour les accidents qui peuvent être causés aux personnes par le fait de l'exécution de travaux de toute nature qu'ils exercent directement sur toute l'étendue du territoire continental de la France. Depuis, cette assurance a disparu par suite de l'application de la loi nouvelle comme nous l'avons expliqué ci-dessus.

En 1881, une Caisse de prévoyance a été instituée pour parer aux éventualités touchant aux intérêts de la Corporation et notamment, pour faire face aux difficultés qu'entraînent les grèves.

Enfin, deux écoles professionnelles ont été créées en 1893 par la Chambre de Charpente, au profit des apprentis et des jeunes ouvriers. Elles sont établies sur les deux rives de la Seine, l'une rue des Récollets, la seconde rue d'Odessa. Leurs directeurs actuels sont: MM. J. Borderel et Régnier.

Le nombre des entrepreneurs de Charpente faisant partie de la *Chambre Syndicale* est de 102 et celui des entrepreneurs, en général, pour Paris et le Département de la Seine, est de 335.

Les salaires des ouvriers de la profession ont été constatés, comme on le voit dans le tableau ci-dessous, par suite d'une entente entre patrons et ouvriers, membres des Comités des Commissions mixtes nommées par arrêté ministériel du 19 septembre 1899 en vertu du décret du 10 août précédent sur les conditions du travail dans les traités passés au nom de l'État.

Cette Commission s'est réunie le 28 septembre 1899; elle avait pour Président M. Frédéric BERTRAND et pour Secrétaire M. PATAILLOT, ouvrier.

PROFESSIONS	TAUX DES SALAIRES		DURÉE DE LA JOURNÉE	
	A L'HEURE	A LA JOURNÉE	ÉTÉ	HIVER
Charpentier	0.90		10	8
Fer de scie	1.40		10	8

Dans les diverses expositions de Paris, en 1889; de Chicago, en 1893; de Lyon, en 1894; d'Anvers, en 1894; de Bordeaux, en 1895; de Bruxelles, en 1897, la Chambre de Charpente a obtenu des diplômes d'honneur et des médailles d'or, d'argent et de bronze.

Le Conseil d'Administration de la Chambre est ainsi composé pour l'année 1900 :

MM. BERTRAND (Frédéric), J. BORDEREL, MARCADÉ, LAFORGE, PERRIER, BERGER, BLANDINIÈRE, DULUC père, DUMAS, GONOT, LAUREILHE, PANARD, PARCHÉ, PAUMIER, POIRIER, VEZET.

Membres adjoints : MM. BERNARD, BOURDIS, COUHAULT, RAMEAU, RÉGNIER, SCHMID.

M. COLLET, ❁, *Vice-Président-honoraire*

M. CHARTRON, ❁, *Trésorier-honoraire*

M. BERTRAND (FRÉDÉRIC)

PRÉSIDENT DE LA CHAMBRE SYNDICALE DE LA CHARPENTE

PRÉSIDENT DU CONSEIL D'ADMINISTRATION DU GROUPE

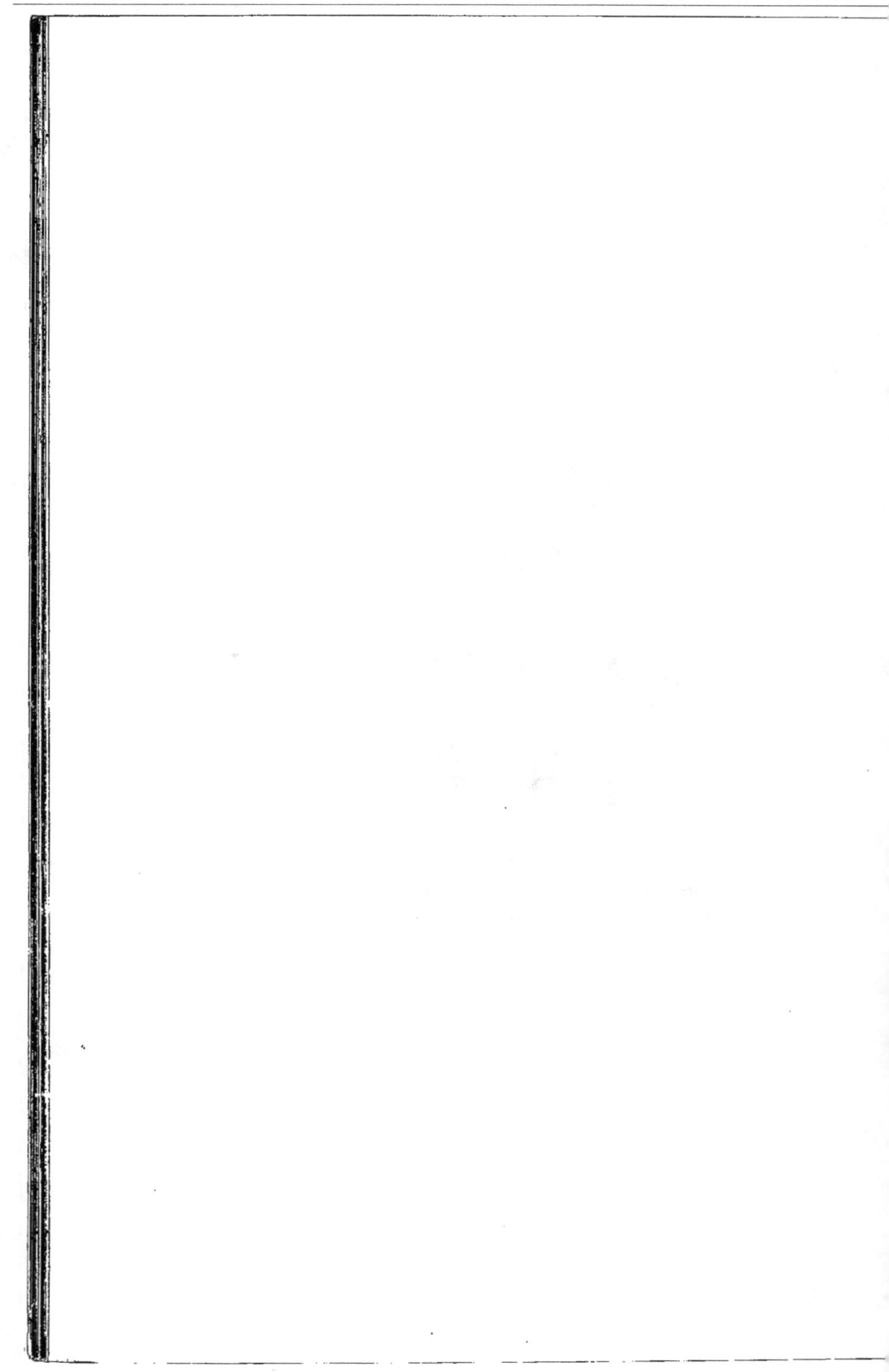

CHAMBRE SYNDICALE

DES

Entrepreneurs de Maçonnerie

LA MAÇONNERIE

D'azur, à une ascension du Fils de Dieu sur une montagne, le tout d'or (*)

HISTORIQUE DU MÉTIER

PRÈS les cavernes et les grottes, les habitations lacustres et les abris souterrains, l'homme préhistorique construisit des huttes en branchages qu'il garnit de terre. Vitruve (Liv. II, ch. 1er) assure qu'il imite alors « l'industrie des hirondelles en faisant, avec des petites branches d'arbres et de la terre grasse, des lieux où il peut se mettre à couvert ».

Les découvertes récentes nous démontrent fort clairement qu'à l'âge de la pierre polie, l'homme avait trouvé le moyen de façonner l'argile d'une manière durable en la faisant durcir au feu pour s'en fabriquer des vases ; le temps n'était pas loin où il allait façonner des briques. En attendant, il construisait en pierres sèches, des abris, des murailles et

(*) D'Hozier, *Armorial*, texte Tome XXV, Folio 548 et Blasons, Tome I, Folio 688.

jusqu'à des postes fortifiés dont il reste des traces en Europe ; elles sont quelquefois considérables comme à Chassey, dans l'arrondissement de Semur (Côte-d'Or) et il abritait ses morts sous les monuments mégalithiques : allées couvertes, dolmens et menhirs, encore debouts en Bretagne et ailleurs.

A l'âge du bronze, les Gaulois bâtissent des chaumières avec des étages souterrains, *marges* ou *mardelles* que l'on rencontre dans le centre de la France. Et c'est ainsi que commencent les cités qui deviendront plus tard les villes françaises.

C'est à peu près tout ce que nous savons de l'origine de l'art de bâtir. Et si nous voyons les maisons de la Gaule prendre des proportions inusitées jusque-là et compter plusieurs étages, c'est que nous en sommes à l'époque mérovingienne, comme le fait remarquer Viollet-le-Duc. Encore sont-elles en bois pour la plupart.

Les premières maisons en maçonnerie qui remplacèrent, dans les Gaules, les cabanes et les habitations primitives de toutes sortes, furent bâties par les Romains qui, sans s'occuper des nécessités d'un climat différent, les édifièrent sur le modèle de celles de leur pays et, par conséquent, souvent sans cheminées et toujours avec des cours intérieures ouvertes aux intempéries. Nous retrouverons plus loin les constructeurs romains, mais nous pouvons dire ici que les villes gallo-romaines ressemblaient en tous points aux cités de l'Italie : elles avaient donc, comme celles-ci, des aqueducs, des arcs-de-triomphe, des greniers publics, des thermes, des amphithéâtres, des colonnes commémoratives, etc., etc. L'enceinte de leurs murailles était flanquée de tours ; la place publique était le *Forum*.

*
* *

Les Egyptiens, qui précédèrent de beaucoup les civilisations grecques et romaines, étaient des constructeurs de grand mérite. Les nombreuses carrières des bords du Nil, desquelles ils ont extrait leurs obélisques, leur fournissaient d'excellents matériaux pour leurs constructions dont le caractère dominant est la force matérielle, ce qui leur a assuré, pour ainsi dire, une durée éternelle.

Les grandes pyramides de l'Égypte, datant au moins de quatre mille années et qui ont été mises autrefois au rang des merveilles du monde, sont construites en pierre ; elles ont eu des revêtements, tantôt de granit, tantôt de pierre dure polie, appareillés avec soin, ou bien encore composés d'un masticage très dur fait de plâtre, de sable et de cailloux. Mais ces revêtements ayant disparu, les faces de ces monuments prodigieux nous apparaissent sous la forme d'escaliers gigantesques.

Il existe, sur la surface de ce pays, une grande quantité de ruines des plus importantes. Citons celles de Thèbes où l'on voit les débris de l'énorme palais de Rhamsès, d'Aménophis et de Karnak, amas de temples ornés d'obélisques, de colonnes, etc., etc. Ces preuves antiques de la splendeur des villes égyptiennes datent, pour la plupart, de trente-cinq siècles et nous indiquent la perfection de leurs ouvrages. Les appareils des pierres sont très remarquables et les joints tout particulièrement soignés.

Les briques, connues de toute l'antiquité, apparaissent partout : en Assyrie, en Perse, en Palestine, en Egypte. Ninive les revêt de plaques de gypse ; les Perses les émaillent avec une grande richesse de coloration.

Mais la brique n'était pas toujours cuite ; les Egyptiens, fréquemment, employaient la brique crue. On suppose même qu'ils ne la firent cuire qu'après une découverte faite par hasard, après quelque incendie d'édifice. La pyramide de Daschour, qui date de six à sept mille ans, a été construite avec des briques crues de grande dimension ; elles ont de trente-cinq à quarante centimètres de côté et sont fabriquées avec de l'argile dans laquelle on introduisait de la paille hachée.

Les Egyptiens connaissaient l'art de construire les voûtes ; suivant Diodore de Sicile, leurs maisons avaient jusqu'à cinq étages. Ils se servaient d'outils perfectionnés, tels que l'équerre et le niveau triangulaire. On trouva, dans un tombeau égyptien découvert par M. Maspero en janvier 1886, non seulement ces objets, mais encore un autre niveau fonctionnant, à peu de chose près, de la même façon que nos niveaux à bulle d'air. Evidemment, ce tombeau renfermait les restes d'un maçon ; le mort auquel avaient appartenu ces outils portait le nom de Sennotmon et vivait sous la xxᵉ dynastie, c'est-à-dire deux mille ans avant J.-C.

*
* *

La tour de Babel, suivant la Genèse, fut construite en briques cimentées avec du bitume.

Le temple de Salomon (Rois, liv. III), « avait des murailles composées de pierres qui étaient d'avance toutes taillées et achevées de polir ; en sorte qu'on n'y entendit ni marteaux, ni coignées, ni le bruit d'aucun instrument pendant qu'il se bâtit ».

Les chefs des métiers, chez les Hébreux étaient des hommes appartenant à la classe sacerdotale ; il en était de même chez les Egyptiens.

*
* *

Les Pelasges, peuple d'origine sémitique, occupèrent la Grèce deux mille ans avant J.-C. ; ils nous ont laissé des vestiges de leurs énormes constructions. Ce sont des murailles composées de volumineux blocs bruts ou très rustiquement taillés, placés cependant avec symétrie soit à joints polygonaux, soit à joints rectangulaires, toujours sans aucun ciment pour les relier. Manduria, cité italienne, conserve encore ses anciens remparts, de construction pélasgique. Euripide attribuait des travaux semblables aux Cyclopes qui, disait-il, « ont pour outils le levier, la règle, le marteau ».

Les acropoles ou citadelles, sont d'origine pélasgique ; en général, leurs murs ont de 6 à 7 mètres d'épaisseur.

*
* *

Babylone, fondée vers 2640 avant J.-C. avait, suivant Hérodote, des murailles de 93 mètres de haut et de 23^{m}25 d'épaisseur ; Diodore de Sicile nous apprend qu'elles étaient armées de deux cent cinquante tours. Les fameux jardins suspendus de cette ville étaient composés de douze terrasses superposées formant chacune le plafond d'une galerie et ces plafonds étaient faits de pierres plates de 5 mètres de long sur 1^{m}30 de large recouvertes d'un lit d'asphalte, d'un double rang de briques cuites scellées à bain de plâtre, enfin d'un revêtement de plomb sur lequel était déposée la terre du jardin artificiel.

* * *

Les Grecs ont été des constructeurs habiles et des artistes de génie, après avoir naïvement procédé des Pélasges et s'être ensuite inspirés, pour la forme extérieure de leurs édifices, des constructions en bois des premiers temps. Pline nous apprend (*Histoire Naturelle*, liv. 7), que les deux frères Euryale et Hyperbius furent les premiers grecs qui, dans Athènes, établirent des fours à briques et construisirent une maison. Jusque là, on avait habité les cavernes.

Les ruines des édifices grecs, dont quelques-uns avaient des dimensions colossales, nous démontrent la science de ce peuple et son goût éclairé. La qualité de ses constructions peut se résumer en ces termes : convenance, élégance et beauté. Les Grecs, grands amateurs de spectacles, adossaient souvent leurs vastes amphithéâtres à des collines et en taillaient alors les gradins dans le roc.

* * *

Les architectes grecs et romains comptaient six différents systèmes de maçonnerie de murailles, savoir :

Le *reticula*, dont le parement formait le réseau d'un filet ;

Le *cæmentitia* ou *incerta*, dont les pierres placées irrégulièrement étaient hourdées en ciment ;

L'*isodonum*, massif de grosses pierres taillées, avec des assises égales ;

Le *pseudoisodonum*, avec assises de hauteurs inégales ;

Enfin l'*amplecton* et le *diamicton*, ou maçonneries à parements réguliers portant parpaings ou non, avec l'intérieur en blocage. L'absence de parpaings nécessitait l'emploi des crampons en fer ou en bronze scellés au plomb (Vitruve, II, 8, 6 et X, 13, 21).

Les premières maisons de Rome furent des constructions de la plus grande simplicité ; leur forme était circulaire. Mais, sous Auguste, elles furent remplacées par des demeures tout autres, ce prince ayant si bien transformé la ville qu'il put se vanter, à l'heure de sa mort, d'avoir trouvé, en Rome, une ville de brique et d'en laisser une de marbre.

Avec les Romains, nous commençons à connaître beaucoup mieux l'artisan des métiers. L'ouvrier romain faisait partie des *collèges* ou corporations ouvrières, s'il était libre. Dans le cas contraire, il était esclave et, s'il appartenait à l'Etat qui l'employait aux travaux publics, il était marqué au fer rouge sur le bras ou sur la main. Les collèges d'artisans remontaient aux premiers temps de Rome ; ils furent consacrés plus tard, soit en 451 avant J.-C. par la loi dite des douze tables, parce qu'elle était inscrite sur douze tables d'airain.

La division du travail de la maçonnerie (*structura*) était ainsi constituée : les terrassiers ; les maçons comprenant les *structores*, ou constructeurs-architectes, les *arcuarii*, ou faiseurs de voûtes, les *parietarii*, ou faiseurs de murs et de cloisons (notons, en passant, que les cloisons de distribution intérieures étaient faites de roseaux et de claies hourdées en argile), les *tectores*, ou enduiseurs, les *albarii*, stucateurs ou ouvriers qui mettaient en œuvre le ciment blanc (*opus albarium*, c'était un enduit cachant la pierre brute ou le briquetage ; toutes les maisons de Pompéi en étaient recouvertes) ; enfin, les *silicarii*, *lapidarii* et *quadratirii*, ouvriers qui travaillaient la pierre. Le maître-maçon qui s'engageait à exécuter les travaux indiqués par le plan dressé par l'architecte, était désigné sous le nom de *Mensor œdificiorum* ou de *redemptor*. Celui-ci entreprenait, pour un prix convenu d'avance, une construction ou une réparation de maison.

L'industrie romaine était chargée d'impôts. Constantin en dispensa divers métiers tels que les architectes, les maçons (*fabrimurarii*), les carriers, les tailleurs de pierre.

Il y a dix-neuf siècles, Vitruve, en écrivant son beau livre *De architectura* dédié à l'empereur Auguste, prouvait que l'art de la construction était dans un état d'avancement tout à fait remarquable. La science de l'appareil est traitée avec supériorité dans cet ouvrage. Les Romains, pour tout ce qui avait trait à la construction, s'inspirèrent des Grecs et Vitruve lui-même ne fit, la plupart du temps, que répéter les leçons qu'il avait reçues des architectes de la Grèce. Mais ces enseignements parvinrent de meilleure heure chez les Latins, puisqu'on voit, dès l'époque légendaire de la monarchie romaine, la maçonnerie figurer avec honneur dans de vieilles murailles formant la substruction du Capitole. Ces murs sont composés de pierres taillées et appareillées très régulièrement et, comme dans l'*isodomos*, ont des assises symétriques.

La colonne Trajane nous montre un soldat-maçon qui construit une muraille et se sert, au lieu du marteau, de l'outil appelé *fistuca* pour appuyer les pierres les unes sur les autres et en régler les joints. Cet outil, en forme de massue, peut-être assimilé à la *hie* ou demoiselle du paveur.

Chez les Romains, les briques (*Later*), sont de terre argileuse, façonnées dans des moules, séchées au soleil ou cuites dans un four. Pour celles ainsi séchées à l'air, Vitruve recommande de ne pas les employer avant deux ans, afin que l'enduit que l'on y applique, une fois posées, soit plus solidement fixé. Comme chez les Grecs, les briques étaient souvent plus grandes et plus minces que les nôtres et chacune d'elles portait le nom du fabricant, ainsi que la date de sa fabrication. Elles n'avaient pas toujours la forme carrée ; certaines d'entre elles étaient de configuration triangulaire, rectangle ou isocèle. Les carrées les plus grandes (*pentadoron*), avaient 0m59 sur 0m045 d'épaisseur ; celles qui venaient ensuite (*tretadoron*), 0m43 sur 0m04 d'épaisseur.

Nous ne dirons qu'un mot des maisons romaines ; ce sujet étant plutôt du domaine architectural. Il y eut des habitations particulières construites avec tant de luxe que certaines d'entre elles coûtaient jusqu'à cinquante millions de nos francs. Mais il s'agit là de constructions élevées aux temps florissants de l'Empire. Dans la Rome plus ancienne, le genre de construction des maisons était fort simple : on disposait toutes les pièces sur les quatre côtés d'un parallélogramme, en laissant une cour intérieure au milieu. Plus tard, cette cour fut couverte d'un toit supporté par des colonnes et ayant une ouverture pour laisser passer l'air, la lumière et les eaux pluviales. Cette cour devint l'*atrium*.

Durant la période attribuée aux rois de Rome, le constructeur employa la pierre noire et volcanique qui forme la base de la colline du Capitole (*tufo litoïde*). C'est avec cette pierre que fut fait l'égout principal de la ville (*cloaca maxima*) que Tarquin l'ancien fit construire pour dessécher les eaux stagnantes environnant sa capitale. Après deux mille ans, une partie de cet important ouvrage subsiste encore. Les voûtes sont en pierres d'appareil. Tite-Live appelle cette pierre *saxum quadratum*, quand il parle des fondations du Capitole (VI, 4) et (X, 23) lorsqu'il dit que la route de la Porta Capena au Temple de Mars était pavée *saxo quadrato*.

A partir du règne d'Auguste, les maisons avaient des balcons (*Mœnianum*) saillants au-dessus des rues ; ils étaient soutenus par des tasseaux fixés aux murailles ou s'appuyaient sur des colonnes reposant sur le sol, au bord des trottoirs. Herculanum et Pompéï nous offrent des spécimens de ces balcons placés au-dessus des portes d'entrée des maisons. Dans les rues trop étroites, ces balcons furent défendus ; mais les voies s'étant élargies et mieux alignées après l'incendie de Néron, ils furent permis partout, à la condition de laisser à côté d'eux un espace variant entre dix et quinze pieds (*).

Les constructeurs romains ont inventé le Dôme dont ils couronnaient leurs temples circulaires et les salles rondes de leurs thermes ; ils ont perfectionné les voûtes en généralisant leur emploi et en créant les voûtes d'arête, hémisphériques et en cul-de-four, inconnues avant eux. Pour construire ces voûtes, ils établissaient des cintres en planches sur lesquels ils versaient un mortier de pouzzolane et de chaux mêlé de fragments de pierre et de brique, de scories du Vésuve, etc. Les traces de ces cintrages sont encore visibles, notamment aux Thermes de Titus, au Colisée, etc., etc.

Vitruve indique les moyens employés pour établir des fondations sous l'eau, au moyen de cuvelages et de pompes d'épuisement. L'une de ces pompes a été découverte à Castrum Novum, près de Civita-Vecchia.

Ce que les Romains appelaient *paries formaceus*, n'était autre chose que le pisé, c'est-à-dire de la terre pressée avec de la paille hachée et employée pour les constructions rustiques ou de peu d'importance.

En dehors de la pierre, les maçons romains mettaient en œuvre le silex dans la construction des murs et le marbre pour le revêtement des édifices.

(*) Le pied romain équivaut à 0^m295.

Le ciment dont ils se servaient était une sorte de mortier hydraulique additionné ordinairement de pouzzolane. Tous les mortiers bien
préparés durcissent en vieillissant et c'est peut-être là le seul secret de
la solidité et de la dureté que présentent aujourd'hui les fameux ciments
des Romains.

Parmi les magnifiques monuments de la Rome superbe des Césars,
on cite le Palais d'or de Néron, les thermes de Dioclétien et de Caracalla, le grand Cirque et une multitude de temples et de monuments
publics. Dans le cirque de Caracalla, pour alléger les voûtes soutenant
les gradins, on fit usage de poteries creuses, système qui, on le voit, est
loin d'être nouveau. Partout, les Romains laissèrent de grands ouvrages
et les contrées soumises en furent embellies et améliorées. Tels l'aqueduc
de Nîmes (Pont du Gard) et les amphithéâtres de la Provence.

Le matériel du maçon romain était compliqué. Il se servait, pour
monter ses matériaux, du moyen suivant : d'échafauds en échafauds et
à l'aide de treuils, de moufles (*orbiculus* et *pentaspastos*) et de chèvres,
on élevait jusqu'au comble les blocs de pierre façonnés et refouillés
d'avance, même de leurs ornements. Cet artisan se servait encore du
cabestan (*ergata*) pour mouvoir les lourds fardeaux ; d'une roue à
chevilles (*tympanum*) destinée à soulever et que faisaient marcher des
hommes à la manière des chiens des cloutiers, c'est-à-dire en entrant
dans l'intérieur de la roue et en la faisant manœuvrer par l'action répétée
des pieds et des mains. Un marbre, conservé à Capoue, nous représente
ainsi des ouvriers mettant une colonne au levage. Des cordages sont
disposés comme ceux d'une machine à mâter ; ils élèvent la colonne en
s'enroulant autour de la roue. Ce système donne l'explication d'une
opération de l'ancienne mécanique difficile à comprendre jusqu'au
moment de cette découverte, savoir comment d'énormes colonnes et
des monolithes avaient pu être dressés par les anciens, surtout lorsqu'ils
se trouvaient à une très petite distance les uns des autres, comme par
exemple, les colonnes du portique du Panthéon. Vitruve donne les dessins d'autres roues à chevilles destinées à élever l'eau (X, 4).

Chose curieuse : la responsabilité des constructeurs romains était
établie par une loi rapportée par Mellier dans son code de voirie (1534).
D'après cette loi, l'ouvrier qui abandonnait ses ouvrages sans raisons
convaincantes, était puni du fouet, rasé et banni après restitution et, si

le bâtiment tombait par suite de mal-façons, il devait le rebâtir à ses frais ; s'il s'y refusait, le juge le condamnait aux mêmes peines.

Le maçon romain avait, dans ses attributions, la construction des appareils de chauffage, d'une grande importance dans les bains publics, par exemple. Mais les habitations n'étaient que quelquefois munies des fours constituant ces appareils et qui étaient placés sous le rez-de-chaussée ; c'était à peu près notre calorifère. Des cheminées furent aussi installées dans les chambres du nord de l'Italie, d'abord au milieu de la pièce, sans hotte ni tuyaux et l'on se plaçait en cercle autour du feu. Mais, plus tard, selon le témoignage de Sénèque, ces cheminées un peu trop primitives furent remplacées par des feux souterrains qui envoyaient la chaleur au moyen de conduites placées dans l'épaisseur des murailles.

*
* *

Cinquante-deux ans avant J.-C., Labienus, lieutenant de César, assiégea et prit Lutèce, malgré une forte résistance. Alors, une cité romaine succéda à l'amas d'habitations gauloises et, grâce aux maçons romains, Paris eut un camp, un palais, des temples, un aqueduc et un cirque.

Au commencement du moyen-âge, l'artisan s'emparait encore, pour bâtir les maisons, des débris empruntés aux monuments en ruine. S'il en manquait, il s'inspirait des traditions romaines plus ou moins bien conservées. C'est ainsi qu'il construisait les habitations des riches. Ces maisons ne prenaient aucun jour sur la rue étroite et fétide et sans pavage ; l'*atrium*, vaste cour entourée de portiques, dans laquelle tombait l'eau du ciel, le *tablinum* ou salon, le *triniclium* ou grande salle à manger d'apparat, étaient les pièces principales du logis gallo-romain.

Quant aux habitations des pauvres, ce sont encore des cabanes de planches et des huttes d'argile de forme ronde surmontées, comme les ruches, de toits de chaume et de roseau enduits de boue et percés au sommet d'une ouverture pour le passage de la fumée. Cependant, ces misérables abris se font de plus en plus rares dans les villes.

Les églises sont alors établies dans les anciens marchés, dans les temples ravis aux dieux païens. Si on les construit, elles affectent surtout la forme d'un parallélogramme tout simplement et sont dénuées de caractère et d'art.

Ce n'est qu'à partir du XIᵉ siècle que l'art de construire prend une tout autre allure. Il devient un art français en abandonnant les traditions romaines ; c'est l'époque florissante du style roman. Les habitations plus confortables se multiplient. A ce moment apparaissent les curieuses maisons en pans de bois historiés à encorbellements successifs ; les façades en sont hourdées et crépies. Le rez-de-chaussée est en maçonnerie, souvent en retraite en arrière de gros piliers ; si ces maisons ne font pas pignon sur la voie, ce qui est rare, ces pignons sont aussi bien en pierre qu'en charpente.

Le sol des pièces est pavé en briques scellées avec du mortier. Il y a de ces briques qui sont émaillées ; on en fait alors de magnifiques dallages dans les cathédrales. Au XIIᵉ siècle, les pièces principales sont carrelées en carreaux de terre cuite ; il y en a de colorés, regardés comme des objets de luxe. A partir du XIVᵉ siècle, les carreaux sont artistiquement fabriqués ; ils sont alors estampés, émaillés et colorés de teintes éclatantes.

Au XIIᵉ siècle, le style gothique ou plutôt ogival, devient proéminant et, pour l'édification des monuments, les maîtres qui allient à la science du métier, celles de l'ingénieur et de l'architecte, sont souvent inspirés à l'égal des artistes les plus merveilleux. Citons, parmi ces maîtres-maçons de génie : Pierre de Montereau, constructeur de la chapelle de Vincennes et de la Sainte-Chapelle de Paris ; Eudes de Montreuil ; Jean de Chelles, auquel on doit une notable partie de Notre-Dame de Paris ; Pierre de Luzarches, auteur de la cathédrale d'Amiens ; Mathieu Layens qui bâtit l'hôtel-de-ville de Louvain ; Erwin de Steinbach, le créateur de la cathédrale de Strasbourg, etc., etc.

La science de l'appareil prend alors un essor considérable avec les grands travaux religieux et les châteaux féodaux ; elle se complique avec les voûtes rampantes et les arcs de cloître comme on en voit aux églises de Saint-Pierre de Caen, de Saint-Marc à Venise, de la cathédrale de Mayence, édifices du type roman ; aux cathédrales de Paris, de Reims, de Chartres, de Lyon, etc., du style ogival ; aux châteaux de Pierrefonds et de Coucy, à la maison de Jacques Cœur à Bourges, aux hôtels-de-ville de diverses cités, etc., etc.

Le matériel ancien est recréé : les grues, chèvres, treuils, échafaudages en rampes et même les machines hydrauliques sont améliorés et perfectionnés.

Le maçon emploie constamment le béton et le mortier pour asseoir solidement les fondations de ses édifices jusqu'à la période ogivale où il place des libages sur le bon sol.

Le plâtre est en faveur dès le xiie siècle comme enduit ; il est tantôt fixé sur un crépi formé de mortier de gros sable, tantôt sur un crépi de gros plâtre. Mais c'est un article de luxe et les enduits se font généralement en mortier de chaux.

C'est aussi à cette époque qu'apparaissent les cheminées qui remplacèrent les braseros et d'autres foyers portatifs. Deux pieds-droits en pierre, une tablette de bois garnie de plâtre et une hotte avec un manteau de chêne les composèrent tout d'abord. Au xive siècle, les cheminées des châteaux sont de dimensions extraordinaires ; elles deviennent souvent de véritables petits monuments, parfaitement décorés. Ce ne fut qu'au xviie siècle que les cheminées des habitations ordinaires prirent à peu près l'aspect de celles que nous connaissons.

L'époque de la Renaissance a fait ressortir le talent du constructeur français auquel on doit alors : les palais du Louvre et des Tuileries, l'Hôtel-de-Ville de Paris, les églises de Saint-Eustache, de Saint-Etienne-du-Mont, des châteaux comme celui de Gaillon, etc., etc.

Quant aux constructions plus modernes, datant des règnes de Louis xiii, de Louis xiv, et des suivants, comme la place Royale (ou des Vosges), le Palais-Royal, l'École militaire et une quantité d'hôtels particuliers, elles sont bien connues puisqu'elles sont encore debout.

Enfin, les magnifiques édifices contemporains, les maisons modernes exécutées avec tant d'art aux différents points de vue des dispositions intérieures, de l'hygiène, de la décoration des façades, rappelleront aux âges futurs que les maçons du xixe siècle n'ont pas dérogé, qu'ils ont gardé, avec un soin jaloux, les vieilles et honorables traditions du métier et qu'ils n'étaient pas moins habiles que leurs devanciers dans le choix et la mise en œuvre des matériaux.

HISTORIQUE DE LA CHAMBRE SYNDICALE

DES

Entrepreneurs de Maçonnerie

DE PARIS ET DU DÉPARTEMENT DE LA SEINE

Fondée en 1809

PRÉCÉDÉ D'UNE NOTICE SUR LA CORPORATION

Jetons de présence des Membres du Conseil d'Administration de la Chambre

L'histoire du groupement corporatif de la maçonnerie en France peut être divisée en trois périodes ayant chacune un caractère bien distinct.

La première embrasse cinq siècles : elle a son point de départ au xiiie siècle et finit à la Révolution Française ; elle correspond au groupement en corporations de métiers ou communautés, qui diffèrent sensiblement des communautés des autres corps de métier.

La deuxième période, est une période de transition, durant laquelle les Entrepreneurs s'efforcent de recouvrer leur antique organisation supprimée par la Révolution et, malgré une longue suite d'efforts, n'y peuvent parvenir ; elle est comprise entre la Révolution et l'année 1839.

De 1839, date la troisième période par la fondation, sur des bases nouvelles conformes aux idées libérales et aux conditions modernes du travail, de la Chambre syndicale des Entrepreneurs de Maçonnerie. Du premier coup, les entrepreneurs adoptent une organisation dont soixante ans d'expérience ont démontré l'excellence et à laquelle est due la prospérité de la Chambre syndicale actuelle des Entrepreneurs de Maçonnerie.

PREMIÈRE PÉRIODE

DU XIIIe SIÈCLE A LA RÉVOLUTION

LES COMMUNAUTÉS DES MAÇONS AU XIIe SIECLE

Il faut arriver à la deuxième moitié du xIII^e siècle pour retrouver les premières traces de l'existence des corporations ou plus exactement des communautés de maçons.

Les rares manuscrits des xe et xI^e siècles nous apprennent, mais sans nous donner de détails précis, qu'il existait des communautés de maçons dès le IXe siècle ; il est probable que ces communautés se formèrent spontanément entre artisans maçons pour résister aux exigences des seigneurs qui, après avoir émancipé, contre deniers, leurs serfs, voulaient s'approprier une trop grande part du produit de leur travail.

Quelle que soit la cause de ces groupements, ils correspondaient à un besoin réel car, au xIII^e siècle, ils formaient une organisation puissante dont le *Livre des métiers* du prévôt des marchands, Etienne Boileau, nous a transmis les Statuts.

Transportons-nous un instant par la pensée sous le règne du très pieux roi Louis le Neuvième et imaginons, grâce aux renseignements que nous fournissent le *Livre des métiers*, les *Chroniques*, les *Cartulaires*, quelle pouvait être la journée d'un maître-maçon, car à cette époque l'entrepreneur n'existait pas.

La Journée d'un Maître-Maçon sous Saint-Louis

Une sentinelle placée dans l'échauguette qui domine chaque tour de la ville vient de souffler bruyamment dans un cor ; cette sonnerie prévient les Parisiens que le soleil est levé et qu'il est par conséquent l'heure de se rendre au travail.

Notre maître-maçon, suivi de ses fils et de son apprenti, quitte son humble logis sis rue de la Mortellerie (*), qui est proche la Seine et traversant le Grand Pont (*), gagne l'enclos du Palais. Il suit des rues étroites, tortueuses qui laissent à peine, tant sont avancées les saillies du premier étage, tant sont volumineux les auvents en bois ou tôle des marchands, apercevoir un mince ruban de ciel ; à chaque pas, il heurte des bœufs et des porcs qui, attachés aux maisons, s'ébattent dans le ruisseau rempli d'immondices occupant le milieu de la chaussée.

Voici enfin l'enclos du Palais ; une chapelle (*) s'y élève sur les plans de Pierre de Montereau, mestre des œuvres du roi : les proportions en sont harmonieuses et notre maître-maçon est fier de contribuer à l'érection de ce qui, à n'en pas douter, sera un chef-d'œuvre.

Le chantier est en pleine activité ; ici les *mortelliers* (*) fabriquent le mortier en écrasant, avec un marteau, la pierre de liais ; plus loin des *plâtriers* (fabricants et marchands de plâtre), livrent du « pur cueur de plâtre en bonne et loaïl mesure, » des *mestres-appareilleurs* taillent la pierre déjà dégrossie dans la carrière, et, sur les échafauds, des *maçons* posent les pierres ; mestre, varlets (ouvriers), apprentis, travaillent côte à côte, tandis que de pesants chariots traînés par des bœufs apportent d'énormes blocs de pierre qui proviennent des carrières de Lourcine, de la butte Saint-Jacques, de Vaugirard, de Vitry, de Bicêtre, de Charenton.

Mais notre maître-maçon n'a garde d'oublier qu'il doit retourner chez lui pour la réception d'un nouvel apprenti (le sien, après cinq ans d'apprentissage devant, dans un an, le quitter) et pour l'embauchage de nouveaux varlets ; il pose donc la truelle et rapidement regagne son logis.

L'Apprenti

Si le maître maçon peut prendre comme apprentis ses fils et les fils de ses frères et sœurs, il ne peut prendre qu'un apprenti étranger.

(*) La rue de la Mortellerie occupait à peu près l'emplacement de la rue de l'Hôtel de Ville.

(*) Aujourd'hui Pont-au-Change.

(*) La Sainte-Chapelle.

(*) La profession de mortellier a disparu avec le moyen-âge, on ignore exactement en quoi elle consistait ; entre opinions diverses, nous avons adopté celle du savant chartiste R. de Lespinasse, comme nous paraissant la plus rationnelle.

On lui en propose un ; pour le recevoir, il a dû convoquer un juré de la communauté et deux prud'hommes (maîtres) qui, avant de se rendre à sa convocation, se sont enquis s'il est en état de prendre apprenti, c'est-à-dire s'il a un domicile, s'il est à son compte depuis un an et un jour et s'il a au moins un ouvrier.

Le maître demande alors au futur apprenti s'il est français et sur sa réponse affirmative, lui fait connaître les règles de l'apprentissage.

L'apprenti sera considéré comme l'enfant de la maison ; il sera logé, nourri, vêtu par le maître qui lui enseignera son art.

Il doit au maître respect et obéissance ; il prend l'engagement de le servir six ans ; s'il veut abréger d'un an ou deux la durée de son apprentissage, il devra lui payer cent sous ; il observera rigoureusement tous les usages et règlements du métier ; s'il prend la fuite de chez son maître, on le fera chercher et on le ramènera de force ; à la troisième escapade, il sera exclu à tout jamais de la Communauté.

Si le maître tombe malade où s'il cesse son métier, l'apprenti pourra être cédé ou vendu à un autre maître.

Il pourra se marier après les quatre premières années d'apprentissage ; alors il mangera chez lui et le maître lui paiera le tiers de ce qui est payé à un varlet.

Lorsque son temps d'apprentissage sera terminé, il comparaîtra devant les jurés de la Communauté et, en présence de plusieurs prud'-hommes, il déclarera sous serment que son temps est accompli selon les règles et qu'il prend l'engagement de travailler un an et un jour comme varlet avant de s'établir et de prendre un apprenti.

On lui fait verser un droit pour la « confrérie de Saint-Blaise » et comme il n'a pas le moyen de payer au maître la somme fixée pour son entretien, son père devra verser pour lui six deniers par jour pendant les premières années d'apprentissage.

Ces formalités accomplies, le juré et les prud'hommes prennent l'engagement de veiller sur lui. Voilà l'apprenti entré dans la Communauté, il ne tiendra qu'à lui d'arriver un jour à la maîtrise.

Les Varlets

L'apprenti agréé, des varlets se présentent pour l'embauchage devant le juré et les deux prud'hommes.

Le maître-maçon leur propose une location d'un mois, deux mois, trois mois, six mois ou un an, pour un prix déterminé ; l'entente établie, le juré et les prud'hommes questionnent chaque varlet.

Où a-t-il appris son métier ? A-t-il accompli son temps d'apprentissage ? A-t-il travaillé aux us et coutumes de Paris ?

On lui fait prêter serment de travailler selon les règles du métier et de faire connaître les contraventions aux règles du métier dont il s'apercevra avec les noms des coupables.

On le prévient que s'il est rêveur, mauvais garçon, meurtrier, larron, s'il fait du scandale par des rapports trop fréquents avec des filles de mauvaise vie, on lui fera vider la ville, on lui interdira le métier jusqu'à ce qu'il se soit corrigé de ses habitudes de débauche.

Chaque varlet engage sa parole ; le maître donne la sienne et l'embauchage est terminé.

Si le varlet est bon travailleur, le maître le gardera, le logera chez lui ; il fera partie de la communauté, prendra part aux délibérations. Facilement il pourra devenir maître, s'établir à son compte et prendre varlets et apprenti. Sa situation est donc bonne, car s'il n'a que peu de liberté, il n'a à craindre ni la maladie, ni le chômage ; la communauté lui viendra toujours en aide.

La Maîtrise

En compagnie du juré et de ses deux confrères prud'hommes, notre mestre-maçon se rend à une Assemblée de la Communauté pour y recevoir un nouveau maître.

Suivons-le.

Les maîtres-prud'hommes et les jurés sont réunis sous la présidence du grand-maître de la maçonnerie, Guillaume de Saint-Patu.

L'aspirant à la maîtrise comparaît devant eux. On a fait sur son compte une enquête sévère, elle a prouvé qu'il a vécu honnêtement et qu'il a suffisamment de bien pour pouvoir s'établir.

Il jure sur les livres saints qu'il a rempli toutes les conditions exigées pour la maîtrise, comme apprenti et varlet ; il jure de suivre les Statuts de la Communauté, de ne jamais débaucher les varlets d'un autre maître, d'exercer son métier loyalement ; puis il paie les cinq sous (60 deniers) (*) fixés par les Statuts pour l'achat du métier.

L'Assemblée prononce son admission dans la Communauté. Le voilà maître : mais il perdrait cette qualité s'il lui arrivait de ne pouvoir plus travailler à son compte ; il retomberait alors au rang de varlet.

Il ne lui reste plus qu'une formalité à accomplir.

Il quitte le siège de la Communauté et se dirige vers la demeure de Guillaume de Saint-Patu, où l'ont précédé ses confrères. Arrivé à la porte, il doit répondre aux questions d'usage qui lui sont adressées de l'intérieur, et lorsqu'elles ont été déclarées suffisantes, il brise sur le mur en signe d'affranchissement un pot de noix et d'oublies, entre dans la maison, s'assied à table à côté de ses confrères et prend sa part d'un repas dont il fait les frais.

Le Grand-Maître de la Maçonnerie

Guillaume de Saint-Patu, le grand-maître de la maçonnerie, chez lequel a lieu le banquet, a été élevé à cette haute dignité par le roi Louis IX dont il est le maître-maçon. Cette faveur est d'autant plus insigne que les grands-maîtres des autres Communautés de métiers sont tous des seigneurs, grands-officiers de la couronne, auxquels les grandes maîtrises sont accordées à titre d'office.

Seuls, les maçons et les charpentiers jouissent du privilège d'avoir pour grand-maître un des leurs qui continue l'exercice du métier, reste soumis à la règle commune et jouit seulement du privilège d'avoir deux apprentis étrangers.

C'est, pour les maçons et les charpentiers, un avantage inappréciable, car l'autorité du grand-maître est considérable : elle s'étend sur toute la Communauté qui comprend les maçons, les appareilleurs-tailleurs de pierres, les mortelliers et les plâtriers. C'est le grand-maître qui nomme les *jurés*, gardiens des règles du métier qui répriment les manquements, surveillent les constructions, veillent sur les apprentis et les varlets. Les jurés sont les ordonnateurs du produit des amendes ; ils prêtent serment au prévôt de Paris et reçoivent une indemnité.

(*) Il est absolument impossible d'établir aucune comparaison entre la valeur de l'argent au XIIIe siècle et de nos jours. Disons seulement que ces 5 sous représentaient cinq jours de paie d'un varlet.

Le grand-maître est le juge général de la *Chambre de maçonnerie ou Chambre du Bâtiment*, juridiction royale instituée par Louis le Neuvième, établie dans l'enclos du palais, qui connaît de tout ce qui a rapport à la construction, à la sûreté et à la police des bâtiments et décide de toutes contestations naissant en raison des ouvrages, soit entre maîtres, entre maîtres et varlets, ou entre maîtres et bourgeois.

C'est une juridiction spéciale à la maçonnerie et à la charpente ; le roi lui a délégué le droit seigneurial de basse justice qui consiste en la répression des contraventions et délits.

Pour ces différentes fonctions, le grand-maître reçoit une part dans le droit de maîtrise, une part dans le produit des amendes, 18 deniers par jour et « une robe de livrée » à la Toussaint. Il a droit à deux chevaux nourris au palais.

La Confrérie de Saint-Blaise

Le banquet terminé, notre-maître maçon quitte la demeure de Guillaume de Saint-Patu et se dirige vers sa confrérie pour verser le droit d'entrée qu'il a reçu de l'apprenti.

La Confrérie est une association religieuse ; tandis que la **Communauté** de métier concerne l'artisan, la Confrérie concerne le chrétien : c'est une association pieuse, superposée à la Communauté.

Maîtres et varlets font partie de la Confrérie que les maçons ont placée sous le patronage de Saint-Blaise ; le siège de la Confrérie est près la Chapelle de Saint-Blaise qui est voisine de l'église Saint-Julien-le-Pauvre. La chapelle est ornée et parée par les soins de la Confrérie, on lui doit vingt sous d'amende par contravention infligée pour manquement aux règles du métier ; dans la nef de la chapelle est placée la bannière de la Confrérie.

Le chef de la Confrérie est le prévôt ; il est assisté par des sergents dont la mission consiste à prévenir les membres du décès d'un collègue aux obsèques duquel les délégués sont tenus d'assister, ou à annoncer une fête à laquelle prendront part, en grande pompe, tous les membres de la Confrérie.

C'est la Confrérie qui veille à ce que le travail soit suspendu les jours des fêtes des saints : jours nombreux, près de 140 par an.

Les maçons sont renommés pour leur piété et pour leur politesse. Un article du règlement de la Confrérie édicte une amende de six deniers pour tout maçon qui aura été impoli avec un bourgeois ; dans un autre règlement, les devoirs et obligations des maçons sont précédés par les lignes suivantes : « Dieu a fait aux maçons la grâce d'élever par leur art et leur travail des églises et d'autres monuments précieux et de gagner ainsi honorablement leur vie. La reconnaissance doit donc pousser leur cœur de chrétien à accroître le service de Dieu et à se sanctifier ainsi. »

A l'exercice des devoirs religieux, ne se borne pas l'action de la Confrérie ; elle est surtout une Société de secours mutuels, elle vient en aide aux malheureux, secourt les vieillards, recueille et élève les orphelins de la Communauté.

C'est donc à la fois une association pieuse et charitable ; aussi tous les membres de la Communauté : maîtres, varlets, apprentis, y sont-ils affiliés.

Le Maître de l'Œuvre

Notre maître-maçon, ses devoirs accomplis à la Confrérie, s'en revient à son chantier pour y prendre les instructions du maître de l'œuvre Pierre de Montereau, pour lequel il a une admiration sans bornes, car son savoir est immense : c'est lui qui conçoit l'œuvre, trace le plan, dessine les épures, dirige effectivement les travaux, passe les marchés, arrête les comptes ; le maître-maçon n'est qu'un simple exécutant, une sorte de tâcheron.

Le Guet

Mais voici que du haut de l'échauguette de la tour du palais a retenti le cor de la sentinelle ; aussitôt les cloches des églises tintent l'angelus ; six heures : il faut quitter le chantier.

Notre maître-maçon suivi de ses fils et de son apprenti, regagne précipitamment son domicile, car après le repas du soir, il lui reste encore un devoir à accomplir : le guet.

Ils traversent la cité bruyante des mille cris des marchands en plein vent : cuisinier vendant la sauce à l'ail, poissonnier offrant ses « harens fres », marchand de bois avec « la bonne bûche à deux oboles », femmes, enfants portant légumes, fruits, fromage dans des corbeilles ; fripier, raccommodeur d'habits ; au coin des carrefours, des varlets sont empressés autour d'un crieur de vin, qui, un broc d'une main, un gobelet de l'autre, leur offre « bon vin fort à 32, à 16, à 12 à 8 et à 6 », et à côté de lui d'autres varlets jouent aux dés « oublies renforcées et galettes chaudes. »

Voici le maître-maçon arrivé chez lui ; il mange en toute hâte, écoutant distraitement sa femme lui narrer le menu du repas qu'il compte le lendemain offrir au nouveau maître, repas qui, de par le nouvel édit, ne peut se composer de plus d'un potage au lard et de deux mets.

A grands pas, le maître-maçon se dirige vers le Châtelet. Des maîtres de tous corps d'état sont rassemblés dans la grand'salle de la prévôté, des clercs les forment en groupe, leur donnent un itinéraire.

Les petites troupes quittent le Châtelet..... Et toute la nuit, notre maître-maçon parcourt les rues de la ville, songeant par instant à ses confrères les mortelliers et les plâtriers exempts de guet depuis Charles Martel, et qui paisiblement sommeillent, tandis que lui, d'un pas traînant, va jusqu'au soleil levé, veiller sur la ville endormie.

LES COMMUNAUTÉS DU XIIᵉ SIÈCLE A LA RÉVOLUTION

En suivant notre maître-maçon, nous avons vu comment était organisée la maçonnerie au XIIIᵉ siècle ; si nous sommes entrés dans quelques détails, c'est que cette organisation va se maintenir sans grandes modifications durant six siècles. En 1789 comme en 1250, le métier sera soumis aux Statuts de la corporation ; la même hiérarchie existera avec cette seule différence qu'il est devenu beaucoup plus difficile d'en franchir les divers échelons et que le fossé creusé entre le maître et l'ouvrier est d'une profondeur qui le rend presque infranchissable. Mais dans les grandes lignes, l'organisation du corps de métier est identique ; nous nous bornerons donc à rappeler quelques dates intéressantes de l'histoire de la Communauté des maçons.

Augmentation des difficultés d'accès à la Maîtrise

Au XIIIᵉ siècle, les Communautés ont un caractère familial ; les corps de métier sont une véritable association entre ces deux facteurs de la production, le maître et le varlet. Deux siècles plus tard, cette asso-ciation est rompue. A la fin du xve siècle, il y a entre les maîtres et les ouvriers, les « compagnons », une ligne nette de démarcation ; les maîtres forment une classe bien distincte, une caste sinon entièrement fermée, mais bien peu entr'ouverte. En possession d'un monopole, les maîtres-maçons, comme les maîtres de tous les autres corps de métier, n'ont qu'une préoccupation : le conserver jalousement. Aussi multiplient-ils les difficultés d'accès à la maîtrise, dans le but de restreindre le plus possible le nombre des maîtres. Ils y réussissent pleinement.

La durée de l'apprentissage n'est plus limitée ; elle dépend de la seule volonté du maître qui peut indéfiniment la prolonger à son gré.

Pour accéder à la maîtrise, il faut subir l'épreuve du chef-d'œuvre, c'est-à-dire exécuter sous les yeux des jurés un travail difficile. Ce brevet de capacité dont le principe est en soi excellent, est parcimo-nieusement décerné ; lorsqu'il est obtenu, le candidat à la maîtrise doit payer cette maîtrise un prix élevé, en acquittant les droits dus à la Communauté et aux jurés, en offrant de nombreux banquets aux maîtres. Il est à peu près impossible à un compagnon d'économiser la somme nécessaire à l'achat de la maîtrise ; si sa capacité lui a permis d'exécuter le chef-d'œuvre, il risque de demeurer toute sa vie le « compagnon maîtrise ».

Le Compagnonnage

De plus, le maître ne partage plus les travaux du compagnon ; il cesse de travailler manuellement, ce qui accentue davantage la démarcation. Le compagnon sent la supériorité sociale du maître ; il ne se rend plus aux Assemblées de la Communauté qui devient une association pure-ment patronale et, avec ses camarades, il jette les bases d'une association uniquement ouvrière.

Cette association est vue d'un mauvais œil par les maîtres et par l'autorité ; pour échapper à leur répression, elle prend un caractère secret, mystérieux. C'est le compagnonnage qui s'étend rapidement au royaume entier.

N'ayant plus l'espoir d'arriver à la maîtrise, le compagnon n'a plus intérêt à rester dans la même ville ; aussi voyage-t-il beaucoup et le compagnonnage favorise merveilleusement son humeur vagabonde.

A son arrivée dans chaque ville, il est assuré de trouver chez la « mère des compagnons » le feu, le gîte et la table ; s'il est malade, on le soigne, s'il est valide, ou lui procure du travail. Le travail est-il rare, chaque compagnon fait moins d'heures, s'il le faut, pour permettre au nouveau venu de s'occuper ; le plus ancien compagnon quittera même la ville pour céder sa place au nouveau venu.

A l'origine, le compagnonnage est donc une institution des plus louables ; c'est une admirable Société de secours mutuels, d'aide et de protection. Comme toutes les institutions humaines, elle n'est pas exempte d'imperfections, mais ce n'est que plus tard, au xvie et xviie siècles, que ces associations de solidarité fraternelle dégénèreront trop souvent en coteries étroites et égoïstes et seront la cause des pires violences.

XVIe et XVIIe Siècles

Au début du xvie siècle, les corps de métiers usent et abusent de leur monopole au point que le Parlement rend un arrêt sévère interdisant les corporations de maçons et de charpentiers : « étant donné les grandes faultes et abbuz commis et que chaque jour commettent les maçons et charpentiers de Paris, il leur est interdit soubz umbre de confréries messes et offices divins ou aultre cause et coulleur quelle qu'elle soit, qu'ils ne se assemblent ensemble, ne facent convocacion jusques ad ce que par ladite cour aultrement en soit ordonné sous peine de prison, de confiscacion de corps et de bien. »

Ce que dura cette interdiction, les documents contemporains ne nous le disent pas, probablement jusqu'en 1574, année où Charles IX délivre des lettres patentes portant règlement pour les Statuts des maçons. Cette même année, le successeur de Charles IX, Henri III, modifie l'organisation des jurés-maçons, crée un office de juré par ville du royaume et quinze offices de jurés-maçons et neuf de charpentiers pour Paris.

Le roi fixe aussi la somme que les aspirants à la maîtrise doivent payer au Trésor royal ; mais pour dédommager les maçons de cette charge, il leur permet de limiter leur nombre.

Les nouveaux jurés s'entendent peu avec les anciens et leurs dissentiments deviennent si aigus que le Parlement prend prétexte du discrédit dans lequel ils sont tombés pour autoriser les particuliers à choisir librement leurs experts, les jurés ne seront plus « privativement pris que par les juges quand ils en nommeront d'office ».

L'Entrepreneur

C'est à la fin du xvi⁰ siècle qu'on voit apparaître pour la première fois l'entrepreneur, il est confondu avec « l'architecteur »; c'est ainsi qu'en 1600, sur les six entrepreneurs qui construisent la grande galerie du Louvre, deux sont qualifiés jurés-maçons et les quatre autres entrepreneurs-architectes.

On cite comme une entreprise considérable celle confiée par l'architecte du roi, Pierre Lescot, pour réparations au Louvre, aux entrepreneurs Guillaume Guillain et Pierre de Saint-Quentin; elle leur est payée 7.000 livres.

XVII⁰ Siècle

Sous Louis XIV, la maçonnerie reçoit l'empreinte du monarque; elle est placée sous la surveillance de deux maîtres-généraux et de trois contrôleurs des œuvres de maçonnerie des bâtiments du roi (1645); défense est faite « à tous entrepreneurs, maîtres-maçons de bâtiments de prendre la qualité d'architectes du roi, réservée à ceux que sa majesté a choisis pour composer son académie d'architecture » (1676).

Statuts de 1676

Le 21 février 1676, est établie une transaction entre le maître général Nicolas de Lespine et la Communauté des maçons représentée par Jean Traverse et Charles Joubert, syndic et adjoint, Jacques Maigret doyen, assistés de trente-six maîtres-maçons représentant « la plus grand et saine partie du métier. » Cette transaction porte :

Que les deux syndics et l'adjoint seront élus par la Communauté et resteront deux ans en fonction.

Qu'il est confié, à la Communauté, les droits de confrérie et de maîtrise; la condition du chef-d'œuvre donnant accès à la maîtrise sera réglée par le maître-général et les syndics faisant fonction de jurés.

Mais à court d'argent, le roi supprime en 1690 l'élection des jurés syndics, crée cinquante charges héréditaires de jurés pour Paris et les divise en deux classes : « 1⁰ les architectes bourgeois qui ne doivent pas faire de l'entreprise de maçonnerie, directement ou indirectement, ni s'associer avec les entrepreneurs ; 2° les entrepreneurs de bâtimens ».

En même temps qu'il vend ces offices, le roi vend également des armoiries ; celles des maçons sont « d'Azur à une ascension du fils de Dieu sur une montagne, le tout d'or. »

Ces armoiries sont, consécration officielle, enregistrées dans l'armorial des blasons de d'Hozier.

La faveur intéressée du roi n'empêche pas les Entrepreneurs de recevoir les réprimandes du Parlement. Sous prétexte qu'ils se livrent à la spéculation, construisent des maisons pour les revendre et qu'ils négligent ainsi les travaux publics et particuliers, un édit leur défend sous peine d'amendes très élevées, de construire des maisons pour les revendre clés en main « afin de les contenir dans leur état et pour que le public en soit mieux servi ».

XVIIIᵉ Siècle

Durant la régence et sous le règne de Louis xv, les Statuts des Entrepreneurs ne subissent d'autre modification que l'élévation du droit de maîtrise porté en 1762 à 300 livres pour les fils de maître et à 540 livres pour les compagnons. Ce droit n'est qu'une partie de la somme que doit payer l'aspirant à la maîtrise ; c'est ainsi qu'en 1721, la totalité des droits à payer à la Communauté, aux jurés et au trésor royal, s'élève à 2.000 livres.

Suppression des Corps de Métiers. — Leur rétablissement
Leur suppression définitive

L'institution des corps de métiers n'échappe pas aux critiques que les encyclopédistes dirigent contre l'organisation politique et sociale de la France ; imbus des idées de liberté, économistes et philosophes s'élèvent fortement contre les jurandes et les maîtrises et réclament le libre exercice des métiers. Lorsque l'un d'eux, Turgot, est appelé au ministère par Louis xvi, il s'empresse malgré l'opposition la plus vive, de rendre un édit qui supprime les Communautés et les Confréries de métiers et abolit les jurandes et les maîtrises ; les biens des Communautés font retour à la royauté et leurs dettes sont liquidées et éteintes ; cette liquidation n'était pas encore terminée en 1791.

Mais les ennemis des idées nouvelles réussissent à faire congédier Turgot et à le remplacer par une de leurs créatures dont l'un des premiers actes (août 1776) est le rétablissement des six corps de marchands et des quarante-quatre communautés d'arts et métiers.

Leur rétablissement. — Statuts de 1782

Les maçons se préoccupent alors de réorganiser leur association ; le 20 mai 1782, ils reçoivent du roi des lettres patentes homologuant les nouveaux Statuts qu'ils ont élaborés.

Ces Statuts comprennent 33 articles ; ils confirment le monopole des maçons et portent que les affaires de la Communauté seront administrées par vingt-quatre députés qui éliront deux syndics et deux adjoints.

Les Statuts fixent les conditions de la maîtrise : ils édictent l'obligation de surveiller les constructions ; cette surveillance sera exercée par huit maîtres désignés tous les mois. Les contraventions pour malfaçon seront portées devant la Chambre du Bâtiment et les contraventions pour questions administratives seront présentées au Tribunal du Châtelet.

Abolition définitive des Jurandes et des Maîtrises

Ces Statuts ne régissent que peu de temps la Communauté des maçons car, le 16 février 1791, l'Assemblée nationale constituante abolit définitivement les jurandes et les maîtrises, supprime les communautés de corps de métiers et proclame la liberté de l'exercice des métiers qui ne sont plus soumis qu'à l'obligation de la patente. Les fonds des Communautés sont versés dans les caisses des districts et leurs propriétés deviennent biens nationaux.

Cette révolution dans l'organisation du travail était inévitable ; les Communautés de corps de métiers ne pouvaient subsister sous un régime de liberté ; l'unanimité des cahiers du clergé, de la noblesse et du tiers en avait demandé la suppression : les cahiers du tiers demandaient simplement le maintien des règlements concernant l'apprentissage. Dans la nuit du 4 août, les délégués du tiers, au milieu du plus grand enthousiasme, déclarèrent renoncer aux privilèges des corps de métiers ; cette abolition des privilèges fut votée par acclamations et quelques mois après, la loi de février 91 régularisait cette abolition des jurandes et des maîtrises.

DEUXIÈME PÉRIODE

DE LA RÉVOLUTION A 1839

LE BUREAU DES ENTREPRENEURS

Cette période pourrait avoir pour titre : l'apprentissage de la liberté. Au désarroi complet du début, aux efforts réitérés pour revenir à l'organisation abolie par la Révolution, succèdent à la fin des tentatives pour asseoir le groupement professionnel des Entrepreneurs de Maçonnerie sur des bases libérales.

La liberté des professions, décrétée par l'Assemblée constituante, apparut comme un abominable fléau à des esprits habitués à la discipline corporative. Un ancien Président de la Chambre des Entrepreneurs de Maçonnerie, M. Sauvage, a tracé des méfaits de la liberté le tableau suivant :

« A l'ordre dans les affaires succède le désordre et à une concurrence régulière, une concurrence déréglée et sans frein qui vint jeter le commerce et l'industrie dans un trouble si profond que les conséquences s'en font encore sentir aujourd'hui.

« Une foule de chercheurs, industriels sans industrie, de prétendus commerçants sans connaissances commerciales, se jetant du jour au lendemain d'une profession languissante qu'ils connaissaient à peine, dans une autre profession qu'ils connaissaient encore moins, mais qu'ils supposaient devoir être plus prospère ; de là ces malfaçons impudentes, ces contrefaçons audacieuses et ces falsifications incroyables jadis inconnues et qui portèrent une si fatale atteinte à la loyauté commerciale. »

On comprend le trouble que jeta dans les esprits accoutumés à l'ordre et à la discipline corporative cette sorte d'anarchie industrielle ; une réaction était inévitable. Il en est pour les organisations industrielles comme pour les organisations sociales et politiques, elles subissent les mêmes lois ; on était allé d'un coup beaucoup trop loin dans la voie de la liberté, un mouvement rétroactif devait se produire. Lorsqu'après la violente secousse révolutionnaire, après l'éblouissement des victoires impériales, las de tant d'agitation et de tant de gloire, les Français pensèrent un peu moins aux principes de 89, ne révèrent plus autant à Austerlitz et à Iéna, et se préoccupèrent davantage des questions économiques et industrielles, ils s'efforcèrent de réagir contre les maux déchaînés par la liberté des professions. Le gouvernement les encouragea dans cette tentative qui correspondait si bien à ses vues ; il prit même l'initiative de convoquer les industriels à des réunions dans le but d'organiser des associations professionnelles.

Le 19 août 1809, le préfet de police, comte Dubois, invita vingt-quatre Entrepreneurs de maçonnerie à se réunir dans le cabinet du Secrétaire-général, dans le but de se concerter pour nommer des délégués qui représenteraient l'industrie de la maçonnerie auprès de la préfecture.

Vingt-trois sur vingt-quatre des Entrepreneurs convoqués se rendirent à l'invitation du Préfet ; ils acceptèrent avec empressement la proposition qui leur était faite et qui leur parut devoir être le point de départ d'un nouveau groupement corporatif imité de l'ancien régime.

Le 13 janvier 1810, les Entrepreneurs soumirent au Préfet des Statuts qu'ils avaient élaborés pour servir de règle à une association des Entrepreneurs de Paris et du Département de la Seine ; ces Statuts furent aussitôt homologués par le Préfet, pour, disait l'arrêté « être exécutés dans toutes les délibérations qu'ils contiennent. »

Voici les principales dispositions de ces Statuts :

Un tableau de tous les entrepreneurs de maçonnerie sera dressé chaque année ; les entrepreneurs seront, suivant le taux de leur patente, divisés en quatre classes ; ils seront tous tenus de faire partie du *Bureau des Entrepreneurs*, nom donné à la nouvelle Association ; leurs cotisations sont fixées, suivant leur classe à 40, 30, 20 et 10 francs. L'Assemblée générale des entrepreneurs élira vingt-quatre électeurs, qui choisiront trois d'entre eux pour être « délégués » auprès du Préfet de police. Ces délégués étaient les intermédiaires entre le Préfet et les entrepreneurs ; ils désignaient les entrepreneurs qui devaient accompagner les commissaires de police dans les visites ordonnées et pouvaient être chargés par les magistrats de veiller à la démolition des ouvrages défectueux ou à leur réparation.

Les trois premiers délégués furent MM. Delarbre, Guillié et Moreau.

En 1810, le nombre des entrepreneurs inscrits au « Bureau » était de 386.

Tentatives pour le rétablissement des Jurandes et des Maîtrises

Dans l'esprit des auteurs des Statuts, cette organisation n'était point définitive ; elle constituait simplement un acheminement vers le rétablissement des anciennes Communautés de corps de métier. On n'attendait qu'une occasion favorable pour demander au gouvernement le rétablissement des maîtrises et des jurandes.

Cette occasion favorable, les évènements de 1815 parurent l'offrir ; les membres du « Bureau » c'est-à-dire tous les Entrepreneurs de Maçonnerie de Paris et du Département de la Seine adressèrent au Ministre de l'Intérieur une pétition dans laquelle ils énumérèrent les raisons qui leur faisaient désirer le retour à l'ancienne organisation corporative.

Après avoir rappelé que l'importance du nombre des bras employés par le Bâtiment nécessitait une surveillance spéciale sous le double rapport de l'intérêt particulier du Bâtiment et de la sûreté générale, que cette situation avait de tout temps sollicité l'attention de l'ancienne monarchie qui avait établi pour la corporation des Entrepreneurs de Maçonnerie des règles bien distinctes de celles auxquelles étaient soumises les autres corporations de métiers, ils établissaient un parallèle entre la situation avant la Révolution et celle de leur temps.

« Autrefois, disaient-ils, il fallait donner des gages de moralité et des preuves de capacité pour arriver à la maîtrise ; aujourd'hui la moindre patente tient lieu de capacité et de moralité. La Chambre du Bâtiment exerçait une surveillance efficace sur les constructions ; cette surveillance, malgré les prescriptions de la Préfecture de police, et malgré les statuts est illusoire, surtout depuis 1813, où elle est exercée par le commissaire-voyer sans le concours des Entrepreneurs. Un tribunal spécial donnait une rapide sanction à la surveillance de la Chambre du Bâtiment ; la juridiction ordinaire ne permet pas une aussi rapide et une aussi juste répression des délits. »

Les Entrepreneurs espéraient que ces considérations détermineraient le gouvernement à rétablir l'ancienne organisation corporative qui remédierait aux nombreux abus constatés chaque jour « car, disaient-ils, l'homme qui tient à un corps, craint beaucoup plus de se compromettre que l'homme isolé. »

Le Ministre promit « d'étudier la question ». En eût-il eu sérieusement l'intention que les évènements devaient l'en empêcher.

En 1816, les entrepreneurs renouvelèrent leur tentative ; la restauration politique, leur sembla-t-il, devait avoir pour conséquence la restauration économique et sociale, vain espoir ; leur pétition resta sans réponse ; ils en adressèrent de nouvelles en 1817, 1818, 1819 et ce n'est qu'en 1821 que le Ministre daigna leur en accuser réception, mais il le fit en termes si dilatoires que les pétitionnaires découragés s'abstinrent de récidiver jusqu'en l'année 1829 où le ministère Polignac avec ses tendances les fit encore espérer ; ils s'imaginèrent être à la veille de réussir quand ils apprirent que sur la proposition du ministère, la Chambre des députés avait pris en considération la demande de rétablissement des corporations. Ainsi de 1825 à 1829, les occupations du Bureau des entrepreneurs consistent uniquement à demander le rétablissement des corporations et, entre temps, à protester contre les ordonnances des préfets de police.

Notons qu'à dater de 1820, le commissaire de police qui jusque-là assistait aux Assemblées générales et était chargé de la rédaction du procès-verbal, ne prend plus part à ces réunions.

La Révolution de 1830 remit tout en question : comprenant cette fois que la monarchie libérale, moins encore que le gouvernement de la Restauration, seconderait leurs desseins, ils demandèrent le 13 septembre 1831 aux Ministres du roi Louis-Philippe, non plus le rétablissement des corps de métiers, mais l'adoption de mesures de règlementation telles que l'obligation de ne délivrer de patente qu'à des gens capables et soumis à un examen préalable, la surveillance sévère des constructions en vue d'empêcher les malfaçons, l'établissement d'une juridiction spéciale pour le bâtiment, enfin la modification de l'article 2103 du Code civil sur le privilège du constructeur.

Malgré sa modération, cette pétition eut le sort de ses devancières.

Statuts de 1834

Comprenant enfin qu'ils n'avaient rien à espérer du gouvernement, les entrepreneurs résolurent de ne plus compter que sur leurs propres efforts ; ils décidèrent d'établir leur groupement sur des bases nouvelles. Un électeur, M. DUBRUJEAUD père, proposa à la Chambre un nouveau projet d'organisation « pour, disait-il, régler d'une manière utile et durable les travaux de la Chambre. » Ce n'est que trois ans après, au mois d'avril 1834 que, réunis au nombre de 97 dans la grande salle du Musée des Arts-et-Métiers, les Entrepreneurs de Maçonnerie arrêtèrent de nouveaux Statuts inspirés par le projet de M. DUBRUJEAUD. Le Préfet de police auquel les Statuts furent soumis, répondit « qu'il ne s'opposait pas à ce que les Entrepreneurs de Maçonnerie se réunissent sous la présidence de l'un d'eux, M. NOËL, 151, rue de la Mortellerie, pour conférer sur l'art de la bâtisse et pour prévenir les malfaçons et vices de constructions », mais qu'il se refusait à homologuer le règlement de 1810, parce que ses prescriptions étaient prohibées par la loi de mars 1791 qui défend l'existence de tout syndicat ou corporation.

Les Statuts nouvellement élaborés ne rappelaient pourtant que bien vaguement le règlement de la corporation de 1782 et n'avaient que peu de points communs avec les Statuts de 1810 ; il était donc impossible d'expliquer la confusion établie par le Préfet autrement que par son hostilité pour toute association.

Plus peut-être que les évènements, la réponse du Préfet fit voir aux entrepreneurs que les temps étaient bien changés ; ils comprirent que ce n'était plus vers le passé qu'ils devaient tourner leurs regards, mais vers l'avenir. Malgré le refus d'homologation de leurs Statuts, ils continuèrent à se réunir ; les procès-verbaux de leurs séances tiennent en trois lignes : « nous nous sommes réunis et n'ayant rien à faire, nous nous sommes séparés » disent-ils en substance.

Cette inaction fut de courte durée. Vers 1838, les entrepreneurs se décidèrent à remanier les Statuts de leur « Chambre », nom qu'ils substituent, mais non encore officiellement, à celui de « Bureau. »

A l'Assemblée générale du 22 février 1838, un membre propose la création d'une Caisse de secours pour les veuves et les enfants des ouvriers tués dans les travaux ; une Commission est nommée.

Il est également décidé que le secrétaire de la Chambre enverra chaque jour au bureau des Travaux du Département de la Seine, au bureau des Hospices et au ministère des Travaux Publics, prendre les affiches annonçant les travaux, copier les cahiers des charges et qu'il tiendra ces documents à la disposition des membres de la Chambre.

L'utilité professionnelle de la Chambre s'accroît chaque jour en même temps qu'augmente l'ambition de ses membres ; ils rêvent de voir jouer à leur association un rôle actif dans la vie corporative. Pour cela, ils conçoivent un vaste programme, adoptent de nouveaux Statuts et choisissent un nouveau titre celui de « Chambre syndicale des Entrepreneurs de Maçonnerie de la Ville de Paris et du Département de la Seine ».

Ce faisant, ils rompent irrémédiablement avec le passé. « Les nouveaux Statuts, écrit M. Sauvage, sont bien franchement de leur temps et n'ont plus rien qui rappelle le passé. »

Du jour de leur adoption, commence une ère nouvelle pour le groupement corporatif des Entrepreneurs de Maçonnerie. Ils inaugurent la troisième période, *la période contemporaine.*

TROISIÈME PÉRIODE
DE 1839 A 1900

Statuts de 1839. — Organisation définitive de la Chambre

Les nouveaux statuts définissaient ainsi la mission de la Chambre :

ART. 1er.

« La Chambre des Entrepreneurs de maçonnerie est constituée spécialement pour veiller aux intérêts généraux des propriétaires et des constructeurs du bâtiment, étudier et proposer tous les perfectionnements dans l'art de bâtir et quand elle en sera requise, donner son avis sur toutes les questions qui se rattachent à la construction, à l'emploi, à la valeur comparative des matériaux.

« La Chambre donnera également son avis, à la demande des parties, sur les contestations relatives à l'exécution ou à l'interprétation des marchés, sur les malfaçons ou autres réclamations contre les Entrepreneurs à l'occasion de leurs travaux et généralement enfin sur tout ce qui tient aux obligations des Entrepreneurs, aux usages de la construction et aux règles de l'art de bâtir. »

ART. 2.

« Chaque année, elle établira un sous-détail des prix de maçonnerie, raisonné avec les cours des matériaux et le prix des journées. »

ART. 3.

« Sur la proposition du Syndicat (*), approuvée par le Conseil, la Chambre proposera des concours, donnera des prix et des récompenses aux entrepreneurs qui auront le mieux traité l'objet mis au concours ; ces concours seront jugés par un jury de sept membres nommés par le Conseil. »

ART. 4.

« Il sera formé par les soins et aux frais de la Chambre, un musée de tous les matériaux de bâtiment dont l'emploi a été ou pourra être fait..... Ce musée contiendra en outre les divers modèles de construction qui seront offerts à la Chambre ou qu'elle jugera à propos de faire établir.... Le musée contiendra également une bibliothèque. »

Le titre II avait trait à la constitution de la Chambre. L'administration était confiée à un Conseil de trente membres, plus six membres suppléants. Le Conseil nommait un Syndicat (bureau). Il devait être tenu quatre assemblées générales par an.

La mise sociale, droit d'entrée, était fixée à 50 francs ; la cotisation était fixée chaque année par le Conseil : elle ne pouvait être supérieure à 30 francs, ni inférieure à 15 francs.

Un Règlement déterminait les attributions du Conseil et du bureau.

Telle est, dans ses grandes lignes, la nouvelle organisation de la Chambre. On voit combien vaste était l'ambition de ses auteurs : un rapide coup d'œil sur leurs travaux principaux nous permet de dire que l'œuvre réalisée répondit au programme.

L'ŒUVRE DE LA CHAMBRE

Le cadre de cette étude ne nous permet pas de suivre, année par année, l'histoire de la Chambre malgré tout l'intérêt que présenterait une pareille étude ; intérêt non seulement rétrospectif, mais tout d'actua-

(*) Dénomination du bureau.

lité, car il nous donnerait de fortifiantes leçons d'énergie et de persévé-
rance, en nous montrant comment nos prédécesseurs surent lutter contre
un esprit administratif routinier qui se plaisait, (autres temps, même
mœurs), à paralyser le libre développement de l'industrie du Bâtiment
par des règlements étroits, empêchant toute originalité, toute initiative.

Quelques-unes de ces luttes durèrent de nombreuses années : telle la
lutte pour la participation des entrepreneurs à la révision de la série ; ni
la mauvaise volonté des pouvoirs publics, ni la force d'inertie de l'administration, ne réussirent à rebuter, à décourager la Chambre de maçonnerie.

C'est que cette Chambre avait conscience de son droit et avait la
volonté de le faire reconnaître.

Dès la mise en vigueur des nouveaux statuts, le Conseil de la Chambre,
présidé par M. Dubrujeaud père, se mit résolument à l'œuvre ; il adopta
un règlement, organisant un Conseil judiciaire chargé de l'étude des
affaires soumises à la Chambre par le Tribunal de commerce et le Tribunal civil ; un greffier appointé à 1800 francs fut chargé de préparer le
travail de ce Conseil et d'établir des bases des rapports.

Un prix de 1500 francs fut créé pour récompenser le meilleur mémoire sur la responsabilité de l'Entrepreneur en matière de construction ;
ce fut M. Millet (de la Marne), avocat au Conseil d'État et à la Cour de
Cassation, qui l'obtint.

Pour rendre plus étroites les relations entre les entrepreneurs de
maçonnerie et entre les diverses Chambres syndicales du Bâtiment, le
Conseil de la Chambre décida qu'il serait organisé tous les ans un banquet
pour les membres de la Chambre de maçonnerie (1847) et, d'accord avec
les autres Chambres, vota la création d'un Comité directeur dans lequel
toutes les Chambres seraient représentées. C'est l'origine du Conseil
d'administration actuel des Chambres syndicales de l'Industrie et du
Bâtiment.

La Série

La première série des prix fut publiée par un contrôleur du ministère
des Travaux Publics : M. Morel ; elle était la reproduction de la série des

prix appliquée dans le département ministériel. Les architectes et les reviseurs ne tardèrent pas à se servir de cette série pour le règlement des travaux particuliers. La Chambre de maçonnerie protesta énergiquement contre cette extension, disant qu'on ne pouvait assimiler les travaux publics aux travaux particuliers, et, dès 1840, elle se préoccupa d'élaborer une série spéciale aux travaux de bâtiment. En 1844, elle décida de mettre au concours entre tous les métreurs qui voudraient y prendre part, la rédaction d'une série ; trois prix de 800, 500, 300 francs devaient être décernés aux meilleurs ouvrages. Le premier prix fut décerné à M. Ancelet. Une Commission, nommée par le Conseil, fut chargée d'examiner son travail et d'y apporter les modifications qu'elle jugerait utiles, avec le concours de l'auteur ; les faux-frais étaient fixés à un 1/10ᵉ de la main-d'œuvre et le bénéfice à un 1/16ᵉ de l'ensemble.

Cette série avec sous-détails fut publiée en 1847, sous le titre de « Série de prix avec sous-détails établie et publiée par la Chambre syndicale de la maçonnerie. » Il en fut tiré 1500 exemplaires ; elle fut rééditée en 1848 et tirée à 2000 exemplaires.

L'initiative de la Chambre porta ses fruits : en 1849, le ministre des Travaux Publics décida que l'Industrie du Bâtiment serait représentée dans la Commission de vérification chargée de la revision annuelle des prix de série.

La Chambre y consentit, mais à la condition qu'il serait bien spécifié que ces prix seraient uniquement applicables aux Travaux Publics.

Cette première victoire obtenue, la Chambre dut bientôt se préoccuper d'engager une action nouvelle.

M. Hausmann ayant entrepris la transformation de la Capitale, fit établir une série pour ces travaux.

Les architectes et les reviseurs, abandonnant la série du ministère des Travaux Publics, adoptèrent la nouvelle série de la Ville. La Chambre protesta vigoureusement en 1860 auprès de la Société Centrale des Architectes et renouvela sa protestation en 1863, au préfet de la Seine ; en 1864, en 1865, en 1866, au ministre de l'Intérieur, sans obtenir satisfaction.

Renouvelant le procédé qui lui avait réussi une première fois, la Chambre décida d'opposer, à la série de la Ville, une série particulière.

M. Masselin, métreur spécial de maçonnerie, depuis entrepreneur, expert près le Tribunal civil de première instance, fut chargé, moyennant 2000 francs, de l'élaboration d'une série sous le contrôle d'une Commission nommée par le Conseil. Cette série fut publiée en 1866, sous le titre de « Série de prix pour les travaux particuliers faits dans la ville de Paris établie par O. Masselin, et adoptée par la Chambre syndicale des Entrepreneurs de maçonnerie de la Seine. »

Elle fut règulièrement publiée chaque année jusqu'en 1870. En 1871, ni la ville ni la Chambre ne publièrent de série ; en 1872, la ville s'apprêtant à en établir une nouvelle, la Chambre intervint auprès du Préfet et du Conseil municipal et obtint que quatre entrepreneurs de maçonnerie participeraient aux travaux de revision de la série.

La série de 1873 fut ainsi établie, d'un commun accord entre les ingénieurs et les architectes de la ville d'une part, les délégués des Entrepreneurs et les délégués des ouvriers d'autre part, sous la présidence de M. Alphand. Elle donna toutes satisfactions aux intéressés et M. Alphand remercia chaleureusement les délégués de la Chambre de maçonnerie pour leur précieux concours. Ce qui n'empêcha pas les entrepreneurs d'être, dès l'année suivante, exclus de la Commission de revision ; ils furent seulement autorisés à présenter leurs observations par écrit. Après de pressantes démarches auprès de M. Alphand, ils purent défendre leurs observations devant la Commission.

L'esprit d'ostracisme des reviseurs de la ville tendit à écarter de plus en plus les Entrepreneurs de toute participation à la revision de la série, mais la ferme volonté de la Chambre en eut en partie raison et, jusqu'en 1882, date de la dernière édition de la publication de la série de la ville, les Entrepreneurs réussirent à défendre leurs intérêts au sein de la Commission de revision.

La ville de Paris ayant cessé la publication de sa série, la Société Centrale en commença une nouvelle, établie sans le concours des Entrepreneurs, et dont elle donne tous les deux ans une édition nouvelle.

Arbitrages et Expertises

Tandis qu'elle luttait énergiquement pour obtenir sa participation à l'établissement des séries, la Chambre se préoccupait également des autres revendications de l'entreprise. Elle adressait pétitions sur pétitions pour que les expertises fussent faites simultanément par les Architectes et les

Entrepreneurs et pour que le Tribunal de commerce et le Tribunal civil soumissent des affaires à son arbitrage. Commencement de satisfaction lui fut donné ; mais en 1876, le ministre de la Justice répondit à une nouvelle pétition que l'article 429 du Code de procédure civile s'opposait à ce que les affaires fussent renvoyées en arbitrage à une collectivité et qu'il n'était possible de les soumettre qu'à des individualités. La loi de 1884 sur les Syndicats professionnels a modifié cette situation et a autorisé les Chambres syndicales à faire fonctions d'arbitres.

Voici le nombre des affaires envoyées à l'arbitrage de la Chambre de de 1867 à 1900 : 9395 dont 6057 ont été conciliées. Notons que de 1867 à 1872, 5 affaires furent renvoyées à la Chambre par le Tribunal civil.

Assurance contre les Accidents du Travail

Dès 1848, la Chambre avait mis à l'étude la création d'une Caisse de secours pour les ouvriers blessés dans les travaux ; mais en raison des difficultés que présentait un pareil projet à cause même de sa nouveauté, ce ne fut que onze ans après, en 1859, que la Chambre fonda une Assurance mutuelle contre les accidents de travail, la première créée en France.

La nouvelle assurance répondait à un double but : pratique et humanitaire ; elle garantissait ses membres contre les conséquences pécuniaires des accidents à des conditions bien moins élevées que celles exigées par les Compagnies à primes fixes et elle allouait, aux ouvriers victimes des accidents et quelle qu'en fut la cause (la cause volontaire exceptée), une indemnité journalière et les soins médicaux et pharmaceutiques.

La Chambre reconnaissait ainsi implicitement le risque professionnel, la chose sinon le mot, et le garantissait quarante ans avant que le Parlement le fit entrer dans la législation française.

*
* *

Bien d'autres travaux de la Chambre mériteraient une mention spéciale ; ils montreraient qu'aucune question économique, industrielle, corporative, ne la laissa indifférente. Rappelons simplement faute de place : l'étude de l'organisation syndicale en Angleterre, les études sur la Prud'homie, le Tout-à-l'Égout, le repos du dimanche et sur d'innombrables questions techniques, les campagnes pour la liberté du marchandage et contre la responsabilité pénale des Entrepreneurs en matière de contravention, sur le travail des enfants de moins de 16 ans dans les chantiers, etc., etc., soutenues avec ardeur et éloquence par Mᵉ Flamand, avocat-conseil de la Chambre..... En toutes circonstances, la Chambre sut prendre énergiquement en mains les intérêts de l'entreprise de maçonnerie ; aussi sa puissance ne cessa-t-elle de s'accroître, et le nombre de ses adhérents suivit-il une progression ascendante, uniquement interrompue, un moment, à la suite des évènements de 1870.

Le bureau de la Chambre se réunit régulièrement durant le premier siège de Paris, et il essaya même de se réunir pendant la Commune, mais trois membres seulement ayant répondu à la convocation du 6 avril, les réunions furent ajournées et ne reprirent que le 6 juillet 1871.

ORGANISATION ACTUELLE

Les statuts de 1839 n'ont subi que de légères modifications en 1872, 1879, 1886, 1899 ; ils sont demeurés les mêmes dans leurs principales dispositions. Un grand nombre d'organisations syndicales les ont adoptés. « Le Syndicat des Entrepreneurs de Travaux Publics s'est inspiré de vos statuts et de votre règlement, » déclarait en 1886, M. Guillotin, président du Syndicat des Entrepreneurs de Travaux Publics de France. On peut donc dire que les auteurs des statuts de 1839 ont fait œuvre durable et féconde.

Notons seulement les modifications de détail que les diverses revisions ont fait subir à ces statuts.

Les membres de la Chambre se réunissent trois fois par an en assemblée générale. Le Conseil d'administration de la Chambre est composé de 42 membres ; il élit chaque année un président, trois vice-présidents, un trésorier, un secrétaire, deux secrétaires-adjoints.

Le Conseil forme trois grandes Commissions :

1° Commission de la Série ;

2° Commission judiciaire ;

3° Commission des affaires diverses.

Commission de la Série

Cette Commission, donne gratuitement son avis sur toutes les questions techniques qui lui sont soumises.

Elle est chargée de la revision permanente de la Série. Un métreur-conseil lui est adjoint.

Commission Judiciaire

Elle est divisée en six sections, fonctionnant chacune deux mois par an.

Chaque section comprend 6 membres titulaires et plusieurs auditeurs, choisis parmi les jeunes entrepreneurs.

Les sections sont chargées de l'étude des délibérés qui leur sont envoyés par le Tribunal de commerce et par les parties.

Commission des Affaires diverses

Elle est également divisée en six sections chargées de l'étude des questions spéciales, des projets de loi intéressant l'entreprise ou des propositions émanant de l'initiative des membres de la Chambre et des inventions soumises à la Chambre.

Durant l'année 1899, les sections ont étudié, en outre de nombreuses questions techniques, des questions d'un ordre plus général dont nous rappelons les principales :

Moyen à prendre pour déterminer un mesurage rationnel des chaux et plâtre.

Les droits d'octroi appliqués sur le matériel d'échafaudage sont-ils légitimement dus ?

Réforme des droits d'octroi sur les chaux et ciments, au poids et non au volume.

Proposition relative à la création d'un Conseil consultatif de métré et d'établissement des prix.

Étude de l'augmentation des frais généraux occasionnée par la loi sur les accidents.

Projet de loi déposé par le gouvernement, ayant pour objet la modification de la loi sur les Syndicats professionnels.

La réorganisation du Conseil supérieur de travail.

Projet de création d'une Société de secours mutuels pour les Entre-preneurs.

Les sections sont également chargées de l'examen des propositions pour les médailles décernées chaque année aux ouvriers méritants, et pour les diplômes décernés aux chefs de chantiers qui, dans la conduite de travaux importants, ont su éviter les accidents.

NOMBRE DES MEMBRES

1809-1900

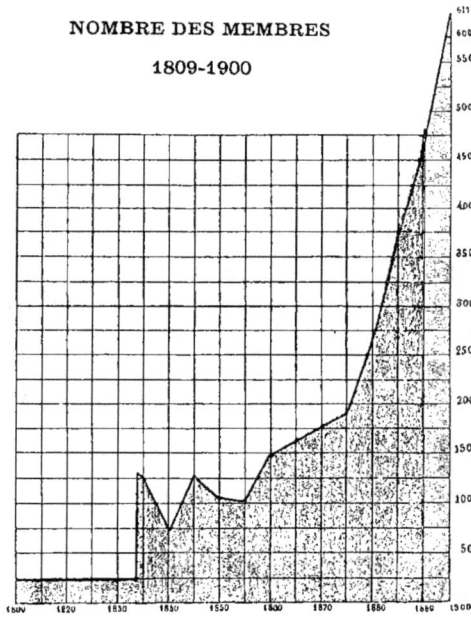

Fondations de la Chambre

Cours Professionnels

La Chambre syndicale a fondé, en 1890, des Cours professionnels gratuits pour les ouvriers maçons et tailleurs de pierres.

La première année, les cours ont été suivis par 171 élèves.

En 1899-1900 les cours ont été suivis par 410 élèves.

Ils comprennent :

Un cours de géométrie pratique et de dessin linéaire, plans, etc., etc.

Un cours de construction générale, étude et emploi des matériaux, législation du bâtiment.

Un cours de stéréotomie, coupe de pierres.

Un cours de métré et attachements figurés, réservé aux commis d'entrepreneurs et d'architectes.

Les cours ont lieu tous les soirs, dans l'hôtel des Chambres syndicales, 3, rue de Lutèce, du 16 octobre au 1er avril ; le dimanche matin a lieu la visite des chantiers et la démonstration sur place.

Ces cours ont reçu une médaille d'or à l'Exposition de Bordeaux (1891).

Ils grèvent le budget de la Chambre d'une dépense annuelle de sept mille francs.

Organe hebdomadaire et Publications

Depuis 1895, la Chambre possède un organe hebdomadaire dans lequel sont insérés les communications et avis concernant son fonctionnement, des articles sur toutes les questions économiques, judiciaires, techniques, intéressant l'entreprise. Remanié en octobre 1899 et publié directement par le bureau de la Chambre, cet organe qui avait avant cette époque pour titre : *Le Moniteur de l'Industrie et du Bâtiment,* paraît depuis sous la dénomination de *Journal des Entrepreneurs.* Il est adressé gratuitement à tous les membres de la Chambre.

Antérieurement à la création d'un organe hebdomadaire, la Chambre faisait imprimer et distribuer à tous les adhérents ceux de ses rapports et études sur les questions présentant un intérêt général.

Office de Placement

Un employé des Chambres syndicales tient pour le compte de la Chambre syndicale des Entrepreneurs de maçonnerie, un registre d'offres et demandes d'emplois : cet office place chaque année un nombre élevé de commis, de maîtres-compagnons et d'ouvriers.

Médailles, Diplômes, Subventions

La Chambre décerne tous les ans plusieurs médailles aux vieux ouvriers les plus méritants : chacune de ces médailles est dotée, par les patrons des ouvriers récompensés, d'une somme de 300 francs.

Six diplômes, dotés chacun par le Syndicat général de garantie d'une somme de cent francs, sont délivrés chaque année aux maîtres-compagnons qui, dans la conduite d'importants travaux, ont su, par la bonne organisation de leur chantier, éviter des accidents.

Médailles et diplômes sont délivrés à la fin des banquets annuels auxquels sont conviés les lauréats.

La Chambre accorde chaque année des subventions : au Cercle des maçons et tailleurs de pierres, à la Société de secours mutuels des maîtres-compagnons, à la Société de secours mutuels : l'Union du Bâtiment.

Comité Consultatif Judiciaire

La Chambre possède un Comité consultatif judiciaire composé : d'un avocat à la Cour d'appel, d'un avoué de première instance, d'un agréé près le Tribunal de commerce.

Les questions de droit et de jurisprudence sont renvoyées à l'étude de ce Comité.

Le Comité donne gratuitement ses conseils aux membres de la Chambre.

Pour les questions d'un intérêt général, le Conseil de la Chambre charge le Comité judiciaire d'en poursuivre le litige aux frais de la Chambre.

Syndicat Général de Garantie du Bâtiment et des Travaux Publics

Les membres du bureau de la Chambre syndicale sont statutairement membres du Conseil d'administration du Syndicat général de garantie du Bâtiment et des Travaux Publics.

Ainsi que nous l'avons dit, le Syndicat général de garantie est, sous une forme nouvelle, la continuation de l'ancienne assurance de la Chambre.

Le Syndicat général de garantie du Bâtiment et des Travaux Publics a été le premier constitué en France. Il est ouvert à tous les entrepreneurs et fournisseurs du Bâtiment. Ses statuts ont été approuvés par décret du 23 juin 1899, après avis du Conseil d'État. Il garantit dans tous les cas, sans exception ni réserve, le paiement des indemnités et rentes stipulées par la loi du 9 avril 1898.

Une Assurance mutuelle, fonctionnant parallèlement au Syndicat, garantit ses membres contre les accidents arrivés aux tiers.

L'adhésion au Syndicat général de garantie dégage personnellement l'adhérent de toute revendication (il ne peut, article 25 de la loi du 9 avril 1898, jamais être mis en cause.)

Le Syndicat général de garantie est placé sous le contrôle de l'État.

Les cotisations sont fixées chaque année par l'assemblée générale ; elles sont proportionnelles aux risques que fait courir choque profession.

Le nombre des membres du Syndicat au 1er janvier 1900 était de 786.

Le montant des salaires déclarés durant le premier semestre de son fonctionnement (juillet à décembre 1899), s'est élevé à 24.364.326 francs et celui des primes encaissées à 774.385 francs.

Voici la composition du bureau du Syndicat au 1er janvier 1900 :

Président : M. E. Dévillette.
Vice-Président : M. Dubrujeaud.
Secrétaire : M. L. Douane.
Administrateurs délégués : MM. E. Despagnat et A. Villemin.

ADMINISTRATION

Secrétaire-général : M. E. Guyard.
Secrétaire-adjoint : M. E. Fontane.

*
* *

La Chambre des Entrepreneurs de maçonnerie est représentée à la Chambre de commerce de Paris, par un de ses membres, M. Dubrujeaud. Un de ses représentants, M. Cousté, commandeur de la Légion d'honneur, a exercé la Présidence de la Chambre de commerce.

Au tribunal de commerce, la Chambre est représentée par deux juges, MM. Borne et Lemoué. Deux de ses représentants ont été élévés à la présidence du Tribunal, MM. Guillotin et Michau.

Au Conseil du groupe des Chambres syndicales de l'Industrie et du

Bâtiment, la Chambre est représentée par son président, M. E. Dévillette, vice-président du Conseil du groupe et par son trésorier,
M. E. Despagnat.

Récompenses aux Expositions

La Chambre a obtenu aux Expositions les récompenses suivantes :
Exposition Universelle de Paris 1867 : Médaille d'argent ;
Exposition Universelle de Paris 1889 : Médaille d'argent ;
Société Nationale des Sciences et des Arts Industriels, Paris 1890 :
Médaille d'or.
Exposition Universelle du Progrès, Paris 1893 : Médaille d'or, Médaille
d'argent, Médaille de vermeil ;
Exposition Universelle de Chicago 1893, Hors-concours, Section Fran-
çaise, Diplôme Commémoratif : Plaquette d'argent ;
Société Philomatique de Bordeaux 1895 : Médaille d'or ;
Exposition Universelle de Bruxelles 1897 : Hors-concours.

*
* *

Les membres de la Chambre, au nombre de 42 qui composent le
Conseil en 1900, sont :

MM. Bertrand (Firmin), Boncorps (à Fontenay), Borne, Boursault,
Boutier père, Brugière fils, Caillette (Emile), Daligaut, Dallon fils,
Delalonde, Demay ✪, Deschamps ✪, Despagnat (E.) ✪, Dévillette,
Dior, Douane, Dunet, Duteil, Franquet, Gilardi, Giraudon, Gounot,
Holley, Houlliot, Lemoué ✪, Loup ✪, Marie, Minard, Moreau (E.),
Noyer ✪, Parizy, Peretmère (Paul), Pourcheiroux ✪, Rémond, Renaud ✪
(Léon), Rouyrre j. ✪, Silvanton, Thiessard, Triolet, Vernadal,
Vignaudon fils, Villemin ✪.

Les membres honoraires du bureau de la Chambre sont :
Présidents : MM. Hunebelle ✳ et Léturgeon ✳.
Vice-Présidents : Maret, sénateur, o. ✳ et Chapelle ✪.

Les conseillers honoraires sont :
MM. Barcat, Cochin père, Courbarien père, Cousté c. ✳, Dunand ✪,
Guillotin o. ✳, Radenac ✳, Texier et Toinet.

Ci-après, nous donnons, dans un tableau synoptique, les noms des
membres élus du bureau de la Chambre, depuis la fondation du Syndicat
jusqu'à l'époque actuelle.

ANNÉES	PRÉSIDENTS	VICE-PRÉSIDENTS	TRÉSORIERS	SECRÉTAIRES	SECRÉTAIRES-ADJOINTS
1812	Delarbre	—	Guillié	Moreau	—
1813	id.	—	Armand	id.	—
1814-15	Trit	—	id.	id.	—
1816	id.	—	Jacot	id.	—
1817-22	id.	—	id.	Chabouillé	—
1823-28	Chabouillé	—	id.	Thierrée	—
1829	id.	—	Jacot père	id.	—
1830-31	Noël	—	Jacot	id.	- -
1832-33	id	—	id.	Huber	—
1834	id.	—	Allard	id.	—
1835	id.	Letellier de la Fosse	id.	id.	—
1836	Callou	Allard	Labouret	Marquet	Barruch, Weil
1837	Letellier de la Fosse	Roussel	Huber	Thireuir	—
1839	Dubrujeaud	Trit	id.	id.	Pannier
1840	id.	Marquet	id.	id.	Decloux
1841	Letellier de la Fosse	id.	id.	id.	id.
1842-43	id.	id.	Dubrujeaud	id.	id.
1844	id.	id.	Huber	Decloux	Dubrujeaud
1845	id.	Marquet, Callou	Mayet	id.	Douchin
1846	id.	id. id.	Decloux	Douchin	Bellet
1847-49	id.	id. id.	Mayet	id.	id.
1850-51	id.	id. id.	id.	id.	Forget
1852-53	id.	id. id.	id.	George	id.
1854-55	id.	id. Sauvage	Hu	Douchin	—
1856-57	id.	Sauvage, Roussel	id.	Leclerc	—
1858-59	Forget	id. id.	id.	id.	—
1860-62	Sauvage	Roussel, Maret ainé	id.	id.	Michau
1863-65	id.	id. id.	id.	Gillet	id.
1866-69	id.	Michau, Roussel	id.	id.	Leblanc
1870	id.	id. Petit	id.	Leblanc	Vernaud
1871-72	id.	id. id.	Texier	id.	id.
1873	id.	id. id.	id.	Callou	Ouachée
1874	N.....	Petit, Maret	Mourichon	id.	id.
1875	Hunebelle	Texier Caillou	id.	Ouachée	Mozet
1876-79	id.	id. Mozet	Léturgeon	id.	Mourichon
1880	id.	Mozet, Ouachée	id.	Desplanques	Sudrot
1881	id.	id. Goyard	id.	id.	Gillet
1882	id.	id. id.	id.	Bonté (E.)	id.
1883	Mozet .	Léturgeon, Sudrot	Desplanques	id.	Lecornu
1884	id.	id. id.	id.	id.	Sauton (A.)
1885-86	id.	id. id.	id.	id.	Mourichon
1887	id.	id. id.	id.	id.	Lachaud
1888	Léturgeon	Sudrot, Caillette, Monjoye	Dubrujeaud	Lachaud	Grousseaud, Villemin
1889	id.	Caillette, Monjoye, Chapelle	id.	id.	id. id.
1890	id.	id. id. id.	id.	id.	Thomas, id.
1891	id.	id. id. id.	Lachaud	Villemin	Pourcheiroux, Dévillette
1892	id.	id , Dubrujeaud, Chapelle	id.	Dévillette	Borne fils, Despagnat
1893	id.	Delalonde, Monjoye, Mourichon	Borne fils	Despagnat	Leblanc, Marie
1894	Caillette	Marie, Chapelle, Loup	Lachaud	id.	id. Holley
1895	id.	Delalonde, Chapelle, Villemin	id.	id.	Holley, Martin
1896	id.	id. Lachaud, Pourcheiroux	Villemin	Borne	id. Dallon fils
1897	id.	Dévillette, Leup, Noyer	id.	Douane	id. id.
1898	id.	id. Noyer, Boncorps	id.	Holley	Dallon (Léon), Giraudon
1899	Dévillette	Lachaud, Renaud (L.), id.	Despagnat (E.)	Douane	Giraudon, Gounot
1900	id.	Villemin, Renaud, Douane	id.	Giraudon	Gounot, P. Perelmère

Le Bureau du Conseil d'Administration de la Chambre est ainsi composé pour l'année 1900 :

MM.

DÉVILLETTE, *Président*
VILLEMIN, ❧, *1er Vice-Président*
RENAUD (LÉON), ❧, *2e Vice-Président*
DOUANE, *3e Vice-Président*
DESPAGNAT, ❧, *Trésorier*
GIRAUDON, *Secrétaire*
GOUNOT
PERETMÈRE (PAUL) } *Secrétaires-adjoints*
HUNEBELLE, ✳,
LÉTURGEON, ✳, } *Présidents honoraires à vie*

M. DÉVILLETTE

PRÉSIDENT DE LA CHAMBRE SYNDICALE DE LA MAÇONNERIE

VICE-PRÉSIDENT DU GROUPE DES CHAMBRES SYNDICALES DE L'INDUSTRIE ET DU BATIMENT

PRÉSIDENT DU CONSEIL D'ADMINISTRATION DU SYNDICAT GÉNÉRAL DE GARANTIE
DU BATIMENT ET DES TRAVAUX PUBLICS

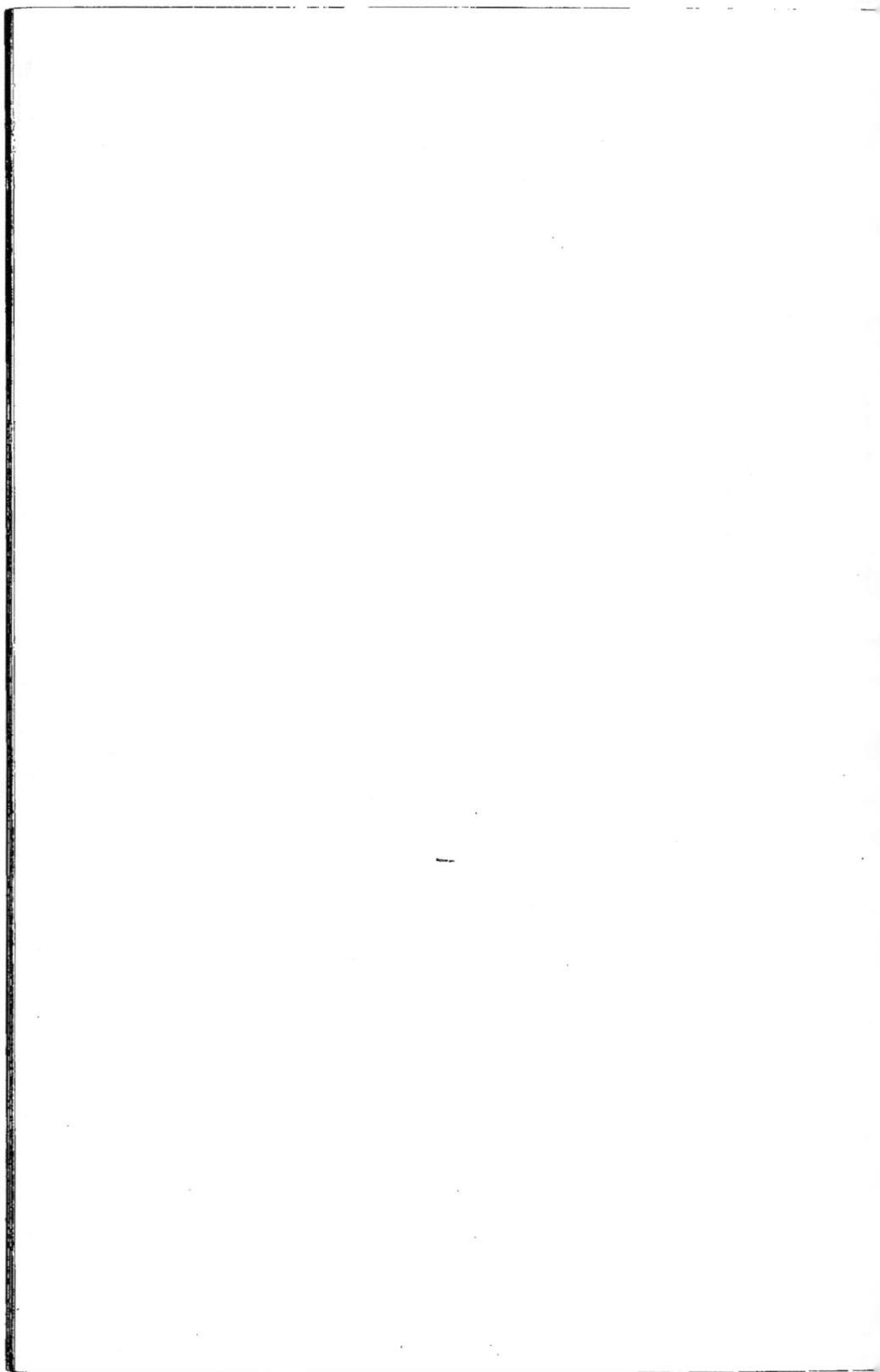

Entrepreneurs de Pavage, Terrasse
Granit, Bitume
Egouts et Canalisation Sanitaire

LA TERRASSE, LE PAVAGE, LES ÉGOUTS

Etc.

D'argent, à une hie à battre le pavé, de gueules, accostée de deux marteaux de paveurs de sable

HISTORIQUE DU MÉTIER

LA TERRASSE, LE PAVAGE

CHEZ les Romains, le terrassier était dénommé *dolabrarii* (de *dolabra*: houe, pioche). De cet artisan, nous n'avons à dire, pour déterminer le rôle qu'il a joué dans la construction depuis les temps les plus reculés, qu'il exécutait les fouilles nécessaires aux fondations des édifices, par les moyens ordinaires et à bras d'homme.

Depuis, les grands travaux de terrassement nécessités par l'établissement des ports, des canaux, des chemins de fer, etc., ont fait naître

(*) D'Hozier, *Armorial*. Texte, Tome XXV, Folio 544 et Blason, Tome Ier, Folio 684.

des engins puissants, susceptibles d'activer l'exécution des travaux et de réduire les frais de main-d'œuvre. Tels sont les excavateurs à vapeur, soit à godets, soit à pelles. L'excavateur de M. Couvreux, qui a fonctionné au Canal de Suez, enlevait jusqu'à trois cent six mètres cubes de terre par heure, en fonctionnant à peu près de la même manière qu'une machine à raboter. La tranchée du seuil d'El-Guisr fut ainsi creusée par les godets de cette machine ripant le sol et enlevant là six millions de mètres cubes de terre de déblai.

Les résultats que donnent l'emploi de semblables appareils sont énormes quand on les compare à ceux que l'on obtient du travail de l'homme. En effet, un bon terrassier ne peut, au maximum, enlever que dix mètres de terre dans sa journée et il faut un second ouvrier pour les charger dans le tombereau ou dans le wagon, tandis que l'excavateur, par son propre mouvement de va-et-vient, accomplit les deux opérations en même temps.

✳
✳ ✳

Les Romains ne pavèrent leurs chaussées que sept cents ans après la fondation de Rome. Les rues de cette ville furent alors revêtues de dalles irrégulières ; on les borda de trottoirs. A Pompéi, ces trottoirs, dont la bordure est formée de boutisses ont, de distance en distance, des petites bornes saillantes.

On prétend que les Romains prirent exemple sur les Carthaginois qui pavèrent les premiers les rues de leurs villes ; c'est, du moins, le sentiment de l'historien grec Isidore qui vivait probablement sous Tibère.

La première route romaine pavée fut la voie Appienne ; elle fut mise en état de viabilité 312 ans avant J.-C. Mais ce fut Jules César, nommé *curator viarum*, c'est-à-dire directeur des grands chemins, qui fit terminer ce travail.

Le sol des voies romaines, de quelque mauvaise consistance qu'il fut, comme de glaise, de vase, etc., était d'abord affermi par des terres plus solides que l'on rapportait. L'aire était ensuite faite de béton et recouverte de plaques irrégulières de granit, de grès, de basalte ou de silex, de dalles en pierre dure et même quelquefois de marbre. Le chemin de Sinuesse à Pouzzol, dans une étendue de vingt six mille romains, soit trente-six kilomètres environ, était pavé en partie avec cette dernière matière.

Quelques-unes de ces routes avaient une banquette pour les piétons et les cavaliers ; des piliers ou des colonnes milliaires étaient placés d'espace en espace. En général, elles étaient divisées en trois parties ; celle du milieu, affectée aux piétons, avait de cinq mètres à cinq mètres et demi de largeur et les deux autres, en accotement, dites *marges* ou *margines*, avaient de deux à trois mètres.

Certaines de ces routes étaient construites sur pilotis avec des encaissements de béton au-dessus desquels on disposait une couche de briques et de pierres reliées par du mortier de chaux. La forme était composée d'un ciment de tuileaux et de sable. Enfin, le pavage ou les cailloux roulés reposaient sur ce sol factice.

Les chaussées des Romains étaient bombées comme les nôtres avec des caniveaux pour l'écoulement des eaux et, si elles n'avaient pas de trottoirs, ce qui était rare, leur pavage était arrêté par des accotements en pierre.

<center> *</center>

Au moyen-âge, les rues de nos villes n'avaient aucun pavage. On prétend que Cordoue fut la première cité européenne pavée et que ce travail fut exécuté en 850 par les Arabes.

Les rues de Paris n'étaient, à cette époque, que des amas de boue. Ce ne fut qu'en 1185 que Philippe-Auguste fit faire les dépenses nécessaires au pavage de quelques-unes d'entre elles. On imita alors le travail romain et le sol de ces voies fut recouvert de grandes pierres plates ou de dalles de grès de trois pieds et demi de large sur six pouces d'épaisseur (1m 33 sur 0m 16), scellées en mortier de chaux.

La première des rues qui fut pavée par ordre de Philippe-Auguste semble être celle dite de la Barillerie, aujourd'hui boulevard du Palais. L'historien Rigord, religieux de Saint-Denis, nous dit à ce sujet : « Occupé de grandes affaires, Philippe se promenait dans son palais royal (le Palais de Justice actuel) ; il s'approcha des fenêtres. Des voitures traînées par des chevaux traversaient alors la Cité et, remuant la boue, en faisaient exhaler des odeurs insupportables. Le roi n'y put tenir et la puanteur le poursuivit jusque dans l'intérieur du Palais. Dès lors, il conçut le projet de faire paver la ville et, convoquant le prévôt et les bourgeois, il leur donna les ordres nécessaires. » (*)

Au xive siècle, quatre rues que l'on appelait la *croisée de Paris* étaient entièrement pavées dans toute leur longueur.

Mais sous Louis xiii, la moitié des rues de la capitale étaient encore en terre battue comme dans nos villages les plus éloignés d'à-présent et cela n'avait rien que de tout naturel, le soin d'entretenir les voies publiques étant abandonné soit aux villes, soit aux bourgeois ou même très souvent à des associations de marchands qui étaient plus ou moins intéressés à leur mise en état. A Paris, les rues dénommées « Pavée », nous permettent de constater l'absence totale de pavage dans les voies adjacentes.

Plus tard, la forme et la dimension des pavés furent réglées par les coutumes. Les dimensions du *gros pavé* (ou de grand échantillon) et du *menu* (ou de petit échantillon), aussi désignés sous le nom de *carreaux* (**) étaient établies par les statuts de la corporation des Paveurs.

Aujourd'hui, le pavé de grès n'est pas seul employé pour le pavage de nos rues, comme autrefois. Les pavés de granit, de porphyre, d'arkose, les chaussées en asphalte, en bois, etc., font une grande concurrence aux roches provenant anciennement de Fontainebleau et que l'on extrait actuellement des carrières de l'Yvette et d'autres localités du département de Seine-et-Oise.

Les trottoirs, de création relativement récente, étaient, de prime-abord, en terre battue; on les pava ensuite. Ils se font, aujourd'hui, soit en asphalte, provenant des mines de Seyssel (Ain), soit en dalles de granit. Les bordures sont aussi en granit piqué, d'où le nom de piqueur de granit, aujourd'hui *granitier*.

La roche asphaltique, réduite en poudre et chauffée à 130°, pilonnée et réduite à 0^m05 d'épaisseur, constitue des chaussées. La ville de Paris en a fait exécuter, sur fondation de béton de ciment de Portland de 0^m15 d'épaisseur, une surface de 500,000 mètres (***).

Ce travail donne d'excellents résultats.

(*) Histoire de Philippe-Auguste, par Rigord, continuée par Guillaume-le-Breton *(Historiæ Francorum Scriptores).*

(**) De là, la rue du Petit-Carreau, le Carreau des Halles, etc., etc.

(***) Chiffre officiel, pris au Bureau de la Ville.

LES ÉGOUTS

Les Égouts de Rome *(cloaca)*, regardés à juste titre comme des merveilles par les anciens, étaient constitués par des voûtes de plus de cinq mètres de large sur quatre mètres de hauteur. Du temps de Pline qui les a décrits, leur construction datait déjà de six cent cinquante ans et ils n'avaient aucunement fléchi. Le grand égout de la ville *(cloaca maxima)* avait quatre mètres vingt-cinq de large et dix mètres de hauteur ; sa voûte en plein cintre était formée de trois rangs de voussoirs superposés, en pierres de taille qu'aucun ciment ne reliait.

Toutes les villes soumises à l'empire romain eurent des égouts bâtis sur le modèle des constructions romaines de ce genre. Mais, au moyen-âge, on ne se souciait guère de la salubrité des cités ; les rues, comme nous l'avons dit, étaient la plupart du temps de véritables bourbiers et les eaux s'écoulaient tant bien que mal jusqu'à la rivière voisine. C'est ainsi qu'à Paris, les eaux ménagères allaient rejoindre la Seine après avoir passé soit par la Bièvre, soit par le ruisseau de Ménilmontant, qui faisaient office de grands collecteurs. Tout cela coulait à ciel ouvert et empoisonnait l'atmosphère.

Hugues Aubriot, prévôt de Paris sous Charles v, fit recouvrir quelques-uns des fétides ruisseaux de la ville. Mais ce fut seulement sous Louis xiii que l'on commença la construction des égouts. Cependant, au xviiie siècle, Paris n'en possédait encore que dans une longueur de deux cents mètres.

Aujourd'hui, il n'est pas une ville de quelque importance qui ne soit pourvue d'un réseau de vastes égouts. Ceux de Paris ont un développement énorme approchant de mille kilomètres, y compris des collecteurs comme celui d'Asnières qui a quatre mille six cents mètres de longueur ; le nouveau système du *tout-à-l'égout* envoie, dans ces réceptacles d'immondices, les eaux ménagères et pluviales, les matières des cabinets d'aisances, etc., au moyen de conduites spéciales et de branchements particuliers munis de syphons et d'obturateurs. Ce sont ces travaux, exécutés en meulière et ciment qui justifient une partie du titre de la Chambre syndicale, celle de « Canalisation sanitaire. »

*
* *

Le métier de paveur n'est pas cité dans les règlements des métiers que rédigea Etienne Boyleaux, prévôt de Paris sous Saint-Louis. Par conséquent, il est certain que les maçons remplissaient alors les fonctions de paveurs.

Le document les plus ancien qui concerne ce métier est une lettre de Jehan de Folleville, prévôt de Paris, confirmée par lettres patentes de Charles v, en date de 1397. Dans cet écrit, quinze jurés de la maçonnerie sont qualifiés paveurs et élisent, de concert avec les maçons, un *maître juré visiteur des Chaussées de Paris :* Thomas le Raale.

Les premiers statuts de la Communauté datent de 1502, sous le règne de Louis xii. Ils furent dressés par Jacques d'Estouteville, garde de la prévôté de Paris. Suivant leurs prescriptions, l'apprentissage doit durer trois ans et le chef-d'œuvre de réception de la maîtrise consiste en un pavage de partie de rue pointue ou tournante. Le coût de cette maîtrise est fixé à quarante sols, réduit à dix sols pour les fils de maître.

Les pavés ou *carreaux* devaient être bien parés des quatre côtés et le ruisseau du milieu de la rue devait être en excellent pavé.

En 1501, l'emploi de *visiteur du pavé* fut supprimé : trois *contrôleurs du barrage et entretien du pavé de Paris* lui succédèrent ; ils furent eux-mêmes remplacés plus tard par un *maître général des œuvres,* assisté de six paveurs jurés et d'un greffier, « officiers de la banlieue, prévôté et vicomté de Paris. » En 1708, il n'y eut plus qu'un *inspecteur général du pavé de la Ville.*

Les statuts de la Communauté furent confirmés en 1579, en 1604 et en 1741.

Dans ces statuts modifiés, nous lisons que le grès employé doit provenir de Sainmoreau, de Fontainebleau, de Montigny, etc... Le droit de maîtrise y est fixé à trois cents livres et à cinquante livres seulement pour les fils de maîtres ; le droit de la Confrérie est de quarante sols à payer le jour de la Saint-Roch.

La Confrérie des Paveurs, institution religieuse qu'il ne faut pas confondre avec la Communauté du métier, était placée sous l'invocation de Saint-Roch et de Saint-Sébastien, dont la chapelle était dans l'église Sainte-Geneviève-des-Ardents, située sur le quai de l'Herberie, auprès de l'Hôtel-Dieu.

✶✶✶✶✶✶✶✶✶✶✶✶✶✶✶✶✶✶✶✶✶✶✶✶✶✶

CHAMBRE SYNDICALE

DES

Entrepreneurs de Pavage, Terrasse Granit, Bitume, Égouts et Canalisation Sanitaire

Fondée en 1810

Jeton de présence des Membres du Conseil d'Administration de la Chambre

Sous le titre ancien de *Communauté des Paveurs* repris par eux, les Entrepreneurs de Pavage de Paris réunis étaient, en 1810, en Société. Ils furent organisés, par ordonnance de police du 14 janvier 1812, approuvée par le Ministre de l'Intérieur, en conformité de l'arrêté du gouvernement du 12 Messidor an VIII et de la loi du 12 Germinal an XII.

Cette Société tenait ses séances rue des Lions-Saint-Paul, en 1813. Son bureau était composé d'un délégué : M. CHISTEL, de deux adjoints : MM. PÉLERIN (Michel) et LÉCLUSE et de six anciens ; ce bureau était assisté d'un *Conseil*, composé d'un notaire et d'un avoué. On voit figurer, en outre, parmi le personnel du bureau, un huissier et un secrétaire-agent. En 1814, le nombre des délégués s'est accru ; on en compte quatre.

L'ordonnance d'organisation de cette Société d'entrepreneurs indique que « les entrepreneurs de pavage patentés, qui ont seuls le droit de faire le pavage dans l'intérieur des maisons et au dehors pour les travaux qui ne concernent point l'entrepreneur du pavé de Paris, doivent faire marquer leurs outils d'un poinçon à leur nom de famille et qu'un semblable poinçon doit être déposé à la Préfecture de police. Il est défendu à tous compagnons paveurs, manœuvres ou autres, de s'immiscer en la dite profession. Les outils ne pourront, en aucun cas, être prêtés à des compagnons ou cimentiers et il est interdit de leur vendre du pavé. Le délégué ou un des adjoints, assisté de deux maîtres, accompagnent les commissaires de police dans les visites relatives aux contrevenants. »

Pour la cotisation, les entrepreneurs étaient divisés en quatre classes : les premiers, payant quarante francs par an; les seconds, trente francs; les troisièmes, vingt francs; enfin, les quatrièmes seulement, dix francs.

Dès l'année 1826, les maîtres-paveurs semblent abandonner leurs réunions qu'ils rétablissent en 1828. Le bureau de la Société est alors composé d'un syndic, de deux adjoints, d'un secrétaire et d'un trésorier comptable.

En 1849, les entrepreneurs de pavage se réunissent aux autres Chambres syndicales siégeant rue de la Sainte-Chapelle, 13.

La Chambre est aujourd'hui installée rue de Lutèce n° 3, avec celles qui composent le Groupe de l'Industrie et du Bâtiment. Son titre, modifié en 1894, est celui-ci : *Chambre syndicale des Entrepreneurs de Pavage, Terrasse, Granit, Bitume, Egouts et Canalisation sanitaire.*

* * *

La Chambre fait partie de l'Assurance constituée par les soins du Groupe sous le titre de *Caisse Commune*, pour répondre aux exigences de la loi du 9 avril 1898 sur la responsabilité des accidents du travail.

Le nombre actuel des Entrepreneurs de Pavage des départements de la Seine et de Seine-et-Oise est actuellement d'environ 280. Ceux qui font partie de la Chambre sont au nombre de 90.

Ci-dessous, nous donnons, dans trois tableaux synoptiques, les noms des membres du Bureau de la Chambre, depuis la fondation du Syndicat jusqu'à l'époque actuelle.

ANNÉES	DÉLÉGUÉS	ADJOINTS
1812	Chistel	Pélerin, Lécluse
1813	id.	Pelletier, Armand
1814 à 1825	Pelletier	Armand, Pottier

ANNÉES	SYNDIC	ADJOINTS	SECRÉTAIRE	TRÉSORIER
1828	Vivier	Desfontaines et Bureau	Heude	Frémont
1829-1830	id.	Desfontaines et Baron	id.	id.

De 1830 à 1848, il y a une lacune que nous n'avons pu combler. Le bureau semble reconstitué sur de nouvelles bases, avec les mêmes membres.

ANNÉES	PRÉSIDENTS	VICE-PRÉSIDENTS	TRÉSORIERS	SECRÉTAIRES
1848	Vivier		Thomas	Langronne
1849 à 1858	Id.		Langronne	Descombes
1859 à 1861	Langronne		Lepeu	id.
1862	id.		Gaitz	Francastel
1863 à 1868	Francastel		id.	Francastel fils
1889 à 1872	Francastel fils		id.	Curtet
1872 à 1877	id.		Jullien	id.
1878 à 1888	id.		Curtet	Decloux
1889 à 1891	id.		id.	Marnay
1892 à 1897	Curtet	Adenis	Adenis	Fréret
1898 à 1899	id.	Id.	id.	Dutheil
1900	id.	id.	id.	id.

On voit, par le dernier de nos tableaux, que les fonctions de vice-président, créées en 1892, ont été réunies à celles de trésorier.

M. FRANCASTEL fils a été à la tête du Syndicat pendant vingt-deux ans. La mort seule a fait cesser son zèle et son dévouement. M. FRANCASTEL a été juge au Tribunal de Commerce.

M. CURTET, Officier d'Académie, président actuel de la Chambre, est aussi, en même temps, trésorier du Conseil d'Administration du Groupe de l'Industrie et du Bâtiment. Il est aussi membre du Comité de direction de la Caisse commune de l'Industrie et du Bâtiment dont il a été parlé plus haut.

Les membres composant actuellement le Conseil de la Chambre sont : MM. ADENIS, CHEVILLARD, COLLET, COULHON, CURTET, DUTHEIL, FRÉRET, LAINÉ, MINORET ET TESTET.

*
* *

LES SALAIRES. — En 1789, le paveur était payé deux livres dix sols et son aide une livre dix sols.

Actuellement, voici les salaires des ouvriers qui emploient, dans

Paris, le pavé, le granit, l'asphalte et le bitume, ainsi que la durée de la journée de leur travail :

TERRASSE

PROFESSIONS	TAUX DES SALAIRES		DURÉE DE LA JOURNÉE	
	à l'heure	à la journée	été	hiver
Terrassier	0.55		10	9
Puisatier, chef d'équipe	0.90		10	10
Puisatier mineur . .	0.75		10	10
Aide	0.55		10	10
Charretier ⎰ 1 cheval .		4.75		
⎱ 2 chevaux .		5.25	de 4 h. 1/2 du matin	
3 chevaux .		6.00	à 7 h. 1/2 du soir.	

PAVAGE, GRANIT, BITUME

PROFESSIONS	TAUX DES SALAIRES		DURÉE DE LA JOURNÉE	
	à l'heure	à la journée	été	hiver
Compagnon-paveur .	0.75		10 heures du 1er mars au 1er mai	9 heures du 1er novembre au 1er mars
Dresseur	0.60			
Aide-paveur	0.50		11 heures du 1er mai	
Piqueur de grès. . .	0.75			
Frais d'outils. . . .	0.10			
Granitier	0.75			
Frais d'outils. . . .	0.10			
Poseur de granit . .	0.75			
Aide-poseur	0.55			
Applicateur d'asphalte et de bitume . .	0.70		10	10
Aide-applicateur . .	0.50		10	10

Ces prix sont le résultat d'une entente commune entre patrons et ouvriers, membres des Commissions mixtes, nommés par arrêté ministériel en date du 19 septembre 1899, en vertu du décret du 10 août sur les conditions du travail dans les traités passés au nom de l'Etat.

✤✤✤✤

M. CURTET

PRÉSIDENT DE LA CHAMBRE DES PAVEURS

CHAMBRE SYNDICALE

DES

Entrepreneurs de Couverture
et Plomberie

Assainissement et Hygiène

LA COUVERTURE & LA PLOMBERIE

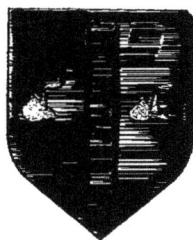

D'azur, à une échelle d'or posée en pal, accostée de deux truelles d'argent emmanchées d'or

1° LA COUVERTURE

++++++++

HISTORIQUE DU MÉTIER

LA corporation des couvreurs, rattachée à celle des charpentiers qui réunissait toutes les industries qui *" du tranchant travaillent dans le merrain "*, existait déjà à l'état de tradition au moyen-âge ; son existence est signalée dans le *" Livre des Métiers "* d'Etienne Boileau, au temps de Saint-Louis.

L'esprit d'indépendance amena, en 1327, la séparation entre les charpentiers et les couvreurs et ces derniers formèrent, dès lors, une corporation ayant ses propres statuts et son organisation particulière.

* *
*

Dans la période comprise entre le XIIIe et le XVIIIe siècle, les corporations des divers métiers virent souvent leurs statuts renouvelés ou confirmés par l'autorité, soit pour les mettre au niveau des besoins publics, soit pour procurer des ressources financières à la royauté, chaque confirmation donnant lieu à établissement de taxes.

Les statuts primitifs de la corporation des couvreurs furent confirmés sous Charles VII, en 1449.

Sous Charles IX, en 1566, refondus entièrement, les statuts renfermaient des règlements dignes d'attention, en vue de réprimer les fraudes et les abus possibles.

L'apprentissage était d'une durée de six années et il était interdit aux maîtres d'employer " *aucuns ouvriers et valets mal renommés de vilains cas* ".

La durée de la journée variait suivant la saison : en été, elle allait de cinq heures du matin à sept heures du soir et, en hiver, elle ne cessait " *qu'au jour défaillant* ".

Les règlements interdisaient aux ouvriers de travailler directement pour le bourgeois et défense était faite aux maçons, charpentiers et autres " *d'entreprendre, faire ou faire marchander, tant pour les bourgeois ou autres, aucun ouvrage de couverture, soit de tuile, soit d'ardoise* ".

Les amendes qui étaient appliquées à toute infraction aux règlements servaient *à substanter les pauvres ouvriers qui tombaient ordinairement de dessus les maisons et autres pauvres nécessiteux du métier* ".

Les statuts de 1566 subsistèrent jusque sous Louis XIII, ils furent confirmés en 1635 et revisés à la fin du règne de Louis XIV.

* *
*

Autrefois, comme les maçons et les charpentiers, les couvreurs étaient requis pour les incendies et tenus de fournir leurs outils et leur travail.

La fête corporative des compagnons-couvreurs a lieu le dimanche de la Sainte-Trinité, en mémoire de l'ancienne confrérie érigée en l'honneur de la *Sainte-Trinité*, dans l'église de Saint-Denis de la Chartre.

2° LA PLOMBERIE

D'azur, à un marteau de sable emmanché d'or, accompagné en chef de deux tasses d'argent et en pointe d'une aiguière de même

HISTORIQUE DU MÉTIER

La corporation des plombiers ne paraît avoir eu d'organisation distincte que deux siècles après celle des couvreurs.

Du temps d'Étienne Boileau, les plombiers devaient être compris dans la catégorie des ouvriers " *des menues œuvres qu'on fait d'étain et de plomb* ".

La première charte des plombiers remonte à Henri iii; elle fut confirmée sous Louis xiv comme celles de tous les autres corps de métier, en vue de fournir des ressources au trésor.

Dans cette corporation, l'apprentissage était moins long que dans celle des couvreurs; il n'était que de quatre années. La durée du travail se comptait de cinq heures du matin à sept heures du soir en été. Les maîtres devaient poinçonner leurs ouvrages d'une marque particulière.

Au XVIe siècle, le métier prend une allure nouvelle ; le luxe des constructions donne à cette époque une grande importance à la plomberie pour la décoration des toitures.

Le plomb, d'abord utilisé sous forme de tables à recouvrement, fut plus tard artistement travaillé et employé soit fondu, soit repoussé pour former des gargouilles, poinçons, crêtes et vases ornementés comme on en voit encore dans de nombreux anciens monuments.

Les plombiers furent, vers 1735, comme les couvreurs et autres ouvriers habitués à monter sur les bâtiments, requisitionnés pour le service des incendies.

CHAMBRE SYNDICALE

DES

Entrepreneurs de Couverture et Plomberie

Assainissement et Hygiène

DE LA VILLE DE PARIS ET DES DÉPARTEMENTS DE LA SEINE ET DE SEINE-ET-OISE

Fondée en 1817

Jeton de présence des Membres du Conseil d'Administration de la Chambre

La Chambre syndicale patronale de Couverture et de Plomberie a suivi le mouvement des corporations et s'est formée de la réunion de deux professions autrefois entièrement distinctes : celle des couvreurs et celle des plombiers, corporations que le progrès et les nécessités de l'industrie moderne ont depuis réunies dans les mêmes maisons.

Il est très intéressant de suivre la marche des circonstances qui ont amené la fusion sous une direction unique.

La Révolution de 1789, qui détruisit les corporations, laissa les couvreurs et les plombiers dans leur industrie distincte ; le couvreur n'employait que la tuile et l'ardoise et les plombiers ordinaires faisaient les ouvrages de garnitures sur les toits et les agencements intérieurs des maisons. Quant à ceux dénommés plombiers-fontainiers, ils s'occupaient des distributions d'eau.

Les choses allèrent ainsi, sans règle aucune, pendant quelques années.

* * *

Sous Napoléon Ier, l'Empire jeta les premiers fondements d'une organisation nouvelle du travail.

La Préfecture de Police, chargée de la sécurité publique, fit appel aux entrepreneurs et ouvriers de certains corps d'état pour organiser des inspections et des secours contre l'incendie : les maçons d'abord, les charpentiers ensuite, etc., etc. Ce mouvement se continua sous la Restauration.

Une ordonnance royale de Louis XVIII, du 20 février 1817, constituait les entrepreneurs en *Bureaux* pour transmettre les règlements et les mesures d'un intérêt général arrêtés par l'autorité. Ces Bureaux furent le berceau des Chambres syndicales.

Les documents de l'époque font connaître que : *Le premier Bureau des maîtres-couvreurs fut présidé par le sieur Delavarde*, nom qui s'est perpétué dans la couverture, de père en fils, pendant plus de soixante ans (*).

Les membres du Bureau se réunissaient dans un local dépendant de la Préfecture de Police, rue de la Mortellerie, n° 151, les jeudis de 2 à 4 heures, pour l'expédition des affaires courantes.

Chaque année, une Assemblée générale, comprenant tous les membres de la profession, élisait les délégués chargés des intérêts communs.

Les Sociétaires nommaient douze électeurs et ceux-ci nommaient les trois membres devant former le Bureau.

* * *

Les plombiers, fontainiers et fondeurs furent organisés en Bureau sous Charles X, par un arrêté du Préfet de Police du 1er septembre 1825,

(*) Le Président actuel de la Chambre syndicale, M. L. Soulé, se trouve être le successeur du dernier Delavarde.

dans le même esprit et en vue du même but que les entrepreneurs de couverture.

Ils se réunissaient le premier et le troisième vendredis de chaque mois *pour recevoir les réclamations, tant de leurs confrères que de toutes les parties intéressées,* dans le local de la rue de la Mortellerie.

On trouve dans les premières listes des membres du Bureau, le nom de M. FONTAINE, plombier du Roi (*), qui fut certainement le premier plombier de l'époque.

*
* *

L'organisation des entrepreneurs de couverture fonctionna jusqu'en 1835, époque où elle semble avoir disparu, ou tout au moins s'être réduite au point de ne plus compter dans les services publics.

En 1846, les maîtres-couvreurs de Paris se groupèrent à nouveau, sous l'influence des idées d'union et d'organisation qui avaient gagné peu à peu les esprits sous le gouvernement du roi Louis-Philippe.

Ils installèrent leur Société rue Grenier-Saint-Lazare, nº 15, sous le titre de : *Chambre syndicale des Entrepreneurs de Couverture de la Ville de Paris.*

Le Syndicat s'affirma immédiatement par l'établissement d'une série de prix pour les travaux de son industrie, laquelle série a servi depuis à la confection de tous les tarifs publiés sur la matière.

*
* *

Les plombiers vécurent pendant un certain nombre d'années de leur vie propre.

Le 11 avril 1848, le Syndicat des maîtres-couvreurs, réuni en Assemblée générale décida :

Que les plombiers seraient admis à concurrence de douze seulement,

(*) M. TASSART, qui a été Vice-Président de la Chambre syndicale de 1894 à 1897, se trouve être le successeur du dernier FONTAINE.

afin d'aider de leurs lumières les membres de la Chambre de couverture dans l'appréciation et le règlement des travaux de plomberie.

Mais ce n'est que le 2 avril 1861 que la réunion des deux industries fut complète, sans fixation d'un maximum de sociétaires ; le titre primitif fut alors modifié et transformé en celui de :

Chambre syndicale des Entrepreneurs de Couverture et de Plomberie de la Ville de Paris et du Département de la Seine.

Cette heureuse et féconde union fut due à l'initiative de M. Tencé, qui eut le grand honneur d'être président du Syndicat pendant vingt-sept années, de 1852 à 1879.

Dans la suite, la Chambre syndicale fut transférée rue de la Sainte-Chapelle, n° 13, où se trouvaient déjà réunies différentes Chambres des industries du Bâtiment.

C'est de là que le Groupe entier vint s'installer dans le local actuel, dans la voie de la Cité dénommée autrefois rue, puis avenue de Constantine et actuellement rue de Lutèce, au n° 3.

*
* *

Le 19 décembre 1871, la durée de la Chambre syndicale fut prorogée pour 25 années, jusqu'au 10 février 1896.

Cette Chambre a conservé ses statuts d'origine jusqu'en 1879, époque à laquelle la Corporation, parvenue à un assez grand développement, procéda dans l'Assemblée générale du 4 novembre de la dite année, à une revision de ses statuts et règlements, sur des bases plus larges qui ont donné une très grande impulsion à ses travaux intérieurs.

En 1885, des modifications furent apportées à ces statuts par l'introduction de paragraphes nouveaux, dans l'article relatif à la discipline de la Chambre et par la création d'un nouvel article spécial au service de la Trésorerie.

Puis le 5 mai 1892, en raison de la situation nouvelle créée à la Corporation par les progrès incessants qu'a fait faire à l'art de la plomberie, l'application des principes d'hygiène et d'assainissement, l'ancien titre de la Société fut transformé en celui de : *Chambre syndicale des Entrepreneurs de Couverture, Plomberie, Assainissement et Hygiène de la Ville de Paris et du Département de la Seine.*

Enfin, à la date du 10 décembre 1894, les statuts et règlements de la Chambre ont été modifiés à nouveau.

La durée de la Société a été prorogée jusqu'au 1er janvier 1920 et le cercle de ses membres actifs a été étendu au département de Seine-et-Oise.

*
* *

C'est sous son nouveau titre, qui représente l'union et la fusion des deux industries de la couverture et de la plomberie, que cette Chambre syndicale existe aujourd'hui et qu'elle a pu réaliser d'importants progrès.

La Chambre syndicale patronale, soucieuse de la défense de ses intérêts et de ses droits, n'a pas néanmoins négligé ses devoirs envers ses collaborateurs : ouvriers et employés.

En 1864, le 26 janvier, le syndicat a créé une *Caisse d'Assurance* pour venir en aide aux ouvriers blessés sur les travaux, œuvre toute philanthropique, sans l'assistance de l'Etat, ne coûtant rien aux victimes appelées à en bénéficier.

De 1864 à 1899, cette Caisse, grâce aux cotisations versées, a pu distribuer aux ouvriers blessés une somme atteignant le chiffre de 702,115 fr.

*
* *

Le 22 avril 1887, la Chambre syndicale, afin de relever le savoir professionnel et déterminer de nouveaux progrès dans l'art de la plomberie et de la couverture, a ouvert, dans un local loué et agencé à ses frais, rue des Poitevins, n° 8, des *Cours théoriques et pratiques* où compagnons, apprentis, garçons, viennent se perfectionner ou s'instruire gratuitement le soir par des leçons, des conférences, des manipulaions faites par des patrons et professeurs dévoués, heureux de pouvoir les initier aux nécessités de leur profession.

Le nombre des élèves inscrits à ce jour a été, depuis l'année 1887 jusqu'à la fin de l'exercice 1899, de 930.

Le 13 octobre 1890 s'ouvre, sous le nom d'*Office du Travail*, un Bureau où les ouvriers de la Corporation peuvent chaque jour, et gratuitement pour eux, trouver à s'embaucher.

Le nombre des inscriptions s'est élevé jusqu'à ce jour au chiffre de 1700.

Le 29 octobre 1891, des *Cours de Métré* furent adjoints à l'Ecole professionnelle ; ils fonctionnent en faveur des employés, lesquels sont admis aux conférences et leçons de croquis et de dessin.

L'*Ecole professionnelle* et l'*Office du Travail*, dont les résultats heureux se font déjà sentir, ont été transférés, en 1898, dans un nouveau local situé rue Elzevir, n° 5. Ce local, plus vaste et mieux agencé, permet de recevoir un plus grand nombre d'élèves par suite de l'établissement de salles distinctes pour les cours pratiques et les cours théoriques.

* *

De l'exposé historique de notre Chambre syndicale, doit ressortir la nécessité, déjà reconnue par nos devanciers et s'accentuant de jour en jour d'un groupement plus nombreux, par suite de la nouvelle organisation de la vie industrielle, afin de permettre à nos Corporations, non seulement de défendre leurs droits et leurs intérêts, mais aussi de remplir leurs devoirs en développant les institutions déjà existantes et en en créant de nouvelles, affirmant le désir de chacun de faciliter la vie de nos collaborateurs de chaque jour, employés et ouvriers.

* *
*

Il a paru répondre au désir de tous de faire connaître, aux nouveaux venus dans notre Syndicat, le nom des membres du Bureau depuis la création de la Chambre de couverture et plomberie. Nous donnons ces renseignements ci-dessous :

ANNÉES	PRÉSIDENTS	TRÉSORIERS	SECRÉTAIRES
1818	Delavarde	Aumont	Bellet
1819	id.	Michau	Feno
1820	Leblond	Hunout	Lebobe
1821	id.	Aumont	id.
1822	id.	id.	Michau père
1823	Bureau	id.	id.
1824	id.	Delavarde	id.
1825	id.	id.	Desrues
1826	Motard	id.	id.
1827	id.	Michau	id.
1828	id.	id.	Lacour jeune
1829	Bureau	id.	id.
1830	id.	Delavarde	id.
1831	id.	id.	Desrues
1832	Thierry-Charrier	Jenvrin	id.
1833-34	Delavarde	Feno	id.
1847-51	Desrues	Delavarde	Tencé
1852-65	Tencé	id.	Turenne
		Vice-Présidents Trésoriers	
1866-73	id.	Turenne	Courtois
1874-79	id.	Courtois	Seyffert
		Vice-Présidents-Secrétaires	
1880	Seyffert	Mesureur	Marie
1881-82	id.	Giffault	Robin
1883-85	Robin	id.	Gauthier
1886-87	Mesureur	Flicoteaux	Thuillier
1888	id.	id.	Millet
1889	Gauthier	id.	id.
1890-91	Flicoteaux	Rolland	Fergeau
1892-93	Poupard	Duburcq	Thil
1894	Mesureur	Tassart	Soulé
1895-97	Millet	id.	id.
1898-99	Soulé	Monduit	Beauvalet
1900	id.	id.	id.

Le nombre des Entrepreneurs de Couverture et Plomberie de Paris atteint aujourd'hui le chiffre de 750 ; les adhérents à la Chambre syndicale sont actuellement de 370.

Les membres du Conseil d'administration de la Chambre actuellement en exercice sont : MM. SOULÉ, MONDUIT, BEAUVALET, BERG, BORNE, CHARPENTIER (P.), CORBEIL, DUTOUR, CASSE, DEROUX, GEORGET, GIFFAUT, GUÉNEAU, KINABLE, PÉRIGNON, SENEUZE et THURIN.

M. SOULÉ

PRÉSIDENT DE LA CHAMBRE SYNDICALE DE COUVERTURE ET PLOMBERIE,

ASSAINISSEMENT ET HYGIÈNE

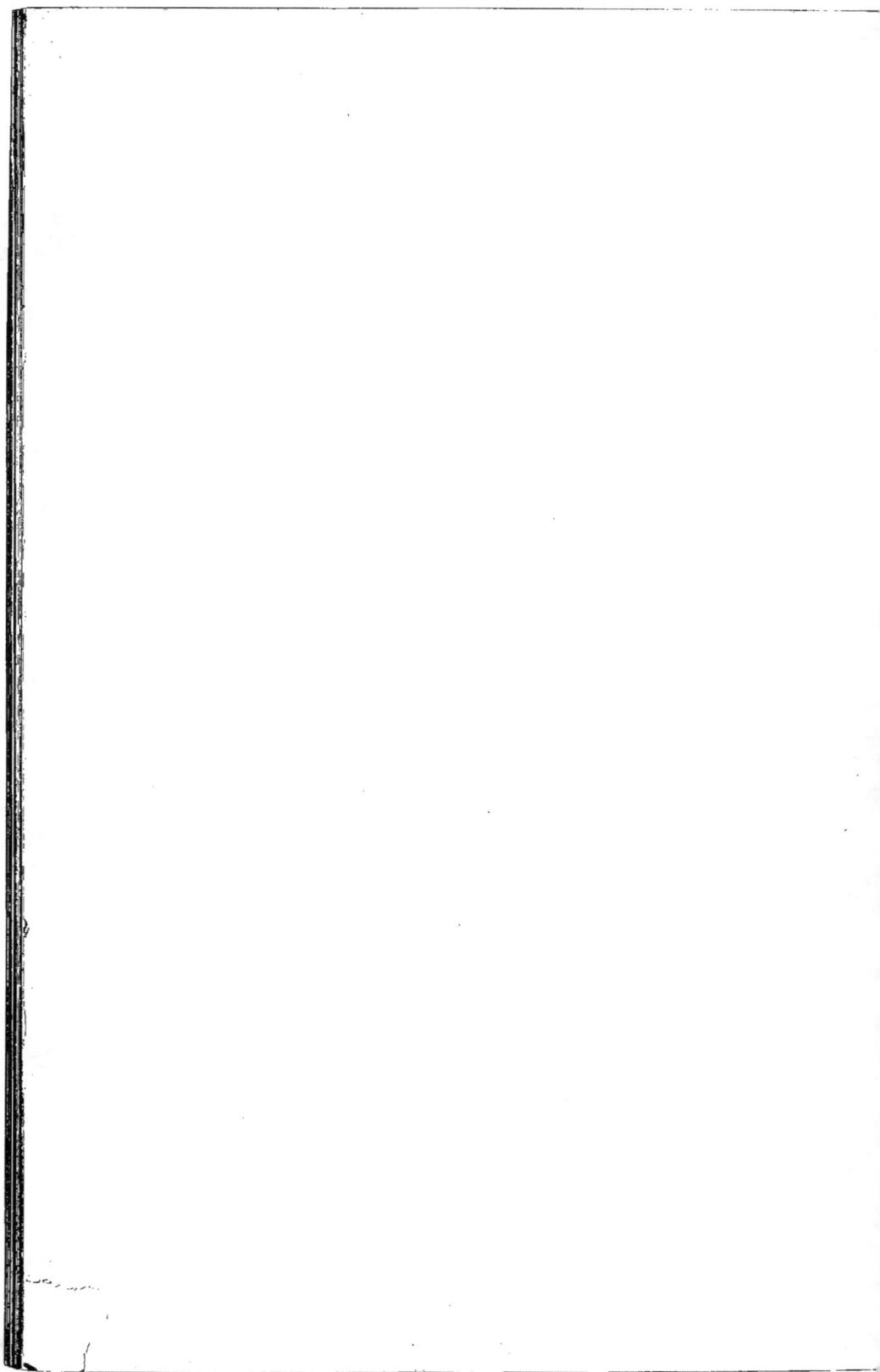

CHAMBRE SYNDICALE

DES

Entrepreneurs de Menuiserie et Parquets

LA MENUISERIE

D'azur, à une varlope d'or posée en fasce, accompagnée en chef d'un ciseau d'argent emmanché d'or et en pointe d'un maillet de même (*)

HISTORIQUE DU MÉTIER

LA cabane ayant remplacé, chez les peuples préhistoriques, les abris souterrains et les grottes, l'homme songea à se clore pour se mettre à l'abri et mettre ses richesses agricoles en sûreté. De là, la porte primitive, faite sans doute de branchages entrelacés et attachée rudimentairement par des liens d'écorce ou d'autres matières flexibles, ou bien encore arrêtée par un arc-boutant contre-butté sur le sol.

Les Egyptiens avaient des fabricants de portes. Une peinture découverte à Thèbes nous fait voir une porte à deux vantaux, à peu de chose près semblable aux portes romaines que nous décrivons plus loin.

(*) D'Hozier, *Armorial,* Texte Tome XXV, Folio 543 et Blasons, Tome I, Folio 683.

Les menuisiers phéniciens et juifs décorèrent le temple de Salomon avec des bois de cèdre disposés en lambris : « Il (Salomon) le couvrit par « le dedans de lambris de cèdre et il planchéia tout le temple de sapin... « Les jointures des bois étaient faites avec grand art et ornées de sculp- « tures et de moulures... ».

Les portes de l'oracle étaient en bois d'olivier, celles de l'entrée du temple en sapin ; « chaque porte était brisée et elle s'ouvrait ayant « ses deux parties réunies ensemble. » (Bible ; Rois III).

Chez les Grecs, les portes d'entrée des maisons s'ouvraient en dehors ; par suite de cette disposition que l'on ne s'explique guère, on était obligé de prendre la précaution de frapper un coup avant de sortir de la maison, de peur de heurter les passants.

Le sol des maisons des riches était très souvent décoré de mosaïques en bois de diverses couleurs. Ces mosaïques formaient parfois comme des peintures superbes. Ainsi était parquetée l'une des chambres d'un palais que Hiéron II, roi de Syracuse, fit décorer, 260 ans avant J.-C. Ce travail représentait toute l'Iliade d'Homère. Le temple de la Fortune, à Preneste, était aussi garni d'un parquet de cette magnificence ; il représentait la carte géographique de l'Egypte.

Chez les Romains, le menuisier existe sous le nom de *Lignarii* ou d'*Intestinarius* ; ce dernier terme, indiqué par Vitruve et Pline, était appliqué aux ouvriers qui travaillaient pour ou dans l'intérieur de la maison, afin de compléter le bâtiment par des ouvrages tels que les lambris posés sur les murs, les compartiments de plafonds, les portes, châssis de fenêtres, volets, treillis d'impostes, etc.

Les peintures d'Herculanum et de Pompéï, des ouvrages de marbre des maisons de ces villes disposés à l'imitation d'objets similaires en bois, nous offrent des spécimens de la menuiserie antique. Les portes romaines, souvent à deux vantaux *(fores)*, sont décorées de panneaux à cadres *(tympana)* ; les feuillures en sont formées par des battements rapportés et les chambranles, de très forte dimension, forment ébrasement, recouvrant les montants de ferrure et protégeant contre l'air extérieur. C'est ainsi, du moins, que fut établie la porte du temple de Rémus, aujourd'hui Saint-Théodore de Rome. Cette porte existe encore.

On a découvert, à Pompéï, des restes de châssis en bois avec des traces de divisions pour le vitrage.

Des vases antiques nous renseignent aussi sur les ouvrages romains. On y voit particulièrement des portes brisées, des portes ajourées comme nos persiennes : telles sont celles qui fermaient les loges des cirques, mais leurs jours sont verticaux.

Suetone (XLVI), nous apprend que Jules César faisait porter, à la suite de son armée, les bois de marqueterie nécessaires au parquetage de ses logements.

Il est certain que les Grecs et les Romains faisaient usage d'armoires *(armarium)* avec portes et tablettes intérieures et de coffres en bois ; ils se servaient de l'assemblage à tenon *(subscus)* et mortaise *(securicula)* ; leur rabot et leur bouvet, identiques aux nôtres, se nommaient tous les deux *runcina*. (Pline, Hre Nlle XVI, 82).

« La colle de taureau », dit Lucrèce, joint si bien les pièces de bois, « qu'on voit plus souvent la planche se déchirer par le défaut de ses veines « que les liens de l'assemblage se relâcher. »

Suivant Pline, les Romains connaissaient la colle forte et Dédale en avait été l'inventeur. (Pline, Hre Nlle, liv. 7.)

**

Jusqu'au xviiie siècle, les maîtres de plusieurs de nos métiers furent divisés en *grossiers* et en *menuisiers*, c'est-à-dire qui faisaient de gros ou de menus ouvrages. Il y avait des orfèvres et des potiers d'étain *menuisiers*, des horlogers, des serruriers, des chaudronniers *grossiers*. Le menuisier d'aujourd'hui n'a donc été ainsi désigné que parce qu'il fabriquait des objets relativement petits, *menus*, quand on les comparait aux ouvrages de la charpente dont son métier dépendait. Les horlogers *grossiers* fabriquaient des horloges et des tourne-broches ; les serruriers *grossiers*, de lourdes ferrures ; des mains des *menuisiers* de ces diverses professions sortaient les pièces fines.

Au moyen-âge, cependant, la menuiserie ressemblait à de la charpente. C'est à peine si les pièces qu'elle produisait étaient dégrossies et elles ne présentaient rien de remarquable. Les plus anciennes portes connues ne sont pas antérieures au xie siècle ; elles sont composées d'ais jointifs doublés par d'autres ais et le tout est simplement cloué. Au xiie siècle, les croisées n'étaient rien autre que des volets ajourés ou même pleins.

Il semble qu'à travers les invasions et les guerres interminables, la menuiserie de l'antiquité ait disparu pendant une très longue période, emportée par ces tempêtes. Nous avons vu que, sous les civilisations grecques et romaines, le menuisier produisait des ouvrages nombreux, quelquefois remarquables; dans l'Occident, jusqu'au xiie siècle, on ne connaît plus cet artisan que sous le nom de *huchier*.

Les *huchiers* faisaient partie de la communauté des charpentiers, comme tous les ouvriers qui travaillaient le *merrain*. Ils ne s'en séparèrent qu'en 1290. Ils fabriquaient alors les armoires, bancs, escabeaux, lits à *coulombes* et, en général, tous les meubles, mais particulièrement les *huches*, c'est-à-dire les coffres et bahuts confondus sous ce nom. La plupart de ces meubles, lorsque le goût s'épura, empruntèrent leur forme à l'architecture; ils firent partie de la décoration des pièces, en s'encadrant dans les boiseries de revêtement. Ils étaient soit en chêne soit en noyer, et ces bois étaient choisis et débités avec grand soin, comme le voulaient les statuts du métier, ce qui explique le bon état de conservation de ceux de ces ouvrages qui sont parvenus jusqu'à nous. Le huchier les ornait de sculptures naïves taillées en plein bois, remplissant ainsi l'office de nos sculpteurs actuels.

Tous ces ouvrages étaient assemblés à tenons, les collages n'étaient point tolérés et les jurés des métiers auraient détruit toute pièce collée, aussi bien qu'ils faisaient brûler les ouvrages faits avec du bois où se trouvait de l'aubier.

Et, cependant, Théophile le moine, qui vivait au xiie siècle, donnait, dans un traité curieux des arts et procédés de métiers de son temps, la recette suivante d'une colle employée, dit-il, par les ouvriers qui travaillaient le bois :

« On coupe très menu du fromage de vache mou; on le lave dans « l'eau chaude dans un mortier avec un pilon jusqu'à ce que l'eau que « l'on y verse à plusieurs reprises en sorte pure. On met ensuite ce « fromage comprimé à la main dans de l'eau froide jusqu'à ce qu'il « durcisse; on le broie bien menu avec un rouleau sur une table de bois « bien unie. Dans cet état, on doit le remettre dans le mortier pour l'y « broyer soigneusement avec le pilon, après avoir ajouté de l'eau mêlée

« avec de la chaux vive, jusqu'à ce qu'il devienne épais comme du
« marc. »

Cette colle fut employée jusqu'au xiv⁄ siècle, époque où la colle forte
apparut. Pour serrer les joints, on se servait d'une sorte de petit treuil ou
de cordes tordues ; pour les collages à plat, on chargeait les pièces de
poids énormes et l'on se servait de *goberges*, ou longues perches appliquées d'un bout sur l'ouvrage placé sur l'établi et arc-boutées de l'autre
aux poutres du plafond de l'atelier.

Le huchier fabriquait encore les *écrins* (ou plutôt *escrins*) renfermant
les morts ; c'étaient les bières et les cercueils. Les statuts de 1290 disent,
article IV, que *nus ne loue ne ne puisse louer coffres à gens mors*. Cette
interdiction s'explique ainsi : les huchiers avaient, jusque-là, loué les
escrins ou bières pour le transport des pauvres qui étaient enterrés sans
cercueil.

Tous les ouvrages des huchiers devaient être marqués, par eux, avec
une plaque de plomb incrustée et indiquant leur nom.

En 1371, Hugues Aubriot, prévôt de Paris, dans les nouveaux statuts
accordés aux huchiers, indique que : « nul ne face huche de merrien
(*merrain*) de fou », c'est-à-dire de mauvais bois mal choisi, mal débité.
La nomenclature des objets fabriqués par ces artisans figure dans ce
document ; ce sont : les portes, fenêtres et châssis ; les porches ; les tables,
bancs et dressoirs, coffres, huches ; les trappes ; *les cages treillagées pour
fenêtres ;* les lambris, chambres, armoires ; les *comptoirs fermés ;* les bancs
de tavernes, etc., etc.

La bonne qualité des bois y est exigée ainsi que la bonne façon des
assemblages et, pour faciliter l'examen complet des ouvrages, l'ouvrier
ne peut *jaunir* son travail avant de l'avoir vendu. Les bois employés sont :
le chêne, le noyer et un certain bois d'Irlande, probablement l'une des
espèces du pin.

On voit figurer, dans le compte des dépenses faites au Louvre par le
roi Charles v, cette mention : « à Philippe SIRASSE, huchier, pour avoir
fait de bois d'*Illande*, un estuy pour héberger l'horloge de M. le Dalphin,
qui sonne les œures au dit Louvre...... »

* *

Un arrêt, en date de 1382, revise les statuts des huchiers et les mentionne pour la première fois sous le nom de *menuisiers*. Mais ils ne cessèrent, pendant les siècles suivants de s'appeler *huchiers* ou *huchers*, *coffriers*, *fustiers* et *huissiers*, selon leurs spécialités d'ouvrages.

A partir de cette époque, la menuiserie devient un art véritable. S'inspirant des anciens dont les traditions avaient été gardées au fond des cloîtres et qui en sortaient enfin en créant l'admirable mouvement de la Renaissance, les menuisiers des xiv° et xv° siècles produisirent une quantité d'ouvrages d'une perfection absolue. En outre de leur mérite incontestable au point de vue de l'exécution, ils possédaient, à un haut degré, la science du tracé et la connaissance approfondie de la qualité des bois. L'honnêteté la plus grande présidait à leurs opérations : Viollet-le-Duc nous apprend que l'on ne débitait, pour les ouvrages de la menuiserie, que des chênes de deux à trois cents ans.

Mais, dès le xiii° siècle, le menuisier produisait déjà de très beaux ouvrages : les portes de la Sainte-Chapelle témoignèrent de son habileté. Ces portes étaient très ornementées; les vantaux garnis d'un côté de décharges ornées étaient, de l'autre face, refouillés de riches sculptures. Un peu plus tard, apparaissent les lambris des châteaux et des églises, les chaires et les stalles de nos vieilles cathédrales, qui sont souvent des chefs-d'œuvre d'une valeur inappréciable.

C'est au xv° siècle que les menuisiers imaginent l'assemblage à rainure et languette.

« En 1550, » dit Corrozet dans ses *Antiquités, histoires et singularités de Paris*, « furent faites portes neuves de bois, en la grande et petite salle du Palais, entaillées aux armes de France et Dauphiné, avec les croissants et H couronnés, ensemble furent faites les fenêtres de même étoffe, en icelle grande salle. »

Les lettres-patentes octroyées par Henri iii, en 1580, nous donnent la liste à peu près complète des ouvrages que peuvent exécuter les menuisiers de cette époque. On y voit figurer une grande quantité d'objets dont les désignations sont souvent très curieuses comme, bien entendu, les huches et pétrins à mettre pain et viande, les portes ; huis forts, à lambris, enchasillés ; trappes ; porches carrés, ronds, à pans ou placards ; croisées et châssis à verres ; contre-fenêtres, cages et fenêtres ; planchers par terre à languettes, à compartiments, à losanges ; loges et fermetures de boutiques ; manteaux, ornements, clôtures des cheminées et garde-âtres ; auvents sur cours, jardins et rues ; les meubles d'intérieur : couches, couchettes, buffets, dressoirs, cabinets pour mettre bagues et joyaux, tables, escabeaux et sièges, armoires à habits, à papiers, à vaisselle, coffres-forts avec pieds et couvercles, bureaux, comptoirs et bancs à dossiers ; fonds et bordures de tableaux ; corniches, frises et architraves ; les fournitures de guerre et les montures des armes : fûts d'arquebuses à crocs et à rouets, mousquets et pistolets, tréteaux et affûts, lances, lits et tables des camps ; les bois des voitures de tout genre : litières, coches, carrosses, chariots branlants à la mode de Flandres, chariots de triomphe, tant pour le service des rois, reines, princes, princesses et autres ; les vitrines des marchands, les étalages ; les métiers des rubanniers et des tapissiers, etc. etc.

Les fournitures d'église tiennent une place importante dans cette longue liste ; c'est le menuisier seul qui peut fabriquer les « pupitres à viz et remparts pour monter iceuls pupitres, les balustrades, tables d'autel, haultes chaires pour faire la prédication, jubez, clostures et bancs-d'œuvres des marguilliers, fûts d'orgues, tous objets sculptés, ornés de travaux de marqueterie, taillés « à la mode française antique ou moderne », comme le dit le règlement.

Au total, voilà donc l'ancien huchier devenu : sculpteur, menuisier, parqueteur, ébéniste, arquebusier, carrossier, encadreur, etc., etc. C'est presque un homme universel.

Tous ces travaux étaient exécutés dans les conditions le plus rigoureuses du choix des bois, de la bonne exécution. Les liaisons des assemblages, ordonne le règlement « seront bien et deuement observez, garniz « de tenons, *pitons* et mortaizes ; on fera en sorte que la taille ne corrompe point les assemblages et l'on gardera *fourchemens* et *embrasemens* « où il appartiendra. Le tout de bon bois vif, loyal et marchant, en peine « de dix escus d'amende et d'estre l'ouvraige ars et brulé devant la maison « de l'ouvrier. »

Et, plus loin, on voit, au chapitre concernant les portes, les recommandations suivantes : « Que les bois soient d'espoisseur et largeur suffi- « zante, les panneauz ouvraigés pardevant remplissant leur royneure,

« collez et assemblez à clefs et languettes dedanz les joincz, barrez en
« lozange par derrière dont l'assemblaige portera tenon assemblé à mor-
« taize, les tenons espaullez comme il appartient, remplissant leurs mor-
« taizes sans estre découvertes. »

Pendant les siècles qui suivirent, la menuiserie d'art ne fit que
continuer d'enrichir les églises et les châteaux qui s'ornaient, à l'envi,
des productions remarquables des maîtres de ce métier.

On connaît, par ce qui en subsiste encore, les travaux de la menuiserie
de bâtiment des règnes de Henri ɪv, Louis xɪɪɪ, Louis xɪv et de leurs
successeurs. Nos vieux hôtels renferment, en abondance, des spécimens
de ces ouvrages : parquets à compartiments, lambris et trumeaux, portes,
croisées, volets brisés, etc., de ces temps, relativement rapprochés
de nous.

⁂

D'après un rapport de M. le général Poncelet (*), les premiers essais
de l'application de la mécanique à l'outillage destiné à travailler les bois,
remonteraient aux années 1420 et 1555 ; il s'agissait de scies à mouvements
alternatifs mues, soit par les bras de l'homme, soit à l'aide de la traction
par les chevaux ou enfin par la force hydraulique. Dans ces machines
grossièrement établies en charpente, on voit appliqué le système du
chariot d'avancement provoqué par l'action du *pied-de-biche*, comme
dans la plupart de nos machines actuelles.

Vers la fin du xvɪɪɪᵉ siècle, on vit apparaître le premier outil mécanique à travailler le bois : la *scie circulaire*, inventée par Albert, et
employée en Angleterre, dès 1793, et en France, sous le nom de *fraise*, vers
1799. Cet outil est muni d'un chariot mobile qui donne la facilité de placer l'outil à volonté pour faire des ouvrages difficiles, comme des
feuillures, des pentes sur jets d'eau, etc., etc.

La *scie sans fin* ou à *ruban*, inventée par William Newberry, en 1808,
fut appliquée pratiquement, pour la première fois à Paris, en 1846, par le
mécanicien Grandon, qui construisit un outil de ce genre débitant deux
madriers à la fois ; plus tard, la scie sans fin s'emploie avantageusement
pour le chantournement des bois.

(*) Rapport sur les machines-outils à l'Exposition de Londres, 1851.

Nous allons maintenant voir l'atelier du menuisier se transformer en usine.

Le premier brevet pris par Sauteuil (de Fécamp) et concernant « divers procédés de mécanique propres à confectionner la menuiserie, « comme planches, parquets, moulures, etc. » remonte à 1830. Puis, viennent ensuite ceux de Léger (1846), pour son « rabot mécanique à « corroyer le bois » ; de Reilly (1854) pour ses « mécanismes et appareils « à tenonner, mortaiser et scier les bois » etc., etc.

En 1860, le nombre des ateliers possédant un outillage mécanique était encore peu élevé. Mais, depuis cette époque, l'application des outils à débit rapide a pris une grande extension par suite de leur perfectionnement, de la surabondance des travaux et de l'augmentation progressive des salaires qui n'aurait certainement pas permis d'exécuter les grands travaux de Paris par les moyens ordinaires pratiqués anciennement.

Actuellement, la grande majorité des ateliers de la capitale et de nos grandes villes possède l'outillage mécanique. On y voit fonctionner :

L'*affûteuse*, ou plutôt la *défonceuse*, qui exécute l'affûtage des scies en dents de perroquet ;

La *raboteuse* et la *machine à corroyer*, pour la mise à l'épaisseur et le blanchissage des bois, tels que : tablettes, plinthes, stylobates, etc. Ces outils amènent eux-mêmes les bois sous le couteau ;

La *toupie* avec laquelle on obtient un travail merveilleux ; elle marche à une grande vitesse et fabrique des moulures de toute sorte, les nez de marches des escaliers, les plate-bandes des panneaux de portes, les jets d'eau des croisées, etc., etc. Généralement, cet outil est monté sur un pied en fonte avec table ; un arbre vertical est garni d'un chariot mobile pour monter et descendre à volonté. Cet arbre reçoit le fer mouluré qui taille et façonne le bois ;

La *mortaiseuse*, avec arbre porte-mèche et chariot va-et-vient, qui fonctionne selon la profondeur à donner à la mortaise ;

La *scie alternative* ou *à découper*, qui sert à exécuter les découpages intérieurs des ornements. Cet outil fonctionne verticalement ;

Les *scies à cylindres*, à *chariot*, pour les bois qui se débitent sur champ, etc., etc.

Inutile de dire que la substitution du travail mécanique au travail manuel a rendu les plus grands services à l'industrie de la menuiserie, non seulement au point de vue de la perfection du travail et à celui de la production devenue plus prompte et plus considérable, mais encore de la suppression de la fatigue extrême de l'ouvrier, lorsqu'il a à exécuter les ouvrages les plus durs.

*
* *

Les bois généralement employés par le menuisier d'aujourd'hui, sont :

Le *chêne*, qui se prête le mieux aux ouvrages finis et apparents, à cause de ses qualités de rigidité, de finesse de fibres et de grain, de sa dureté bien également répartie, de sa durée et, enfin, de sa beauté. On le tire de la Hongrie, de la Russie et de la France ;

Le *sapin*, qui est employé à la confection des boiseries communes, surtout quand ces ouvrages doivent être peints. Il provient surtout de la Suède et de la Norwège ;

Le *peuplier grisard*, que l'on emploie fréquemment pour faire des panneaux de portes ;

Le *pitchpin*, bois de pin d'Amérique, rouge et très résineux, qui sert, depuis quelques années, à confectionner des armoires en bois apparent et des lambris de revêtement, notamment dans les selleries.

Le châtaignier et le noyer étaient autrefois employés par le menuisier ; on en obtenait de très belles boiseries. Mais l'usage en a disparu, ces bois étant devenus ou rares, ou fort chers.

Enfin, nos menuisiers emploient encore, mais dans des circonstances exceptionnelles, les bois précieux, plutôt réservés à l'ébénisterie : telle la menuiserie des hôtels de Greffulhe, rue d'Astorg, où ont été placés de beaux travaux tels que lambris, portes et croisées, exécutés en bois d'acajou. Les parquets peuvent être aussi fabriqués en bois d'ébénisterie ; ils constituent alors de merveilleux revêtements du sol.

*
* *

LES SALAIRES. En 1789, les ouvriers menuisiers gagnaient deux francs vingt-cinq centimes pour la journée de douze heures ; en 1802, cette journée se payait deux francs soixante-quinze centimes.

D'après les dépositions de M. Haret père, ancien président de la Chambre Syndicale des Entrepreneurs de menuiserie, devant la Commission extra-parlementaire des Associations ouvrières de 1844, les salaires des menuisiers ont été ainsi successivement fixés :

Pour la journée de onze heures : de 1840 à 1845, 3 fr. 50 ; de 1846 à 1853, 3 fr. 75 ; de 1854 à 1857, 3 fr. 85 ;

Pour la journée réduite à dix heures : de 1858 à 1861, 4 fr. 00 ; de 1862 à 1869, 4 fr. 50 ; de 1870 à 1878, 5 fr. 00 ; au 1er avril 1879, 6 fr. 00 ; au 1er octobre 1880, 7 fr. 00.

Ce dernier prix est, à peu près partout, le minimum des salaires actuels de l'ouvrier menuisier ; des prix supérieurs sont journellement accordés aux hommes qui se distinguent par leur mérite et leur capacité. Le parqueteur gagne 8f 50 et le replanisseur de parquets 10 francs ; le parqueteur sur bitume est payé, avec son aide, à raison de 12 francs, le tout pour dix heures de travail.

Voici, du reste, les résultats d'une entente entre patrons et ouvriers, membres des Conseils mixtes, nommés par arrêté ministériel en date du 19 septembre 1899, en vertu du décret du 10 août sur les conditions du travail dans les traités passés au nom de l'État.

PROFESSIONS	TAUX DES SALAIRES		DURÉE DE LA JOURNÉE	
	A L'HEURE	A LA JOURNÉE	ÉTÉ	HIVER
Menuisier............	0 70		10	10
Parqueteur..........	0 85		»	»
Replanisseur........	1 »	0 35 le mètre et 0 30 pour les marches		
Parqueteur sur bitume avec son aide......		12 »	»	»

Tarif de pose des parquets arrêté le 14 avril 1891 pour 5 ans, du 10 mai 1891 au 10 mai 1896, par 4 délégués de la Chambre syndicale des entrepreneurs de parquets et 4 délégués de la Chambre syndicale des ouvriers parqueteurs.

Convention renouvelée le 1er mai 1896 pour une nouvelle période de 6 années finissant le 11 mai 1902.

*
* *

Parmi les illustrations de la menuiserie, nous devons citer :

Groul Jacquemart, de Lille. Il exécuta, en 1411, pour le duc de Bourgogne, des crédences finement sculptées et des cabinets à secrets compliqués ;

Jehan Dujardin, aussi de Lille ; il fabriquait, en 1436, un bahut d'une grande richesse, destiné à renfermer le trésor de l'église Saint-Étienne ;

Philippot Viart, huchier et sculpteur, qui fit les plans des admirables stalles du chœur de la cathédrale de Rouen et les exécuta. Cet immense travail fut commencé en 1457 ; l'année suivante, le Chapitre le trouvant interminable, chassa Viart de son atelier, prit communication de ses dessins et saisit ses biens. En 1469, les chanoines se prélassaient dans les bancs du splendide chef-d'œuvre dont l'auteur était ruiné.

Les collaborateurs de ce pauvre artisan de génie, si étrangement récompensé, furent : Guillaume Basset, Bosseron, Baudichon, Camus, Brandat, Desmares, Ermoulet, Gillepin-le-Long, tous huchiers et sculpteurs ;

Guesnon Richard, de Rouen, célèbre huchier et marqueteur, en 1485. Son fils, Michelet, exécuta en 1509, des armoires superbes pour le château de Gaillon, appartenant au cardinal d'Amboise ;

Adam Billaut, ou mieux Maître Adam, dit le *Virgile du rabot*, menuisier de Nevers, mort en 1662. Tout en travaillant le bois, il composait des poésies estimées. Il a laissé trois recueils intitulés : *les Chevilles*, *le Villebrequin* et *le Rabot*. Ce poète-menuisier fut pensionné par le cardinal de Richelieu ;

La famille des Huet, maîtres-menuisiers, auxquels on doit les boiseries magnifiques du chœur de la cathédrale d'Amiens, commencées au xve siècle et terminées dans le courant du xvie ;

Roubo (1739-1791), menuisier, qui construisit la coupole de la Halle-aux-Blés. Il publia divers ouvrages technologiques, tels que le *Traité de la construction des théâtres* et *l'Art du layetier*. Mais le plus estimé est celui qui est intitulé : *l'Art du menuisier*. Ce livre a été admis dans la collection des Arts et Métiers de l'Académie qui obtint, pour son auteur, la maîtrise sans aucun droit à payer.

* *
*

Le livre des métiers d'Etienne Boyleaux, prévôt de Paris sous Saint-Louis et chargé, par ce souverain, de réglementer les différentes professions en communautés, ne contient pas de chapitre spécial aux menuisiers qui étaient compris alors, comme nous l'avons dit, dans la corporation des charpentiers sous les différents noms de *huchiers*, *huissiers* et *lambrisseurs*.

C'est en décembre 1290 que Jehan de Montigny, l'un des successeurs d'Etienne Boyleaux à la prévôté de Paris, réunit vingt-cinq maîtres huchiers dont voici les noms avec l'orthographe du temps : « Renaud « Beriot, Robert-le-Sieur, Richard Doué, Pierre-le-Mestre, Henri Lalle-« ment, Jacques-le-Hucher, Bertaut-le-Hucher, Pierre de Gaillardon, « Michel-le-Hucher, Gile Lemestre, Gile de Lamuce, Nicolas Salebrin, « Guillaume Hautefeuille, Jehan de Wirmes, Guiart de Wirmes, Jehan « de Meullent, Jehan des Ylles, Jehan de Forviler, Philippot des Ylles, « Jehan Jobart, Jehan Lemestre, Symon Leduc, Symon Barbin, « Guillaume Poret, Richart des Ylles, tous *huchers, feseurs d'uis et de* « *fenestres.* »

Le prévôt leur fit prêter serment et jurer, sur les Saints Evangiles, leurs statuts en six articles. Dès lors, les huchers étaient constitués en corps spécial.

Dans ces statuts, sont interdits : le travail de nuit, la présence de plus d'un apprenti par atelier, l'enlèvement d'un ouvrier de l'atelier d'un confrère, la promesse de payer cet ouvrier plus cher que le prix accoutumé; il est défendu à l'ouvrier de travailler ailleurs que chez un maître. Les cercueils doivent être fabriqués par les maîtres seuls. Enfin, le métier a six jurés nommés, pour cette première fois, par le prévôt de Paris.

La taille de Paris de 1392 nous indique qu'il n'existait alors que vingt-neuf maîtres-huchers dans la ville.

Le 31 décembre 1371, Hugues Aubriot, autre prévôt de Paris, donna aux huchers de nouveaux statuts rédigés en vingt-sept articles. On y trouve l'obligation du chef-d'œuvre et l'acceptation, par les maîtres, du candidat à la maîtrise, tandis que du temps d'Etienne Boyleaux, on s'établissait maître à son gré et sans aucune formalité, après les six années d'apprentissage prescrites. Ces injonctions furent considérées comme trop rigoureuses par les ouvriers qui en appelèrent au Parlement. Mais celui-ci confirma les statuts en 1382, en exemptant les fils de maîtres du droit d'entrée, fixé à douze sols parisis.

En 1467, les huchers reçoivent, de Louis xi, quatre articles de statuts relatifs aux amendes et à la marque des ouvrages. Une autre addition, dont on n'a pas retrouvé le texte, est indiquée pour l'année 1380, comme ayant été ordonnée par Jacques d'Estouteville, garde de la prévôté de Paris.

C'est à la fin seulement du xve siècle que les menuisiers prennent définitivement ce nom, presque toujours accompagné cependant de celui de hucher. Ainsi l'on disait : un tel, *hucher-menuisier*. On voit alors figurer des jurés menuisiers dans divers actes de leurs fonctions; en 1486, ils sont autorisés à se faire ouvrir les maisons où ils soupçonnent que l'on fabrique clandestinement de la menuiserie, sans cependant pouvoir empêcher les bourgeois d'occuper des ouvriers du métier à leur compte. Des procès sont jugés en leur faveur quand certains fripiers (qui étaient les brocanteurs de ce temps-là), ont l'audace de vendre des meubles neufs, ce qui leur était défendu.

En 1580, sous Henri iii, les menuisiers reçoivent des règlements très complets, en même temps que la confirmation nouvelle de leurs statuts qui sont alors composés de soixante-deux articles dressés, du reste, sur le plan de ceux de 1382. Trente-sept de ces articles sont consacrés à l'énumération des ouvrages, que nous avons reproduite précédemment.

Dans ces règlements, on lit que : « ung fils de maistre dudit mestier « sera tenu faire chef-d'œuvre selon l'ordonnance du juré et payer trois « escus au receveur dudit mestier pour employer aux affaires communes « d'icelluy, et ung escu à la Confrérie de Madame Sainte-Anne...... Les « *apprentils*, leur temps d'apprentissage fini, seront tenus de faire chef- « d'œuvre suffisant, comme dessus est spécifié, en l'hôtel des jurés et « payer, pour le droict du roy, un escu ; pour chacun desdits jurés demi- « escu ; six escus au receveur dudit mestier et un escu à la confrérie de « Madame Sainte-Anne. »

Les premiers articles fixent à six années la durée de l'apprentissage et touchent surtout à l'administration de la communauté.

En 1637, il y eut procès entre les menuisiers et les tapissiers. Un arrêt du Parlement intervint en faveur de ces derniers et, dès lors, les tapissiers purent vendre des meubles.

Les statuts des menuisiers furent confirmés de nouveau par Louis xv. Ils peuvent alors confectionner des statues en bois, à l'égal des anciens *imaigiers*. Le candidat à la maîtrise doit : « faire le chef-d'œuvre qui sera prescrit, tant en assemblage que de taille de mode antique, moderne ou française, garni de liaisons et moulures. » La qualité de Français est exigée pour les maîtres. Les jurés élus sont au nombre de six au lieu de quatre ; mais des abus ayant été introduits dans l'exercice de leurs fonctions, on en revint au nombre primitif.

Un arrêt d'avril 1658 s'occupe spécialement du chef-d'œuvre. Les fils de maîtres doivent faire alors un coffre-fort ou coffre à la moderne. Les apprentis *simples* paient à chaque juré assistant à leur examen de réception une somme de trente-deux sols ; leur chef-d'œuvre, qui n'est pas décrit, devait être important et coûteux. C'était là une sorte d'obstruction que nous retrouvons dans tous les métiers ; il ne fallait pas que le nombre des maîtres fut trop considérable et c'est là la seule raison de cette rigueur.

De nouveaux statuts furent édictés en 1744, mais ce ne fut guère qu'une réédition des anciens règlements. Les maîtres menuisiers s'intitulent alors *menuisiers-ébénistes* et leur communauté compte huit cent quatre-vingt-quinze maîtres.

En 1776, la 32ᵉ Communauté ouvrière se composait des menuisiers-ébénistes, tourneurs et layetiers, avec le droit de 500 livres pour prix de la maîtrise.

Une ordonnance portait alors que : « tous les ouvrages de menuiserie devaient être bien et deuement faits, de bon bois, sain, sec, loyal, sans aubier, nœuds ni piqûres de vers ; que ceux qui se trouveraient pécher par quelques-uns de ces vices seraient saisis et confisqués et que ceux qui auraient un assez grand nombre de défauts pour être estimés de nulle valeur seraient brûlés devant la porte de l'ouvrier et icelui condamné en 200 livres d'amende pour la première fois et en plus grande peine en cas de récidive. »

Remarquons, en passant, que les mœurs étaient fortement adoucies à cette époque, car deux siècles auparavant, des ouvriers, convaincus de graves malfaçons et récidivistes, avaient été pendus !

Nous en sommes arrivés à l'époque où les Communautés de métiers disparurent, c'est-à-dire en 1791, où la loi les supprima. Pendant de longues années, les maîtres des métiers du bâtiment furent abandonnés à leurs propres inspirations ; ils se sentirent bientôt trop isolés ; c'est alors qu'ils s'organisèrent en Sociétés, puis en Syndicats, comme nous l'avons dit dans notre préambule et comme nous le verrons plus loin pour les menuisiers.

Mais, avant de clore cette première partie de notre travail, disons un mot de l'ancienne Confrérie de la communauté des menuisiers.

Comme toutes les autres institutions de ce genre, la Confrérie des menuisiers avait pour but principal l'assistance par la charité. Elle venait donc en aide aux vieux ouvriers et aux infirmes, mariait les orphelines, etc. Sa chapelle était placée sous l'invocation de Sainte-Anne, dès 1382. Une gravure, dont la planche a été faite aux frais d'Antoine Sauty, G. Isaac, P. Despauts et M. Drugeon, « maistres (menuisiers) de la Confrérie, en charge », représente Sainte-Anne faisant lire la Sainte-Vierge, avec cette légende : « La Confrérie de Sainte-Anne aux maistres-« menuisiers de la ville et banlieue de Paris, 1667. Fondée en l'église des « R. P. Carmes des Billettes. »

Cette Confrérie fut réorganisée en 1673 et installée dans l'église du St-Sépulcre. Nous la voyons, en 1692, érigée dans l'église Sainte-Marguerite, au faubourg Saint-Antoine.

La Confrérie de Sainte-Anne était l'une des plus anciennes et des plus suivies parmi toutes celles dont les bannières abritaient les maîtres et leurs ouvriers dans les cérémonies religieuses.

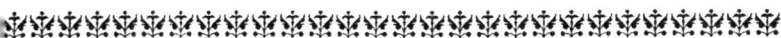

CHAMBRE SYNDICALE

DES

Entrepreneurs de Menuiserie & Parquets

DE PARIS ET DU DÉPARTEMENT DE LA SEINE

Fondée en 1825

Jeton de présence du Conseil d'Administration de la Chambre

Les entrepreneurs de menuiserie de Paris se réunirent en Société en 1825. Ils s'organisèrent en 1830 : *dans l'intérêt de tous, pour la répression des abus et des désordres qui pourraient troubler la bonne harmonie et la tranquillité publique.*

Cette Société se compose alors d'un Conseil de cinquante membres élus par moitié tous les ans dans une Assemblée générale et d'un bureau composé de trois membres élus par le Conseil, savoir : un président, un caissier, un secrétaire.

Le siège de la Société est établi rue de la Mortellerie, 151 ; il fut transféré successivement rue Grenier-Saint-Lazare et 13, rue de la Sainte-Chapelle, avec d'autres Chambres syndicales du Bâtiment, noyau du groupe actuel de l'Industrie et du Bâtiment.

En 1839, la Société des menuisiers déclare qu'elle est réunie dans le but : *d'aviser aux moyens qui tendent à améliorer leur industrie et de faire, en conséquence, les règlements utiles à tous les membres de ce corps d'état, afin de leur offrir en tout temps, un appui tutélaire, un conseil permanent toujours prêt à recevoir leurs observations ou réclamations, habile à les diriger dans leurs entreprises, leurs marchés, leurs relations avec les propriétaires ou établissements quelconques et intéressé à les mettre en garde contre toute atteinte aux droits et règlements de leur profession.*

Les menuisiers réunis, comme dans les autres Sociétés du bâtiment, donnent des avis sur les contestations, facilitent les arrangements amiables. Leurs concours est gratuit.

En 1872, la Chambre des entrepreneurs de menuiserie prend possession, avec les autres Chambres du groupe, de l'hôtel syndical de la rue de Lutèce.

Le 5 novembre 1882, la Chambre des parqueteurs se joint à celle des menuisiers, qui prend alors le titre de *Chambre syndicale des Entrepreneurs de Menuiserie et de Parquets.*

La même année, une *Caisse de prévoyance* est instituée pour parer aux éventualités touchant les intérêts de la Corporation. Son but était d'avancer des fonds aux entrepreneurs qui, par suite de faits de grèves, ne pouvaient livrer leurs travaux en temps voulu et se trouvaient menacés de procès ou de retards dans les paiements de leurs travaux. Cette caisse, alimentée par une cotisation de tous ses membres, fonctionna pendant près de cinq ans, c'est-à-dire jusqu'au 1er avril 1886.

Préoccupée des conséquences désastreuses, pour les ouvriers comme pour les patrons, que peuvent entraîner les accidents survenus pendant le travail, la Chambre, de tous temps, a cherché les moyens d'y remédier. A cet effet, certains de ses membres, parmi lesquels nous devons citer MM. Emile HARET, F. JUGAND et LAUNEY, soutiennent depuis longtemps, de leurs subventions et de leurs conseils, en qualité de membres honoraires, la très ancienne Société de Secours mutuels : *La Menuiserie de Paris,* fondée en 1839 et actuellement présidée par M. MALTERRE, attaché à la maison JUGAND.

Une société de secours mutuels, spéciale à la maison AUSSEUR fils et HIPP, a été fondée en 1890 ; elle est administrée par les ouvriers eux-mêmes et a été approuvée en 1894. Les patrons y contribuent par une participation pécuniaire et régulière.

Les maisons FÉREMBACH, LECŒUR et PRÉVOST fils, ont aussi établi, dans leurs maisons, des Sociétés de Secours mutuels et même des Caisses de retraites.

Enfin, d'autres maisons ont agi aussi libéralement pour venir en aide à leurs ouvriers malades, en état de chômage, pris par le service militaire, etc., etc.

En juillet 1885, une Caisse d'assurances, dite de *Crédit Mutuel,* a été organisée et a commencé à fonctionner le 1er avril 1886, en remplacement de la Caisse de prévoyance dont il a été parlé ci-dessus.

En conservant, par un article de ses statuts, le pouvoir de venir en aide aux entrepreneurs lésés par les grèves, le principal but de la *Caisse Mutuelle* était de garantir ses adhérents des conséquences pécuniaires auxquelles ils sont exposés en raison des accidents arrivés à leurs ouvriers et même aux personnes étrangères pendant l'exécution des travaux. Elle se donna aussi la tâche de créer des Cours professionnels et des Offices de renseignements pour les offres et les demandes de travail.

Un droit d'entrée fut fixé suivant le nombre des ouvriers employés ; pour les établissements sans machines, il variait de 20 à 200 francs et pour les ateliers avec machines, de 25 à 250 francs. Les adhérents avaient, de plus, à payer une cotisation basée sur les dépenses de leur main-d'œuvre ; cette cotisation était fixée à 0 fr. 25 pour cent pour les entrepreneurs sans machines et à 0 fr. 32 pour cent pour ceux qui se servaient d'outils mécaniques. Une réserve et un fonds de roulement destiné à la garantie des sinistres étaient institués par les statuts. Après le prélèvement des dépenses, 25 pour cent du reliquat étaient affectés à la création des Cours professionnels et des Offices dont il a été parlé précédemment.

L'ouvrier blessé avait droit à une indemnité de 2 fr. 50 pendant les soixante premiers jours du chômage ; cette indemnité était ensuite réduite à 1 fr. 50 par jour. Une incapacité partielle donnait droit à une indemnité de 500 francs ; l'incapacité permanente à celle de 1000 francs ; l'incapacité permanente et absolue, à celle de 2000 francs. En cas de mort, les veuves et les enfants touchaient 3000 francs et 60 francs pour frais d'enterrement.

La Caisse de Crédit mutuel, par suite de la mise en vigueur de la Loi sur les accidents d'avril 1898, a été dissoute et les membres de la Chambre se sont inscrits sur la liste des adhérents à la *Caisse commune*, assurance fondée par le Groupe de l'Industrie et du Bâtiment et dont M. SIMONET, président actuel du Syndicat, est membre du Comité de Direction.

Du 1er avril 1886 au 31 décembre 1898, la Caisse de *Crédit Mutuel*, habilement dirigée par M. DIDIER, vice-président trésorier de la Chambre de Menuiserie, a reçu 989 déclarations d'accidents : 44 d'entre eux n'ont pas eu de suites et 945 ont donné lieu à diverses indemnités s'élevant ensemble à la somme de 57,936 fr. 57 cent. Pendant la même période, les recettes ont été de 107,220 fr. 95 cent., dont 3,300 francs ont été prélevés en faveur des Ecoles professionnelles de la Chambre.

* * *

Quatre Ecoles professionnelles gratuites de dessin et de modelage, en faveur des apprentis, ouvriers et employés, ont été créées par la Chambre sur le modèle de celle que fonda, chez lui, M. SIMONET et qui fut supprimée lors de la dite création, pour y être réunie, en employant une partie des fonds consacrés à l'instruction technique dans cette Ecole à une Caisse de secours instituée dans la même maison, au profit de ses ouvriers.

La première de ces quatre écoles fut ouverte en novembre 1891, rue de Lutèce, avec dédoublement ou succursale passage d'Athènes, sous la direction de M. PRÉVOST fils; la seconde la suivit de près, puisqu'elle commença à fonctionner au mois de décembre suivant avenue de Ségur; elle est maintenant installée rue des Fourneaux, sous la direction de M. AUSSEUR fils. Depuis, deux nouvelles écoles s'établirent : l'une rue du Faubourg Saint-Martin, l'autre rue Lemercier, sous la direction de M. PARISET fils, M. GIRERD étant directeur supérieur de ces écoles.

La durée des cours est de quatre ans et l'enseignement comprend : la géométrie plane et descriptive, la menuiserie pratique et d'ornement, l'histoire de cette industrie, le débit des bois, le métré des ouvrages, etc. On y fait des conférences, des démonstrations au tableau, des travaux manuels.

Ces écoles comptent maintenant près de 300 élèves; elles ont obtenu une médaille de vermeil et trois médailles d'or en 1893; une médaille d'or à l'Exposition d'Anvers de 1894; une médaille d'or à l'Exposition de Bordeaux de 1895. Un certain nombre de leurs élèves ont obtenu l'exemption de deux années de service militaire, comme ouvriers d'art.

* * *

La Chambre de Menuiserie a publié, en 1844, une série de prix sous le titre de « Tarifs et détails de Menuiserie », rédigée par MM. BESSON et BÉRARD, tous deux entrepreneurs de menuiserie.

Une commission, dite de la série, fonctionne dans le sein de la Chambre ; elle est chargée de donner des renseignements à la Société centrale des Architectes, de dresser des sous-détails et d'examiner, avec les membres de cette Société, les revendications nécessitées par l'augmentation des matières premières ou de la main-d'œuvre.

D'autres commissions existent encore, parmi lesquelles il faut citer celles qui s'occupent des affaires judiciaires envoyées par le Tribunal de Commerce à l'appréciation des entrepreneurs arbitres. Ces arbitrages sont, pour ainsi dire, gratuits et donnent lieu à de nombreuses conciliations.

Ci-dessous, nous donnons, dans un tableau synoptique, la composition des bureaux de la Chambre, depuis son organisation jusqu'à l'époque actuelle.

Années	Présidents	Vice-Présidents	Trésoriers	Syndics	Rapporteurs	Secrétaires
1830-31	Tuilot		Fayard			Leleu
1839	Goret		Godey	Lachartier		Didier
1840-41	Thuilot		Goret	id.	C. Leblanc	Petit
1842	id.		id.	id.	Besson	Bérard
1843	id.		Besson	Goret	Didier	Lacau
1844	id.		id.	Bérard	Thérien	Bonhomme
1845	id.		Freté	Didier	Pique	Lacau
1846	id.		id.	id.	Frémiot père	Canappe
1847	Pique		id.	id.	Raymond	Couilloud
1848	Thuilot	Didier	Jolly	Lacau	id.	id.
1849	id.	Raymond	id.	Didier	Simonnet	Haret
1850	id.	id.	id	Delaporte	Féron	id.
1851	id.	Mazet	id.	id.	Kula	id.
1852	id.	Martin	id.	id.	Mathérion	id.
1853-57	Martin		Jolly	id.	id.	id.
1858	Jolly		Beaudoin	id.	id.	id.
1859-60	id.		Midroy	id.	id.	Mabille
1861	id.		id.	Simonet	Bourceret	Pagé
1862-63	id.		id.	id.	Flamant	id.
1864-66	id.		id.	id.	Beaudoin	Laloue
1867	id.		id.	Mathérion fils	id.	id.
1868	id.		id.	id.	Laloue	Didier
1869-73	Haret père	Mathérion	id.	Laloue	Didier	Pagé
1874-75	id.	id.	id.	Didier	Pagé	Simonet
1876-81	id.	id.	Didier	Pagé	Méret	id.
1882-85	id.	id.	id.	Mathieu	id.	id.
1886-89	id.	Simonet	id.	id.	id.	Férembach
1890	Simonet	Mathieu	id.	Jugand	Férembach	Girerd

Années	Présidents	Vice-Présidents	Vice-Présidents Trésoriers	Syndics	Rapporteurs	Secrétaires	Secrétaires-Adjoints
1891-93	Simonet	Mathieu	Didier	Jugand	Férembach	Girerd	Bourgaux
1894-95	id.	id.	id.	id.	id.	Belloir-Gentil	Pigache
		Vice-Président-Trésorier	Vice-Président				
1896-99	id.	Didier	Jugand	Férembach	Pariset	id.	Guiot
1900	id.	id.	id.	id.	Belloir-Gentil	Guiot	Ausseur fils

HISTORIQUE. — 9

Le président actuel de la Chambre est donc M. Simonet, chevalier de la Légion d'Honneur, officier de l'Instruction publique, officier de l'Ordre du Dragon d'Annam, chevalier du Cambodge. Il est aussi vice-président du Conseil d'Administration du Groupe de l'Industrie et du Bâtiment.

Le nombre des entrepreneurs de menuiserie de Paris, qui n'était, en 1844 que de 700, atteint aujourd'hui le chiffre de 1700 pour tout le Département de la Seine ; les adhérents à la Chambre syndicale sont actuellement au nombre de 336.

La Chambre des entrepreneurs de menuiserie et de parquets de Paris et du Département de la Seine, s'honore de compter dans ses rangs : MM. Bourgaux, juge au Tribunal de Commerce de la Seine, E. Haret et Brodu, du Conseil des Prud'hommes.

Les membres du Conseil d'Administration de la Chambre, au nombre de trente-six, nommés pour l'année 1900, sont : MM. Simonet père, Didier, Jugand, Férembach, Pariset, Belloir-Gentil, Guiot, Ausseur père, Ausseur fils, Belloir Ch., Bombois (E.), Bombois (A.), Bonhomme, Boucher, Bourgaux, Brodu, Brunant, Dejardin, Desvignes, Doaré, Girerd, Haret (Emile), Lassagne, Launey, Le Cœur, Massonnier, Muller, Perney, Pigache, Plessis, Prévost père, Prévost fils, Santerre, Simonet (Georges), Texier, Wallart.

Président honoraire : M. Haret père, Chevalier de la Légion d'honneur.

M. SIMONET

PRÉSIDENT DE LA CHAMBRE SYNDICALE DE MENUISERIE ET PARQUETS

CHAMBRE SYNDICALE

DES

Entrepreneurs de Fumisterie
Chauffage et Ventilation

LA FUMISTERIE, LE CHAUFFAGE
LA VENTILATION

HISTORIQUE DU MÉTIER

L'ARTISAN que l'on désigne improprement, selon nous, sous le nom tout moderne de *fumiste*, mot qui indique, suivant Littré, « celui dont la profession est de construire les cheminées et de les empêcher de fumer » et dont l'étymologie, toujours suivant le même savant linguiste, est : « *fumée* et la finale *iste*, comme dans artiste, » cet artisan, disons-nous, est et a été, dans les temps les plus reculés comme de nos jours, un véritable ingénieur (dans le sens de *s'ingénier*). En effet, n'est-il pas chargé de remédier aux inconvénients fâcheux du froid dans les maisons et les édifices publics, aussi bien que de l'installation des établissements industriels où la chaleur est nécessaire, tels que les bains, buanderies et étuves, séchoirs, etc., etc. ? Ne s'occupe-t-il pas aussi de ventiler, non seulement nos appartements où l'air est vicié par des causes diverses, hospices, prisons, lycées, théâtres, etc., etc. ? Il joue donc un grand rôle dans l'économie domestique et dans l'application des lois de l'hygiène et de la salubrité dans nos demeures et les lieux de réunion de la souffrance, de l'étude et du plaisir. Souvent, grâce à l'art du fumiste — puisqu'il faut l'appeler ainsi, — le chauffage et la ventilation vont de pair ; ils se combinent et agissent simultanément, en se conformant aux indications données par une science exacte et précise.

Cependant, nulle part, au moyen-âge pas plus que dans l'antiquité, on ne voit figurer, comme ouvrier spécialiste, cet artisan si utile dont il est impossible de nier l'existence. Car le maçon de ces temps-là ne pouvait construire les ouvrages, souvent très remarquables, dont nous allons succinctement parler et que nos fumistes d'aujourd'hui, qui ont pris pour base de leurs études professionnelles la physique industrielle, ont le droit de légitimement revendiquer, comme étant les œuvres de lointains prédécesseurs.

Cette revendication est équitable ; elle fait sortir de l'oubli une longue suite de générations d'ouvriers habiles et soigneux, injustement mis de côté pendant des siècles et confondus, sans raison, avec une catégorie d'artisans de métiers tout-à-fait différents. Seul, l'Anglais qui apprécie mieux que nous, il faut bien le dire, les services rendus par les gens de métier, a relevé l'art du fumiste, en intitulant le constructeur de ses foyers et l'hygiéniste de ses habitations : *chimney-doctor*, c'est-à-dire docteur en cheminées, expression qui nous paraît être, à peu près, l'équivalent de maître-ingénieur.

*
* *

Dans les maisons grecques et romaines, les appareils de chauffage étaient peu compliqués, le climat de ces pays n'exigeant guère de dépense calorique. La plus grande partie de ces habitations en était même complétement dépourvus. Les premières maisons qui remplacèrent les huttes gauloises couvertes en chaume des provinces conquises furent bâties par des ouvriers romains. Ils ne s'occupèrent point des inclémences de notre climat et les construisirent sur le modèle de celles de leurs pays, par conséquent, sans cheminées.

Les brasiers (*foculus*) étaient généralement employés dans toute l'Italie. C'étaient des réchauds de terre, de fer ou de cuivre; souvent des objets d'art. On en a trouvé de magnifiques à Herculanum et à Pompéï; l'un d'eux, de deux mètres douze centimètres sur soixante-seize centimètres est en bronze et repose sur quatre pieds. Lorsqu'il fut découvert, il contenait encore des cendres et du charbon.

On a trouvé, à Baïes près de Pérouse et à Civita-Vecchia, des fourneaux ou poêles destinés à faire du feu au milieu des chambres; celui de cette dernière ville est décrit dans un manuscrit conservé à la bibliothèque de Sienne. Sa forme est un parallélogramme enfermé par un mur de trois mètres de côté avec une baie de porte sur l'une des faces; à l'intérieur sont placées quatre colonnes surmontées d'une architrave qui supporte une petite coupole pyramidale sous laquelle est l'âtre; la coupole concentre la fumée et lui ouvre passage par une ouverture pratiquée au sommet. Si les maisons dans lesquelles ces poêles étaient placés n'avaient qu'un étage, il n'existait peut-être pas de tuyau; dans le cas contraire, il est probable que la coupole était surmontée d'un tube comme celui que l'on voit au-dessus du four du boulanger de Pompéï; ce tuyau est en maçonnerie.

Au siècle dernier, il existait, dans l'abbaye de Saint-Etienne de Caen, une cheminée à quatre colonnes à peu près semblable à la construction dont nous venons de parler. Les moines désignaient cet édicule sous le nom de *Cuisine de Guillaume-le-Conquérant*.

Le terme *caminus* désigne surtout un âtre ou foyer établi dans les maisons particulières pour échauffer un appartement, sans tuyau de fumée (HORACE, *Epîtres* I, 11, 19 et *Satires* I, 5, 81), ou bien encore un ouvrage semblable pour faire la cuisine, comme ceux que l'on disposait primitivement dans l'*atrium*; ils consistaient en une plateforme carrée en pierre, élevée au-dessus du sol, sur laquelle étaient placés des chenêts (*varae*) supportant les bois à brûler; il n'y avait pas là, non plus, de tuyaux, la fumée sortait tout simplement par l'ouverture de l'*atrium*, ou galerie couverte, en arrière du vestibule de la maison.

Dans les nombreux points de vue représentés par les artistes de Pompéï et dans lesquels figurent des maisons, on ne voit aucune construction ressemblant à des cheminées, au sommet des édifices. De plus, dans les bâtiments publics et particuliers de cette ville, on ne trouve aucune trace positive de ces appareils de chauffage, si ce n'est le four de la boulangerie dont nous venons de parler.

Dans certains cas, la fumée était recueillie dans une pièce spéciale (*fumarium*) du dernier étage ; elle s'y réunissait avant de se dissiper dans l'air. Cette chambre à fumée servait de magasin ; on y mettait vieillir le vin et sécher les bois de chauffage.

Vitruve nous apprend (I, 2, 7 et VII, 4) que les pièces destinées à être occupées pendant l'hiver (*hibernacula*) étaient moins décorées que les autres chambres, à cause de la malpropreté produite par la fumée des feux et que l'on choisissait, de préférence, celles qui étaient exposées à l'Ouest.

*
* *

Cependant, certaines habitations romaines (les plus riches), étaient munies d'un four placé sous le rez-de-chaussée. C'était une sorte de calorifère grossier. Sénèque nous apprend que, de son temps, on avait inventé un système de chauffage qui, au moyen de tuyaux passant dans les murailles, mettait également à l'abri du froid toutes les chambres de la maison jusqu'aux plus hauts étages, le foyer étant disposé au dehors. (*Epist.* 90).

Mais ce mode de chauffage, très coûteux, n'était qu'une exception.

Si ces différents systèmes étaient plus ou moins rudimentaires dans les maisons romaines, il n'en était pas de même lorsqu'il s'agissait de chauffer les chambres thermales des bains publics, palais immenses et superbes dont les installations modernes, si somptueuses et si confortables qu'elles soient, ne peuvent être comparées à celles des anciens. Tels, les thermes de Dioclétien entre autres, si vastes que d'une seule de ses salles, Michel-Ange fit l'église de Sainte-Marie-des-Anges, la plus grande de Rome après Saint-Pierre. Des foyers extérieurs mettaient en ébullition de l'eau renfermée dans des chaudières (*ahenum*) ou des vases superposés qui se remplissaient d'eux-mêmes. Cette eau dirigée dans des tuyaux souterrains ou placés dans les murs, répandaient une chaleur répartie à volonté, suivant les usages auxquels étaient destinées les chambres. Tout cet appareil était désigné sous les noms de *Fornacula balnearum* ou de *Fornax balinei*.

Vitruve appelle *Hypocausis* et décrit un mode de chauffage composé d'une fournaise garnie de tuyaux placés sous le pavé et chauffant, non seulement les pièces, mais encore des bassins remplis d'eau.

Une chambre de bains, découverte dans une villa romaine à Tusculum, était ainsi organisée, le plancher étant supporté (*suspensura*) par des piliers isolés en briques tubulaires percées sur le côté pour laisser passage à l'air surchauffé. En outre, un *laconicum* ou petite coupole, était placé dans la chambre et en saillie du plancher; il avait un foyer en dessous et comportait un mécanisme mobile (*clipeus*) disposé pour régler la chaleur et se mouvant à l'aide de chaînes. L'étuve ou fourneau avec ses tuyaux s'appelait aussi le *vaporarium*.

*
* *

Nous avons dit que les ouvriers romains construisirent les premières maisons de la Gaule conquise et qu'ils ne pensèrent pas à les munir de cheminées. Cependant, nous retrouvons l'*Hypocauste* dans les débris d'une maison gallo-romaine découverts à Grand (Vosges). On y avait ménagé, sous le pavé, un espace dans lequel la chaleur d'un foyer extérieur, sans cesse alimenté, circulait pour monter ensuite dans des tuyaux de terre cuite et sortir par des bouches latérales. Mais bien peu d'habitations étaient ainsi organisées.

Nous ne savons si les artisans qui leur succédèrent aux époques des invasions incessantes, prirent grand soin de garantir les habitations des rigueurs de l'hiver. Il est probable que, pendant de longues années, des suites de siècles même, on continua, un peu partout, la méthode d'Horace, c'est-à-dire que l'on se chauffa au foyer établi au beau milieu de la chambre, en formant un cercle autour du feu dont la fumée aveuglait les gens. C'est ainsi que l'on en use encore, non seulement chez les peuplades sauvages, mais encore dans certains village d'une bonne partie de l'Europe où la fumée s'échappe du toit de l'habitation par un trou béant.

Les palais des premiers de nos rois étaient chauffés par la méthode de l'*hypocauste*, mais ils renfermaient des chambres à cheminées que l'on désignait sous le nom de *epicaustoria*, terme appliqué aussi à la plateforme supérieure de l'édifice où les cheminées aboutissaient.

Le plus ancien auteur qui ait fait mention des cheminées est le moine de Saint-Gall, auteur anonyme des « Gestes de Charlemagne, » ouvrage écrit vers 884 et dédié à Charles-le-Gros.

Selon Viollet-le-Duc, la cheminée n'apparaît en Europe qu'au xiie siècle et dans les demeures seigneuriales. Encore ne se compose-t-elle que « d'une niche prise aux dépens de l'épaisseur du mur, arrêtée de chaque « côté par deux pieds-droits et surmontée d'un manteau et d'une hotte « sous laquelle s'engouffre la fumée. Les plus anciennes cheminées sont « souvent tracées sur plan circulaire, le foyer formant un segment de « cercle et le manteau l'autre segment. Telle est la belle cheminée que « l'on voit encore aujourd'hui dans le bâtiment de la maîtrise dépendant « de la cathédrale du Puy-en-Velai et qui date du xiie siècle. » La hotte de celle-ci est de forme conique et le foyer est le pavé lui-même.

Les cuisines des abbayes et des châteaux, dit le même auteur, « n'avaient pas, à proprement parler, de cheminées, mais n'étaient elles- « mêmes qu'une immense cheminée, munie d'un ou deux tuyaux pour la « sortie de la fumée. »

Du temps de Charles v, les cheminées étaient si peu répandues que lorsqu'on bâtit le palais de Saint-Paul, on réserva l'une des pièces pour serrer les *chauffe-doux*, caisses de fer à parois plus ou moins ornementées remplies de braises et de cendres chaudes et montées sur des roues, que l'on promenait d'une chambre à l'autre pour en élever la température. Ces sortes de wagonnets avaient été introduits d'Allemagne. Les braseros étaient alors en usage partout ; on les retrouve encore à l'époque de la Renaissance.

En Orient, aux temps actuels, on place un brasier au milieu de la pièce, sous une table ronde recouverte d'un tapis et on se réunit autour de ce chauffoir dans lequel brûle du charbon recouvert de cendres, sans souci de danger d'être asphyxié. Il est vrai de dire que, dans les pays chauds, les pièces ainsi chauffées ne sont jamais très bien closes.

Attirer l'air froid dans des proportions convenables, en augmenter le volume en l'échauffant et lui communiquer une force ascensionnelle, telle est une partie du programme de l'ouvrier qui construit tout appareil destiné au chauffage. Fut-il compris, ce programme, par les constructeurs de l'époque où nous en sommes de cette étude? Il est permis d'en douter lorsqu'on considère les cheminées d'autrefois où le tirage est énorme et la perte du calorique si considérable. Ces cheminées étaient surmontées de tuyaux d'une longueur excessive, afin de donner plus de tirage encore.

Au xve siècle seulement, on constate l'existence de cheminées en Italie. Partout, on les construit sur un plan rectangulaire, avec des hottes immenses sous lesquelles peut s'abriter une famille tout entière. Elles exigent une énorme quantité de bois pour leur alimentation, mais elles ont le mérite d'envoyer une grande quantité de chaleur dans la pièce, en raison de la hauteur démesurée à laquelle est placé le manteau.

Au xvie siècle, la cheminée change de forme, le manteau s'abaisse et le foyer devient moins spacieux. C'est ce que prouve l'une des figures du « Traité d'Architecture » de Serlio, architecte de François 1er, livre publié en 1540.

Un « Traité sur les poêles, » de François Keslar, parut en 1619. Les poêles décrits par cet auteur sont encore en usage, sans aucune modification, dans son pays. « Rien n'a été changé, » dit L. Figuier, « aux « dispositions indiquées par Keslar, c'est-à-dire l'allumage en dehors de « la pièce à chauffer, les tampons de nettoyage, les registres établis à la « prise d'air extérieure et aux tuyaux de fumée, enfin la circulation de la « fumée dans de nombreux circuits. »

En 1624, l'architecte François Savot fit paraître un ouvrage intitulé : « L'Architecture des bâtiments particuliers, » dans lequel il préconise l'isolement du foyer contre le mur par une plaque de fer et les bouches de chaleur ménagées dans les parois de la cheminée.

Blondel, architecte de Louis xiv, nous fait connaître, en 1698, l'application de l'obliquité aux tuyaux de fumée et l'adossement isolé de ces tuyaux. Avant lui, les tuyaux des diverses cheminées d'un bâtiment étaient placés l'un devant l'autre, ce qui devait constituer des coffres d'une saillie énorme.

Une ordonnance de police du 26 janvier 1672, relative à la garantie des maisons contre les feux de cheminées est relatée dans le livre de Blondel. Cette ordonnance a été confirmée en 1719 ; c'est à peu près celle de 1852. En 1712 et 1713, d'autres ordonnances fixèrent les dimensions à donner aux cheminées et les modes de construction à suivre pour leurs conduits.

En 1713, un livre signé de Nicolas Ganger, physicien et avocat au Parlement de Paris, inventeur d'une cheminée dite *des Chartreux*, nous indique d'excellents principes relatifs au chauffage par les cheminées et à la ventilation. Cet ouvrage, intitulé « Mécanique du feu, » renferme des avis très remarquables pour tirer le meilleur parti des cheminées. L'auteur conseille de donner aux foyers une forme parabolique ou, plus simplement, d'arrondir les angles intérieurs afin d'augmenter la réflexion, enfin de prendre l'air à l'extérieur en en réglant l'arrivée et la distribution d'une manière très ingénieuse. On considère avec raison Ganger comme le précurseur de Rumfort.

Daviler, célèbre architecte du xviiie siècle, décrit, dans son « Cours d'Architecture, » publié en 1720, les cheminées de son temps qu'il divise en grandes cheminées pour les cuisines, les galeries, salles et salons, en moyennes pour les antichambres, les chambres et les grands cabinets, enfin en petites pour les petits cabinets et les garde-robes. Il parle des *cheminées à l'anglaise* déjà signalées par Blondel et qui sont, dit-il, « à « pans avec trois plaques de fer fondu, afin que la chaleur étant resserrée, « se porte avec plus d'effet au dehors. » La manière la plus ordinaire, ajoute cet auteur, « est de faire les cheminées carrées avec un contre-« cœur de fer fondu qui est de peu de dépense et de grande utilité, tant « pour la réflexion de la chaleur que pour la conservation du mur. Ces « contre-cœurs sont ornés de sculptures en bas-relief et, comme il y en a « où l'année courante est marquée, on s'en sert aussi pour marquer le « temps où le bâtiment a été construit. Lorsque le bâtiment est consi-« dérable, on en fait fondre exprès avec les armes ou les chiffres du « maître de la maison. Il y en a depuis deux pieds jusqu'à quatre, qui « suffisent pour une cheminée de six pieds d'ouverture. »

« Pour l'usage des poêles, » dit encore Daviler, « il est à présent « assez commun et on les met dans les cheminées ; les meilleurs sont « de fer fondu, parce qu'ils consomment moins de bois. »

Dans les campagnes, les moyens employés pour le chauffage des habitations étaient toujours très simples et très primitifs. L'*Écho des Chambres syndicales* a donné, dans son n° 2 de l'année 1899, une description curieuse des cheminées à entonnoirs que l'on trouve encore assez fréquemment dans le Bourbonnais. Voici comment on les construisait : « Quatre fort pieux de bois vert étaient fichés en terre et cloués « au plafond, de façon à préparer un cône tronqué. Deux cercles étaient « ensuite fixés à hauteur d'homme, l'un en dehors, l'autre en dedans de « ces pieux. La trémie étant faite dans le plafond, on attachait, sur les « cercles, des branches de bois vert de toute la hauteur du coffre et l'on

« garnissait le tout d'un treillis, de manière à retenir le hourdis de terre,
« de sable et de paille hachée que l'on posait au fur et à mesure que ce
« treillis s'étageait. Séchée d'abord par un feu lent que l'on augmentait
« peu-à-peu d'intensité, la masse terreuse se solidifiait, se cuisait. »

*
* *

Le célèbre Franklin inventa, en 1745, la cheminée à combustion
renversée ou *poêle de Pensylvanie*, où l'on voit l'air échauffé décrire
plusieurs circonvolutions dans une sorte de coffre ou chambre de chaleur,
avant de se répandre dans la chambre. Le coffre est en fonte et se place
dans une cheminée ordinaire ; il comprend un récipient placé au-dessus
et dans lequel s'échauffe l'air qui en sort par des bouches, après avoir
évolué dans des compartiments.

On sait aussi que Franklin s'occupa des moyens de ventiler les habitations en activant, par divers moyens ingénieux, le tirage des cheminées.

En somme et jusqu'ici, la forme des cheminées ou plutôt leur plan
n'avait pas varié. En ce qui touche l'intérieur, l'âtre et le contre-cœur
étaient toujours disposés en rectangle, lorsqu'au commencement du
xixᵉ siècle, apparurent les travaux du comte de Rumfort (1753-1814). C'est
à ce physicien distingué que l'on doit le perfectionnement de nos cheminées modernes. Leur disposition actuelle est entièrement de son fait :
il a avancé le combustible pour augmenter le rayonnement de la flamme,
rétréci l'ouverture et incliné les parois latérales qu'il a revêtues de matériaux peints en blanc ou mieux vernissés pour favoriser la réflexion, enfin
il a incliné et réduit de diamètre l'entrée ou gorge du tuyau de fumée.
Cette dernière innovation rendait moins facile le passage du ramoneur dans
le coffre de la cheminée ; Rumfort imagina d'obvier à cet inconvénient
par l'adjonction d'une pierre à rainure mobile que le ramoneur déplaçait.
Plus tard, on remplaça cette pierre par une trappe en tôle. Il s'agit ici,
on le voit, des anciens conduits de fumée assez larges pour laisser passer
un enfant, usage que l'on ne connaît plus guère maintenant.

On reproche à Rumfort d'avoir négligé les bouches de chaleur qui
accroissent si facilement la proportion du calorique. Quoi qu'il en soit, il
a fait faire un grand pas à la construction de la cheminée.

Rumfort a laissé d'intéressants mémoires sur la production de la
chaleur et sur la combustion.

Depuis, les cheminées ont été encore améliorées par l'addition d'un rideau ou tablier qui sert à régler le tirage, par les ventouses ou conduits d'air froid tirés du dehors, évitant l'introduction de cet air par les portes et les fenêtres comme autrefois et enfin, en disposant des appareils ou des coffres intérieurs qui chauffent l'air destiné à alimenter le foyer, air qui sort par des bouches dites *de chaleur*, etc., etc.

Ces progrès ont certainement contribué pour beaucoup, à la naissance de la fumisterie contemporaine. Les ouvrages défectueux exécutés autrefois par les maçons ont eu pour résultat de former des ouvriers *spéciaux*, devenant vite habiles, par cela même qu'ils ne s'appliquaient qu'à une spécialité.

Nous ne pouvons citer toutes les inventions nouvelles : elles sont trop nombreuses ; mais elles pourraient se réunir en un certain nombre de groupes dont les unités ne différeraient entre elles que par des détails. Mentionnons cependant : le foyer mobile sur chariot de Bronzac ; les cheminées de Millet, de Péclet, à flamme renversée ; de Douglas Galton, dans laquelle le tuyau de fumée est renfermé dans un coffre où l'air extérieur est réchauffé avant de sortir par une bouche placée près du plafond ; de Fondet, avec tubes prismatiques inclinés en avant, remplaçant la plaque du contre-cœur ; de Joly qui fait passer la flamme et la fumée dans des tubes placés comme dans l'appareil Fondet ; de Laury, à peu près du même système, mais les tubes remplacés par des consoles creuses à grande surface de chauffe, etc., etc.

Notons que les cheminées à foyers mobiles ont, en général, l'inconvénient d'envoyer de la fumée et des émanations délétères dans la pièce, à moins d'un tirage très actif.

Les diverses autres causes du renvoi de la fumée sont :

Le défaut d'air ou son insuffisance ;

La grandeur exagérée de l'ouverture de la cheminée, surtout dans le sens de la hauteur, ce qui fait qu'une trop grande quantité d'air froid s'introduit dans le tuyau et contrarie le passage de la fumée ;

Le tuyau trop court et le sommet de ce tuyau dominé par des édifices plus élevés ;

La contrariété des feux voisins de différentes cheminées, le plus actif de ces feux attirant tout l'air à lui ;

La suie qui s'oppose au passage de la colonne gazeuse ;

Les conduits obliques, les coudes et renvois, nuisibles au tirage ;

Le tuyau de la cheminée débouchant à angle droit dans un autre tuyau, disposition vicieuse ;

L'absence des ventouses d'aération ;

Le vent ; l'humidité de l'air ; la chaleur du soleil rayonnant sur les tuyaux, etc., etc.

Contre le vent qui, par sa vitesse, coupe le courant de la fumée et l'empêche de sortir par l'orifice supérieur du tuyau, on a imaginé de nombreux appareils plus ou moins compliqués : capuchons fixes ou mobiles, à bascule, mitres à ouvertures latérales, gueules de loup, ventilateurs fumivores, etc., etc.

*
* *

Nous avons parlé du poêle allemand de Keslar. Tout le monde connaît le poêle en faïence avec sa cloche et ses bouches de chaleur. Parmi ces poêles, on remarque le *poêle suédois* qui concentre la chaleur dans des chambres superposées et que Guyton de Morveau perfectionna.

Les poêles dits calorifères sont en nombre considérable. Il y en a à tirage renversé, à lames ou ailettes, etc., etc. qui ont pour objet d'augmenter la surface de chauffe, à alimentation continue, comme celui de Choubersky et qui se chargent par le haut, à l'instar des foyers d'usine, etc., etc.

Le poêle Muller est en terre réfractaire et a été imaginé pour remédier au danger des poêles métalliques qui dégagent de l'oxyde de carbone. Une double cloche en terre est ainsi enfermée dans une enveloppe en tôle.

*
* *

Les calorifères sont des appareils destinés, à l'aide d'un seul foyer, à chauffer les habitations et les édifices dans toutes leurs parties en échauffant les masses d'air prises à l'extérieur pour les transmettre ensuite à l'intérieur. Ils sont toujours composés de deux parties principales : le *générateur*, où se produit la combustion et où l'air s'échauffe et les *tuyaux de conduite*, plus ou moins repliés les uns sur les autres et dans lesquels cet air circule pour sortir par des bouches ouvertes dans les planchers ou en contre-bas des murs.

Il y a aussi des calorifères à eau chaude ; leur appareil envoie, dans les tuyaux, de l'eau chauffée dans une chaudière et la ramène dans ce même récipient, de façon à opérer un mouvement continu. Ce système a été inventé en 1777 par Bonnemain et a été perfectionné, en ce sens, que l'on a imaginé la circulation de l'eau à haute pression.

Enfin, un troisième système consiste à produire de la vapeur dans une chaudière et à la faire circuler dans les tuyaux du calorifère où elle se condense en leur abandonnant son calorique.

Il existe encore des calorifères à chauffage mixte par la vapeur et par l'eau ; ils ont été appliqués dans de grands établissements hospitaliers, dans des prisons, etc., etc.

Nous ne parlons que pour mémoire du chauffage par le gaz avec des appareils divers : cheminées, poêles, fourneaux, etc. Il en est de même pour le chauffage par l'électricité.

Le fumiste fabrique, dans ses ateliers spéciaux de tôlerie, les fourneaux de cuisine qui atteignent souvent de très grandes proportions lorsqu'ils sont destinés aux établissements hospitaliers, aux collèges, etc. Ces ingénieuses constructions répondent à tous les besoins culinaires et renferment des fours, rôtisseries, grillades, chaudières, etc., etc.

*
* *

Terminons cette étude rapide par l'énoncé d'un acte de bienfaisance qui fait honneur à la corporation :

Messieurs Trabucchi frères, Entrepreneurs de Fumisterie, ont légué à l'Assistance publique une somme de 900,000 francs pour être affectée à la fondation, à l'hospice Beaujon, de six lits destinés à recevoir des ouvriers fumistes malades ou blessés.

✿✿✿✿✿✿✿✿✿✿✿✿✿✿✿✿✿✿✿✿✿✿✿✿✿✿✿✿✿

Entrepreneurs de Fumisterie, Chauffage et Ventilation

DE PARIS ET DES DÉPARTEMENTS DE SEINE ET DE SEINE-ET-OISE

Fondée en 1829

Jeton de présence des Membres du Conseil d'Administration de la Chambre

Créée en 1829, la *Société des poêliers-fumistes entrepreneurs* siégea d'abord rue de la Mortellerie 151, avec d'autres Chambres du Bâtiment.

En 1830, cette Société déclare qu'elle s'organise définitivement en Société « dans l'intérêt de tous, pour la répression des abus et des désor- « dres qui pourraient troubler la bonne harmonie entre ses membres « et la tranquillité publique. »

M. Cottini fut le premier Président de cette Société qui avait alors, à sa tête, un conseil composé de vingt-quatre membres élus tous les ans, par moitié, en Assemblée générale et un Bureau composé de trois membres nommés par le Conseil, dont un Président, un Caissier et un Secrétaire.

A cette époque, les Entrepreneurs de Fumisterie étaient, à Paris, au nombre de 129.

En 1841, les fumistes siègent rue Grenier-Saint-Lazare ; en 1849, on

HISTORIQUE. — 10

les trouve rue de la Sainte-Chapelle ; enfin, en 1872, ils prennent possession de l'hôtel des Chambres syndicales de la rue de Lutèce, avec les autres Chambres composant alors le Groupe de l'Industrie et du Bâtiment.

En 1850, les Entrepreneurs de Fumisterie de Paris et de sa banlieue étaient au nombre de 294.

Les Statuts de la Chambre, revisés en 1873 et en 1885, indiquent que le Syndicat a pour but « de se soutenir, de se secourir mutuelle-« ment, de rechercher et de réaliser, pour la prospérité de la profession, « toutes les améliorations qu'elle est susceptible d'obtenir ».

La Chambre a fondé, en 1865, une Société d'Assurance mutuelle contre les accidents résultant du travail. Son bureau était indépendant de celui de la Chambre et a été longtemps présidé par M. GALLI aîné.

Cette assurance, qui ne prélevait aucune retenue sur le salaire de l'ouvrier, a pris fin lors de la mise en vigueur de la Loi nouvelle sur la responsabilité des accidents (avril 1898) et les membres de la Chambre se sont inscrits sur les listes de la *Caisse Commune*, Société d'Assurances fondée par le Groupe de l'Industrie et du Bâtiment et dont M. NICORA, Président actuel de la Chambre, est membre du Comité de direction.

En dehors des nombreuses affaires renvoyées devant les arbitres de la Chambre par le Tribunal de Commerce, les juges de paix de Paris ont désigné des experts spéciaux, membres de la Chambre.

La Chambre a publié un tarif spécial des ouvrages de fumisterie, lequel est arrivé à sa 7e édition. Ce tarif est du petit format, dit *de poche* et contient les ordonnances de la Préfecture de police relatives aux tuyaux de cheminées et aux mesures préventives et secours contre l'incendie.

En 1895, la Chambre admettait un certain nombre de membres correspondants exerçant en dehors du département de la Seine ; il n'en existe plus aujourd'hui, la Chambre ayant décidé, depuis, de rayonner sur le Département de Seine-et-Oise.

La Chambre s'occupe activement des réclamations à faire sur les prix des différentes séries, lorsqu'elles sont nécessitées par l'augmentation des matériaux ou des frais généraux. Telle est la situation actuelle, où les effets de la nouvelle Loi sur les accidents viennent s'ajouter à la hausse des matières premières.

Devant l'attitude de l'Administration qui voulait interdire les métiers à marteau dans Paris et en particulier les ateliers de tôlerie, la Chambre, prenant à cœur les intérêts menacés, a contribué à défendre, en appel et devant le Conseil d'État, l'industrie qu'elle représente et le succès a répondu à ses efforts.

Parant aux difficultés de tous genres qui assaillent l'entreprise, la Chambre a vu sa Commission de propagande redoubler de zèle et augmenter considérablement, par ses soins, le nombre de ses adhérents.

La Chambre subventionne les Cours de métré professés par l'*Union de la Jeunesse française*.

Enfin, depuis 1895, la Chambre a pu réunir à elle, à sa grande satisfaction, les Entrepreneurs de Fumisterie d'usine ; elle cherche à généraliser ce mouvement dans toutes les branches de son industrie, ce qui lui permettrait de former des sections spéciales fort utiles.

Ajoutons que la Commission établie par la Préfecture de police pour l'élaboration des nouveaux règlements concernant les cheminées compte, parmi ses membres, le Président de la Chambre de Fumisterie, désigné à cet effet.

Le nombre des Entrepreneurs de Fumisterie, Chauffage et Ventilation établis dans Paris et les Départements de la Seine et de Seine-et-Oise, est actuellement d'environ 500.

300 de ces Entrepreneurs font partie du Syndicat.

Ci-dessous, nous donnons, dans un tableau synoptique, la composition des Bureaux de la Chambre, depuis sa fondation jusqu'en 1900.

Années	Présidents	Vice-Présidents	Trésoriers	Syndics	Rapporteurs	Secrétaires
1829-30	Cottini		Firino			Fradelizi neveu
1831-32	Alasia		Cottini			Mozzamino
1841-42	Croppi (C.)	Polini (M.)		Tonetti	Tanférani	Fradelizi
1843	Vanoni (X.)	Ravet		Cottini	Mozzanino	Gérard
1844	Tanférani	Polini (M.)		Borani	Lenud	Giacometti
1845	Fradelizi	id.		Croppi (C.)	Yamini	Rianda oncle
1846	id.	id.		Tanférani	Croppi (J.)	Guillaume
1847	Polini (M.)	Croppi (J.)		Fradelizi	Calabrézi	Richard
1848	id.	id.		Carmine	Camuset	Chevalier-Curt
1849	Duvoir (R.)	id.		Barbiéri	Pedon	Compa
1850	id.	Giacometti		Polini (M.)	Lenud	Peretti

Années	Présidents	Vice-Présidents	Trésoriers	Syndics	Rapporteurs	Secrétaires
1851-52	Duvoir (R.)	Giacometti		Croppi (C.)	Geneste	Branca
1853	id.	Polini fils		Branca	Croppi	Borgnis fils
1854-56	id.	id.		id.	Carmine	id.
1857-58	id.	Delaroche	Polini fils	id.	id.	id.
1859-62	Delaroche	Borgnis	id.	id.	id.	Vanoni (J.-B.)
1863-66	id.	Polini	Vanoni (J.-B.)	id.	id.	Peduzzi
1867	id.	id.	id.	Mellerio	id.	id.
1868	id.	id.	id.	Barbiéri	id.	id.
1869-70	id.	id.	id.	id.	Pellissier	id.
1871-72	Polini	Vanoni (J.-B.)	Barbiéri	Milhomme	Croppi	Antondietti
1873	id.	id.	id.	id.	Scazziga	id.
1874	id.	id.	id.	Lépine	Langlois	Rousseau (F.)
1875-79	Vanoni (J.-B.)	Langlois	Milhomme fils	id.	Carmine	id.
1880	id.	id.	id.	id.	Nicora	id.
1881-83	id.	id.	id.	Balli neveu	id.	id.
1884	id.	id.	Rousseau (F.)	id.	Bailla ainé	Nicora
1885	Langlois	Deschaux	Rousseau	Hervé	id.	Bienfait

Années	Présidents	Vice-Présidents Trésoriers	Vice-Présidents	Secrétaires	Secrétaires-Adjoints	Bibliothécaires
1886-87	id.	Rousseau	Deschaux	Bienfait	Bailla ainé	Hervé
1888	Rousseau	Deschaux	Bienfait	Sever	id.	id.
1889-90	id.	id.	id.	id.	Picquenet	id.
1891	Deschaux	Sever	id.	Picquenet	Borgnis	id.
1892-93	Bienfait	id.	Hervé	id.	id.	Cavard
1894	id.	id.	id	Nessi (A.)	id.	Sgrena jeune
1895	Nicora	Delacommune	Picquenet	Belloni	Catti	Balbon
1896	id.	id.	id.	Catti	Belloni	id.
1897	id.	id.	Belloni	id.	Nessi (E.)	id.
1898	id.	id.	id.	id.	id.	Ressiga-Vacchini
1899	id.	Catti	id.	Nessi (E.)	Deschaux fils	id.
1900	id.	id.	id.	id.	id.	id.

Les membres du Conseil d'Administration de la Chambre et du Comité consultatif actuellement en exercice, sont : MM. NICORA, CATTI, BELLONI, NESSI (Emile), DESCHAUX fils, RESSIGA-VACCHINI, *du Bureau;* MM. BRANCA aîné, BUZZINI, COMPA, DERIEPPE, ECHENOZ, FRADELIZI, GALLI aîné, KREBS, MINOGGIO, NESSI (rue Delaborde), PONCINI (rue de la Sourdière), TALAMONA et VOISSET.

Présidents honoraires : MM. LANGLOIS et ROUSSEAU.

M. NICORA est Président de la Chambre depuis l'année 1895.

Les Salaires. — Les salaires des ouvriers fumistes, tôliers et briquetiers ont été constatés, comme on le voit dans le tableau ci-dessous, par suite d'une entente entre patrons et ouvriers, membres des Comités des Commissions mixtes nommés par arrêté ministériel du 19 septembre 1899, en vertu du décret du 10 août de la même année sur les conditions du travail dans les traités passés au nom de l'État.

Cette Commission s'est réunie le 29 septembre 1899 ; elle avait pour Président M. Nicora et, pour Secrétaire, M. Carrière, ouvrier, délégué par les ouvriers de la Corporation.

PROFESSIONS	TAUX DES SALAIRES		DURÉE DE LA JOURNÉE	
	à l'heure	à la journée	été	hiver
Compagnon fumiste ou poêlier		7.50	11	9
Garçon fumiste . . .		4.50	11	9
Compagnon tôlier . .	0.80		10	10
Aide tôlier.	0.45		10	10
Briquetier fumiste . .	0.80		10	10
Garçon briquetier fumiste	0.50		10	10

M. NICORA

PRÉSIDENT DE LA CHAMBRE DES FUMISTES (CHAUFFAGE ET VENTILATION)

CHAMBRE SYNDICALE

DES

Entrepreneurs de Serrurerie et Constructions en Fer

LA SERRURERIE

De gueules à deux clefs, l'une d'argent et l'autre d'or, adossées et passées en sautoir
et liées d'un ruban d'azur, et un chef d'azur semé de fleurs de lys d'or
chargé d'une table couverte d'un tapis fleurdelisé, sur laquelle il y a un sceptre et une main de justice
passés en sautoir et une couronne royale, le tout d'or
et ce chef soutenu d'argent, chargé des deux mots « securitas publica », de sable (*).

HISTORIQUE DU MÉTIER

S i les charpentiers sont, à notre avis, les plus anciens ouvriers de la construction, il est certain que les serruriers les suivirent de près. En effet, après les grottes et les huttes, l'habitation stable apparut ; l'homme pratiqua une ouverture dans ses parois pour son passage et songea, tout aussitôt, à fermer solidement la porte grossière qu'il y plaça, non seulement pour se garantir des entreprises des animaux féroces et des rigueurs climatériques, mais aussi pour mettre à l'abri ses récoltes, ses vêtements et ses armes.

La fermeture qu'il imagina d'abord fut tout ce qu'il y a de plus rudimentaire : les ligatures suffirent. Plus tard, des barres de bois, sortes de fléaux, furent placés à l'intérieur et en travers de la porte, s'enclavant dans des entailles pratiquées dans les montants de la baie. Remarquons,

(*) D'Hozier, *Armorial*, T. XXV, Folio 211.

en passant, que ce système est encore employé de nos jours dans les hameaux perdus du fond de nos campagnes.

Le verrou primitif, progrès déjà considérable que l'on voit apparaître de très bonne heure, était fait d'un morceau de bois équarri ou à peu près ; il glissait dans des coulisseaux de même matière. Cette fermeture fut bientôt perfectionnée de manière à en faire une sorte de serrure. A cet effet, on y ajouta un appendice qui retombait de son propre poids sur la porte. Au droit de ce prolongement, de cette *queue* si l'on veut, une petite ouverture fut pratiquée dans l'épaisseur de la porte et une tige de bois, plus ou moins recourbée que l'on introduisait de l'extérieur, attirait ou repoussait le verrou pour l'ouvrir ou le fermer. Cette tige, toute grossière qu'elle était, était une véritable clé et c'était la clé dite Lacédémonnienne chez les Romains, probablement parce que le système que nous venons de décrire avait été imaginé à Lacédémone.

Le premier pas était fait ; de là à tailler le dessous du pène du verrou de petites encoches, il n'y avait plus beaucoup de chemin à faire. Aussi y arriva-t-on assez vite ; dès lors, les *barbes du pène* n'étaient plus à découvrir.

Les Egyptiens, qui étaient en pleine civilisation bien avant les temps indiqués par la tradition et les écrits sacrés, connaissaient et employaient largement le fer ; on a trouvé, dans les fouilles entreprises dans ce pays, des tombeaux du temps des premières dynasties ; sur les murailles de l'un d'eux sont représentées des scènes industrielles et, entre autres, un atelier de fonderie dans lequel le métal figuré est peint en bleu, couleur conventionnelle de fer.

Nous connaissons la serrure en bois des Egyptiens ; il y a, dans cette sorte de fermeture, toute une complication de chevilles répondant à une disposition spéciale de la clé qui a certainement inspiré l'inventeur de la serrure à pompe.

Une peinture, découverte à Thèbes, nous montre une porte à deux vantaux ; elle est fermée par deux verrous horizontaux se rencontrant en sens opposé dans leurs gâches.

Les livres sacrés des Juifs : la Genèse et les Juges, font mention d'une serrure qui, fabriquée partie en bois, partie en métal, comportait une pièce en forme d'écrou dans laquelle la clé se vissait. Cette fermeture ingénieuse existait plus de douze siècles avant J.-C.

Les Grecs et les Romains ferraient leurs portes avec des pivots fonctionnant dans des crapaudines et des bourdonnières ; leurs serrures étaient aussi de bois, comme en Egypte. Mais les clés trouvées à Pompéï ressemblent beaucoup aux clés modernes ; les plus grosses étaient en fer, mais il y en avait beaucoup plus en bronze ; quelques-unes étaient en argent et même en or. Celles-ci, très courtes et délicatement travaillées, se portaient aux doigts, comme des bagues.

Une clé romaine, trouvée dans les environs de Tarare (Rhône) a figuré à l'Exposition de Paris de 1867. Cette pièce remarquable est en fer pour la tige et le panneton, mais la poignée est en bronze et représente Silène assis sur une outre et pressant une grappe de raisin dans ses mains.

Enfin, les clés de ces peuples étaient souvent forées et leur forme nous prouve clairement que les artisans grecs et romains connaissaient l'art de défendre leurs serrures par le moyen des garnitures en *planches,* en *rouets croisés*, etc., etc.

Les Romains fabriquaient des cadenas sphériques qu'ils nommaient *sera ;* cette fermeture portative se suspendait à des pitons ou bien se passait dans les mailles d'une chaîne.

Le forgeron romain ferrait quelquefois la charpente des édifices ; il employait alors, pour ce travail, des gros fers analogues aux nôtres et ayant la forme de nos *étriers,* de nos *équerres*, de nos *queues de carpe*. Il reliait les pierres des murs au moyen de *goujons* et de *crampons* en fer ou en bronze.

Les armoires et les coffres romains étaient ferrés de charnières longues semblables à celles que nous appelons des *couplets*. Le Virgile du Vatican nous montre un coffre ferré de cette manière ; il est fermé par une serrure à auberonière et à moraillon.

Rappelons ici les voûtes et les plafonds de bronze du Panthéon et des Thermes de Caracalla, cités par Rondelet. Ces travaux, d'une conception très hardie, présentaient une quantité d'assemblages et d'ajustements et constituaient des ouvrages importants dépendant de l'art du constructeur métallique, art qui a sans discontinuité, appartenu de droit à celui qui se servait de la forge et de l'étau, c'est-à-dire au serrurier.

*
* *

La civilisation romaine transporta ses œuvres dans la Gaule soumise à ses lois; mais bientôt ravagé par d'incessantes invasions, notre pays fut plongé dans les ténèbres et cet état dura plusieurs siècles. Ses industries, parmi lesquelles on remarquait depuis longtemps la fabrication du fer, disparurent presque entièrement. On ne sait donc rien des ouvriers de la construction et, par conséquent, du serrurier depuis le vᵉ siècle jusqu'au règne de Charlemagne. Encore n'a-t-on à citer, du temps du grand Empereur, que des ferrures ouvragées destinées aux portes d'une église d'Auxerre et les grilles ciselées de Notre-Dame d'Aix-la-Chapelle. Ces ouvrages paraissent être sortis des ateliers des abbayes ; ils ont été exécutés sûrement, du moins, sur les dessins d'artistes religieux. C'est dans les cloîtres, on le sait, que se sont gardées les traditions et les connaissances artistiques et industrielles profondément dédaignées par les envahisseurs et oubliées par un peuple abruti sous la conquête des barbares.

Ce n'est qu'au xiiᵉ siècle que le serrurier réapparaît avec les artisans des autres métiers et qu'il prend une véritable importance. A la fabrication des ferrures ordinaires et élémentaires des bâtiments, il ajoute la confection de pièces d'art et enrichit nos monuments, églises et châteaux, d'ouvrages intéressants et très souvent d'un goût très pur, tout en restant sincère et même naïf.

Nous devons citer, parmi les spécimens les plus connus de l'art du serrurier des xiiᵉ et xiiiᵉ siècles, les grilles du chœur de l'église de l'ancienne abbaye de Conques (Aveyron), les grilles et les ferrures des églises de Rouen, de Saint-Quentin, de Reims, de Saint-Martin d'Angers, de Saint-Saturnin, de Neuvy-Saint-Sépulcre, de Mantes, etc., etc. L'une des plus anciennes grilles à brindilles et à ornements forgés se trouve dans l'église du Puy-en-Velay ; Viollet-le-Duc l'a dessinée dans son *Dictionnaire d'Architecture,* tome VI, pag. 56.

Les pentures des portes de la Cathédrale de Paris sont de vraies merveilles ; aussi ces admirables ferrures ont elles été attribuées au fameux Biscornet, la gloire de la serrurerie, qui avait contracté un pacte avec le Diable auquel il avait vendu son âme. Seule, la porte qui livrait passage au Saint-Sacrement s'obstina à ne pas vouloir recevoir ces ferrures. On la laissa donc inachevée et ce n'est que de nos jours que l'excellent serrurier Boulanger put maîtriser la menuiserie rebelle. Il copia, avec un rare bonheur, les pentures de Biscornet et les mit en place sans difficulté. Ces ferrures, au nombre de huit, lui ont été payées six mille francs pièce et lui ont valu la croix de la Légion d'honneur.

Réaumur parle longuement et avec les plus grands éloges de ces pentures ; il soupçonna Biscornet d'avoir connu l'art de fabriquer du *fer moulé* ayant la qualité et l'apparence du *fer forgé*. Mais les anciennes pentures de Notre-Dame ont été certainement fabriquées à la main et sur l'enclume malgré l'énorme quantité de soudures dont elles sont littéralement couvertes ; en effet, ces soudures sont tellement rapprochées que l'on peut dire qu'elles sont les unes sur les autres. Le procédé employé pour souder ainsi à chaude portée, constituait une difficulté presque insurmontable et un secret que Boulanger retrouva et mit habilement en œuvre.

*
* *

La charpente en bois, du moyen-âge jusqu'au xvi⁽ siècle, n'était nullement ferrée : « Les charpentiers de ces époques, dit Viollet-le-Duc, ne cherchèrent d'autres combinaisons que celles données par le judicieux emploi du bois, sans le secours de ferrements. » Cependant, l'église de la Sainte-Chapelle de Paris, construite en 1242 par Pierre de Montereau, eut ses murs reliés par des chaînages composés chacun d'une suite continue de crampons forgés, à œils et à talons pour s'agrafer les uns dans les autres et ses charpentes furent quelque peu garnies de ferrures.

Ce ne fut qu'au xv⁽ siècle que l'on fit des chaînages analogues à ceux que nous employons aujourd'hui. C'étaient des barres de fer plat ou carré, en plusieurs parties, assemblées généralement à traits de Jupiter ; les ancres étaient apparentes et souvent ouvragées, formant ainsi des motifs de décoration extérieure sur les façades des maisons.

Au xv⁽ siècle, les ferrures sont plutôt découpées que forgées et c'est une décadence de l'art. Cette mode, importée des Flandres et de l'Allemagne, dénote un goût moins pur. Ces pièces ont donc beaucoup moins de valeur au point de vue artistique ; cependant, elles sont souvent d'un très bon dessin ; on les posait sur des toiles, des cuirs ou des feutres et non pas directement sur le bois. Telles sont les pentures de l'église d'Ebreuil, dans l'Allier ; on peut les voir encore. Elles sont placées sur des peaux peintes en rouge. Pour la première fois, on signale, de cette époque, des serrures à deux tours dont les clés sont taillées en *peignes ;* ces serrures affectent des formes différentes : à *bosse,* etc., etc.

*
* *

Au xvi⁽ siècle, l'art du serrurier est à son apogée. Cet artisan produit des chefs-d'œuvre, aussi bien au point de vue de la mécanique raisonnée que de la décoration. Ses serrures sont ornées de fleurs et de feuilles, de sujets symboliques, d'armes seigneuriales, de figurines et même de scènes mythologiques ou historiques ; ses clés sont souvent de forme exquise et de vrais bijoux. La ciselure de ces objets est exécutée par le serrurier lui-même ; ce fait est souvent facile à constater.

Une quantité de menues ferrures qui figurent aujourd'hui dans la nomenclature des pièces dites de quincaillerie de bâtiment deviennent alors, sous la main des praticiens habiles, autant d'objets curieux et aujourd'hui recherchés. Tels les verrous, les targettes, les loquets, marteaux et heurtoirs de portes avec leurs plaques historiées, les paumelles, les entrées de serrures, etc., etc., que l'ouvrier découpe à jour et décore de chiffres et d'armoiries.

Pour fixer ses ferrures, le serrurier forgeait et ciselait des clous d'ornement dont les têtes étaient en pointe de diamant ou bien figuraient des coquilles, des fleurs de lis, des statuettes même. Souvent, ces clous d'attache reposaient sur des rosaces repoussées au marteau, ce qui leur donnait une plus grande valeur décorative.

Nos Musées ont recueilli une multitude d'ouvrages dus au serrurier d'autrefois. Ces travaux sont, le plus souvent, considérés comme de véritables objets d'art ; ils ont, chose remarquable, un cachet d'individualité fortement accusé. Aucune pièce du même genre et de la même époque ne ressemble à une autre pièce ; chacune d'elles a son caractère différent ; on reconnaît-là, avec la riche souplesse du génie national, les qualités élégantes de la race française.

Ajoutons que le serrurier ancien a aussi produit des pièces remarquables destinées au service domestique, commercial ou religieux et citons : les armatures de puits, les enseignes et leurs supports, les landiers des hautes cheminées d'autrefois, les torchères, les croix de clochers, les supports de lutrins, de cuves de fonts baptismaux, etc., etc.

A partir du XVIe siècle, l'artisan dont nous nous occupons enrichit ses œuvres d'ornements en tôle repoussée au marteau. Il ajoute donc à ses titres de sculpteur, de ciseleur et de graveur, celui de repousseur.

C'est au XVIIe siècle que nous voyons apparaître les magnifiques rampes, balcons et balustrades dont il nous reste encore, fort heureusement, tant de superbes spécimens dont la composition et l'exécution sont si remarquables. Les grilles sans rivales, en fer forgé et poli de la Galerie d'Apollon, au Louvre, appartiennent à cette époque.

Les merveilleuses grilles de Nancy ont été exécutées en 1760 sur les dessins du maître Jean Lamour, serrurier de Stanislas, roi de Pologne et duc de Lorraine et de Bar. Rien n'est comparable à l'élégance de ces grilles, si ce n'est la richesse de leur ornementation, du plus capricieux, mais du plus pur style Louis xv.

Les grilles de Saint-Ouen de Rouen sont du même temps, ainsi que la grande grille du Palais-de-Justice de Paris.

*
* *

Après avoir été longtemps délaissée et remplacée par des ornements de fonte, souvent d'un goût déplorable surtout sous l'Empire, la Restauration et le règne de Louis-Philippe, la serrurerie d'art a repris aujourd'hui la place légitime qu'elle doit occuper et cela, grâce à d'habiles ouvriers qui ont su égaler leurs devanciers. Nous devons à ces artisans ou plutôt à ces artistes contemporains, de très beaux ouvrages forgés et repoussés pouvant être comparés, souvent avec avantage, aux plus belles créations des siècles antérieurs.

En même temps qu'il opérait cette intéressante résurrection, saluée par les vrais amis du beau, le serrurier se transformait en ingénieur-constructeur. Dès 1811, la Halle aux blés de Paris (aujourd'hui Bourse du Commerce) fut couverte d'un grand comble en fer, dont le travail fut trouvé admirable. Cette coupole, de 42^m de diamètre, a été construite sur les dessins de Brunet, par le serrurier Roussel.

D'autres travaux importants, de diverses natures, furent exécutés dans la première partie du xixe siècle, à l'aide de *fers composés* ayant en section la forme d'une croix, d'un T et même d'un double T. On les employa notamment pour les fermes des combles de certains théâtres de Paris, de la Douane de la même ville, etc., etc.

Les forges de la Providence, s'inspirant de la forme que donnaient ces assemblages de fers, fabriquèrent les premières, en 1849, les fers à double T et autres, si employés partout depuis. Aussitôt l'apparition de ces fers de formes spéciales, le serrurier en fabriqua des planchers, des poutres et des pans de fer, des combles, couvrit d'immenses espaces au-dessus des halles et marchés (exemple : les grandes halles de Paris), des gares, construisit des ouvrages de grande allure comme les flèches d'église, les ponts, etc. Enfin, il fit même des édifices tout en fer. L'industrie nouvelle de la charpente métallique prit très vite un énorme développement, si bien que la charpente en bois disparut presque entièrement devant elle.

*
* *

Parmi les anciennes corporations de métiers, on voit officiellement figurer : les *greiffiers*, ou faiseurs de ferrures, les *serreuriers*, ou faiseurs de serrures (l'étymologie du mot serrure nous fait remonter au latin *sera*, déjà cité, qui était aussi le nom d'une barre disposée pour fermer une porte), les *grossiers* ou taillandiers ; ces trois corps réunis en un seul.

Le recueil des règlements d'Etienne Boyleaux, prévôt des marchands de Paris sous Louis IX, renferme des renseignements précieux pour l'histoire de la Serrurerie. On y peut lire, conformément aux traditions d'honnêteté des métiers manuels, que : « nus serreuriers ne puet vendre à Paris serreure neuve se ele n'est garnie de toutes gardes, quar ele est fause. » Il n'est pas permis au serrurier de travailler de nuit comme au maréchal, au grossier, au greffier. Enfin, dans le vieux langage que rappelle la citation précédente, le règlement ordonne que : « il puet estre serreurier à Paris qui veut, pour tant qu'il ait achaté le mestier du roy. »

En 1411, Charles VI donne des Statuts à la Corporation des maîtres-serruriers de Paris établie en corps de jurande et qui avait demandé reconnaissance et protection à ce monarque. Le tout fut accordé, moyennant finance, bien entendu.

L'attrait qu'offrent les travaux du serrurier est tel que plusieurs personnages d'un rang élevé ne se bornèrent pas à suivre avec intérêt l'exécution des ouvrages que cet artisan confectionne. Si Stanislas, duc de Lorraine, se faisait un plaisir de visiter fréquemment l'atelier de son serrurier favori, Louis XVI faisait, de la serrurerie, son plus agréable passe-temps. Le Conservatoire des Arts-et-Métiers garde précieusement le tour et d'autres outils de ce faible et infortuné monarque dont les travaux ornent encore quelques portes et fenêtres du palais de Versailles.

CHAMBRE SYNDICALE

DES

Entrepreneurs de Serrurerie

et Constructions en Fer

DE PARIS ET DU DÉPARTEMENT DE LA SEINE

Fondée en 1830

Jeton de présence des Membres du Conseil d'Administration de la Chambre

La *Société des Serruriers* fut fondée en 1830 ; elle était alors représentée par un Conseil composé de 40 membres élus par moitié tous les ans et par un Bureau composé de 3 membres nommés par le Conseil, dont un Président, un Caissier et un Secrétaire.

Le Siège de la Société, d'abord établi rue de la Mortellerie, fut transporté en 1839, rue du Renard-Saint-Sauveur ; en 1840, rue Grenier-Saint-Lazare ; en 1849, rue de la Sainte-Chapelle, et, enfin en 1872, rue de Lutèce.

La première de ses déclarations est celle-ci : *La Société s'organise dans l'intérêt de tous pour la répression des abus et des désordres qui pourraient troubler la bonne harmonie entre eux et la tranquillité publique.* En 1831 : « les entrepreneurs de serrurerie en bâtiment, par acte passé devant Me Castel et son collègue, notaires à Paris, *se sont réunis en Société de secours mutuels et dans le but de faire les règlements qu'ils jugeront convenables, concernant les membres de la Société* ». Cette Société se compose alors d'un Conseil de trente membres élus par moitié tous

HISTORIQUE. — 11

les ans dans une assemblée générale et d'un bureau composé d'un président, d'un caissier et d'un secrétaire, élus tous les ans par le Conseil.

En 1832, le président était M. Roussel père, serrurier du roi, mort officier de la Légion d'Honneur et que nous avons vu, lors des journées de juin 1848, combattre à la tête d'une légion de la garde nationale. Il fut blessé très grièvement le second jour de cette épouvantable insurrection.

En 1839, la Société recevait déjà des affaires d'arbitrage sur lesquelles elle se prononçait et se prononce encore, à titre gratuit, comme les autres Chambres auxquelles elle se réunit. Actuellement, ces affaires sont au nombre de 120 par an en moyenne, dont la plus grande partie sont conciliées par les soins des arbitres des Commissions judiciaires fonctionnant trimestriellement et prises dans le sein du Conseil de la Chambre.

Le titre actuel de la Chambre est le suivant : *Chambre des Entrepreneurs de Serrurerie et de Constructions en Fer.*

Ci-dessous, un tableau indiquant la composition des bureaux de la Chambre, depuis l'année 1830 jusqu'à l'époque actuelle :

ANNÉES	PRÉSIDENTS	VICE-PRÉSIDENTS	TRÉSORIERS	SECRÉTAIRES
1830-31	Turquois		Travers	Leturcq
1832	Roussel		Margot	Jacquemart (St-Denis)
1833	Rouillé		Petit	Jacquemart (d'Assas)
1834-35	Bellemère		Turquois	Aublet
1836	Rouillé		Guérin	Jacquemart (d'Assas)
1837-38	Touffner		Roussel	Poitier
1839	Roussel		Pérignon	Fleuret
1840	Desbrosses		Aubouin	Demay
1841	Aublet		Decloux	Fleuret
1842	Roussel		Chalumeau	Demay
1843	Aublet		Baudrit	G. Jacquemart
1844	id.		Deschard (Tivoli)	Batelier
1845	Roussel		Michon	Demay
1846	Michon		Demay	Leturc fils
1847	Roussel		Pérignon	id.
1848	id.	Aublet	Demay	Chauvin
1849	id.	Demay	Chauvin fils	Brou
1850	id.	id.	id.	Jouault

ANNÉES	PRÉSIDENTS	VICE-PRÉSIDENTS	TRÉSORIERS	SECRÉTAIRES
1851-54	Roussel	Demay	Dufour	Baudrit fils
1855-57	Demay	Dufour	Baudrit fils	Saint-Laurent fils
1858	Dufour	Bertrand	id.	id.
1859-61	id.	id.	Jouault	id.
1862	id.	Saint-Laurent	id.	Aublet
1863	id.	Hanriot	id.	id.
1864	id.	id.	Lecossois	id.
1865-66	id.	id.	id.	Gignou
1867	Hanriot	Gignou	Logeard	Duchesnay
1868-73	Gignou	Bertrand (Frédéric)	id.	id.
1874-77	id.	id.	id.	Bardin
1878-80	id.	id.	Bardin	Préaut
1881	id.	Bardin	Paillard	id.
1882-83	id.	id.	Bisson	id.
1884-86	id.	id.	Lorphelin	Ducros
1887	id.	Leclère, Lorphelin	Cochelin	Dufrêne
1888-89	id.	id.	id.	id.	id.
1890	id.	id.	id.	id.	Barbot
1891-93	Leclère	Cochelin, Barbot	Borlot	Bergerot
1894	id.	Barbot, Borlot	Lorphelin	id.
1895	Barbot	Borlot, Lorphelin	Dufrêne	id.
1896	id.	Lorphelin, Bergerot	id.	E. Borderel
1897-98	id.	id.	id.	Brousse	id.
1899	Lorphelin	E. Borderel, Bardin	id.	Perault fils
1900	id.	id.	id.	id.	id.

M. LORPHELIN, président actuel de la Chambre, est officier d'Académie. Il a été nommé tout récemment secrétaire du Conseil d'administration du Groupe.

La Chambre a fondé, en 1887, une Société mutuelle d'assurance contre les accidents. Cette Société a fonctionné jusqu'en 1899, époque où elle a disparu, la Chambre faisant partie maintenant de la *Caisse Commune* dont nous avons parlé précédemment.

Deux écoles professionnelles ont été créées en 1893. Elles sont installées avenue Duquesne et boulevard Diderot ; leur situation est très florissante ; elles ont pour directeur M. Paul LANDRY fils. Un Conseil de surveillance lui est adjoint ; il est composé de dix membres du Conseil.

Le nombre des entrepreneurs de serrurerie faisant partie du syndicat est de 340 et celui des entrepreneurs en général pour Paris et le département de la Seine est de 1600.

La Chambre de Serrurerie et de constructions en fer a obtenu diverses récompenses aux Expositions universelles et des villes ; c'est ainsi que celle de Bordeaux lui a décerné, en 1895, une grande médaille d'or.

Enfin, elle a créé, en 1898, un Bulletin paraissant tous les deux mois et donnant le compte-rendu *in-extenso* des réunions de son Conseil et de ses assemblées générales.

Le Conseil d'administration de la Chambre est ainsi composé pour l'année 1900 :

MM. LORPHELIN, BORDEREL (E.), BARDIN, BROUSSE, PERAULT, BARRE, BERGEOTTE fils, BERGEROT, BERNARD, BOULINE, CARTIER Emile, CHARPENTIER, CHIGNOL-DEBOVES, CHOCARNE, DUBOIS, DUCROS (Georges), DUFRÈNE, membre de la Chambre de Commerce, GRANON, LANDRY (P.), MANCHELLE, MAZETIER, MICHELIN, MOISANT, vice-président de la Chambre de Commerce, MOUTIER, STŒKEL.

M. BARBOT, président honoraire.

La corporation s'honore de compter, parmi ses membres, en dehors des notabilités qui font partie de la Chambre de Commerce et dont nous venons d'indiquer les noms : MM. SOYER, président de section au Tribunal de Commerce, THOMAS et BORDEREL, juges au même Tribunal, ARNOULT-GUIBOURGÉ et BARDIN, membres du Conseil des Prud'hommes.

ARMES DE LA CORPORATION DES SERRURIERS EN 1700
(*Dessin de M. Fr. Husson*)

M. LORPHELIN

PRÉSIDENT DE LA CHAMBRE DES SERRURIERS ET CONSTRUCTEURS EN FER

CHAMBRE SYNDICALE

DES

Entrepreneurs de Peinture et Vitrerie
Doreurs
et Marchands de Papiers Peints
détaillants

LA PEINTURE, LA VITRERIE, LA DORURE ET LES PAPIERS PEINTS

D'azur, à trois écussons d'argent, fleur de lys d'or (*)

LA PEINTURE

++++++++

HISTORIQUE DU MÉTIER

ANS remonter aux époques les plus reculées de l'histoire, où l'on voit tous les peuples policés faire usage de la peinture à l'encaustique et à la détrempe pour décorer leurs édifices, souvent aussi bien à l'intérieur qu'à l'extérieur, nous aborderons l'époque du moyen-âge où la peinture fut très employée pour la décoration intérieure des monuments religieux et des châteaux.

(*) D'HOZIER, *Armorial*, texte XXIV, Fol. 449.

Sous les Carlovingiens, les églises étaient complètement peintes, murs et voûtes. La cathédrale de Reims et beaucoup d'autres églises de cette époque furent ainsi embellies de très bonne heure. Mais ces peintures ne consistèrent guère, en premier lieu, qu'en badigeonnages blancs ou jaunâtres sur lesquels les artistes de ces temps éloignés appliquaient des dessins en ton d'ocre. Ces *imagiers* d'autrefois, dont s'occupent les règlements d'Etienne Boyleaux, peuvent être considérés comme les peintres d'attributs d'aujourd'hui. Le peintre en bâtiment n'existait pas alors, les constructions privées étant revêtues de tentures à l'intérieur et de lambris en bois naturel.

Plus tard la peinture polychrome prit une certaine extension ; les artistes chrétiens en tirèrent parti, surtout pendant les premiers temps de l'architecture ogivale. Les vitraux peints doivent être regardés comme une forme particulière de la polychromie.

Au xiiᵉ siècle, dit Viollet-le-Duc, les tons s'étaient harmonisés ; les couleurs dominantes étaient en outre de l'ocre jaune : le brun rouge clair, le vert, le rose, le violet, le bleu. L'or était employé en points brillants et cette sobriété ne faisait que rendre la décoration plus remarquable. Mais cet art, qui constitue la peinture monumentale, tomba bientôt en désuétude et, à l'époque de la Renaissance, il était complètement délaissé pour ne renaître que de nos jours.

Les divers procédés employés à cette époque étaient la peinture *à la colle, à l'œuf* et beaucoup plus tard à *l'huile.* On doit à Théophile le moine ou le prêtre, écrivain du xiiᵉ siècle. un ouvrage (*) dans lequel il traite de la peinture, des couleurs à employer sur murs, toile, bois, vélin, de l'art de peindre sur verre, des mosaïques à cristaux colorés, de l'orfèvrerie, de l'art de nieller, etc... Il y donne une recette pour mêler les couleurs avec l'huile de lin et pour les sécher sans les exposer au soleil.

Les peintures anciennes, quel que fut le procédé employé, étaient habituellement recouvertes d'un vernis composé de gomme arabique dissoute à chaud dans l'huile de lin, ce qui leur donnait un éclat extraordinaire.

(*) Cet ouvrage intitulé : *Diversarum artium schedula*, a été imprimé à Brunswick en 1781, et traduit parmi l'ESCALOPIER en 1843.

En 1335, le roi Charles v donnait l'ordre de réparer son château de Vaudreuil. Il nous est resté de ce fait historique un devis dressé par Jehan Coste, et ce travail nous a prouvé que la peinture à l'huile était appliquée à cette époque en France.

Au temps de Daviler, architecte célèbre qui publia en 1646 un cours d'architecture très estimé, on employait : le *blanc de céruse* broyé à l'huile et détrempé avec un *poisson* d'huile de noix par livre ou un *demi-poisson* avec autant d'huile de térébenthine, le *blanc de Rouen*, qui s'employait à la détrempe avec la colle de gants pour les premières couches ou couches de fond, la seconde couche étant faite en blanc de céruse.

Le *blanc de Carmes*, inventé par les Carmes déchaussés qui en faisaient un commerce lucratif en même temps qu'ils débitaient l'eau de mélisse, servait au badigeon à la chaux. On y ajoutait de l'alun ; après l'application de cinq ou six couches de cette peinture sur les murs, on y passait la main garnie d'un gant pour la rendre luisante ; on obtenait ainsi le brillant du marbre poli. L'*ocre jaune* s'employait aussi bien à l'huile qu'en détrempe ; la *couleur olive* était faite d'un composé d'ocre jaune, de blanc et de noir de charbon. Le *brun rouge*, le *bleu*, le *vert de montagne*, le *vert de gris*, couleurs citées par Daviler, étaient employées avec l'huile de noix que l'on préférait à l'huile de lin. Comme siccatifs, on employait l'huile grasse, la mine de plomb et la couperose. Pour les bois apparents, on les vernissait avec une composition de gomme adragante et d'esprit de vin, après y avoir passé une colle de gants. On faisait aussi un vernis d'huile grasse et de litharge bouillies ensemble, lorsque les endroits à peindre étaient humides et pour le dehors.

La fabrication du *blanc de céruse*, qui est la base première de la peinture, a été notablement améliorée depuis le commencement du xixe siècle, tant au point de vue des procédés d'affinage et de la blancheur, qu'à celui de l'hygiène et de la préservation pour les ouvriers des redoutables effets de ses émanations qui se traduisaient en coliques saturnines, lesquelles faisaient un grand nombre de victimes. Grâce à ces progrès, la mortalité disparut presque totalement dans les ateliers.

Dès la fin du siècle dernier, un manufacturier de Dijon, nommé Courtois, fit connaître à Guyton de Morveau la possibilité de remplacer les sels de plomb dont est composé le *blanc de céruse* dans son application à la peinture. Ce chimiste préconisa l'emploi du *blanc de zinc*, mais son prix de revient relativement élevé et la difficulté de trouver un siccatif ne contenant pas de plomb, rendit longtemps ses efforts inutiles.

Le *blanc de zinc*, très estimé à cause de sa fraîcheur de teintes, ce qui lui a fait donner le nom de *blanc de neige*, est de moindre densité que le blanc de céruse. Son infatigable propagateur et l'inventeur des procédés économiques de sa fabrication, le regretté Leclaire, a été récompensé de sa belle initiative. Elle lui a valu en 1850 le prix Montyon et plus tard la croix de la Légion d'Honneur pour services rendus aux ouvriers peintres par l'emploi de ce nouvel agent tout à fait inoffensif.

La peinture à la colle employée jusque dans la première partie du XIX⁰ siècle, à cause de sa fraîcheur, a été remplacée par la peinture à l'huile ; l'affinage du blanc de céruse et l'apparition du blanc de zinc ont puissamment contribué à cette substitution, ce dernier produit rivalisant de beauté de tons avec la peinture à la colle et offrant plus de solidité.

Les *vernis* ont été aussi fortement améliorés dans leur fabrication ; ils sont plus beaux et plus durables qu'autrefois.

*
* *

La peinture en décors, parvenue de nos jours à un grand degré de perfection et dont on abuse quelquefois, était connue au XV⁰ siècle. Daviler recommande de ne point peindre en marbre ce qui n'en peut être effectivement, comme les vantaux de portes et les *guichets* des croisées. On imite le bronze de trois manières, dit-il, savoir : rougeâtre, jaunâtre et verdâtre et il ajoute : on fait la poudre de bronze avec le cuivre battu et bronzé ; pour lui donner la couleur rouge, on la mêle au rouge brun; pour la jaunir et la verdir, on y incorpore de l'ocre et du noir d'os.

LA DORURE

HISTORIQUE DU MÉTIER

La dorure, connue des Romains, puisque Pline la décrit et nous apprend qu'il y avait des batteurs d'or à Rome, se pratiquait en fixant les feuilles d'or sur une préparation dont la base était l'ocre et le rouge brun. Deux impressions étaient faites sur les bois, trois sur le plomb. Mais sur le fer, on en donnait cinq ou six, dont la première était de blanc fort léger et les autres d'ocre ou de rouge, après quoi l'or était posé. Quant à l'or bruni sur les bois, on appliquait d'abord sur la surface à dorer cinq ou six couches légères de blanc, puis une assiette composée de bol d'Arménie.

Au moyen-âge et à l'époque de la Renaissance, l'or fut largement employé pour augmenter le luxe des décorations intérieures.

Aujourd'hui la dorure se fait de deux façons : à l'eau ou à l'*huile*. Ce sont des opérations longues et très délicates ; le premier système emploie l'eau et la colle et le second l'huile.

LA VITRERIE

D'argent à une face en devise alaisée de sable, accompagnée de trois losanges d'azur
deux en chef et un en pointe (*)

HISTORIQUE DU MÉTIER

Les verres à vitres, depuis longtemps connus, puisque Senèque en parle et que l'on a découvert un châssis garni de vitres dans les fouilles d'Herculanum, étaient peu employés au moyen-âge. Cependant, d'après les ouvrages de Saint-Jérôme cités par J. Girardin, on peut faire dater l'emploi des verres à vitres du IIIe siècle ; il était en pleine vigueur au VIe.

Les invasions des barbares avaient anéanti la verrerie de luxe, mais la France et l'Italie conservèrent l'art de fabriquer le verre commun et les vitres. Néanmoins, comme nous venons de le dire, l'emploi des vitres de verre était fort restreint, probablement à cause de leur prix élevé, car on voit encore au XIIe siècle les croisées garnies de carreaux de papier huilé.

Au XVIe siècle, on connaissait deux sortes de verres à vitres : le *commun* et le *blanc*. On les enchâssait dans des plombs pour les travaux considérables ; ceux des moindres logis étaient *mis en papier*, c'est-à-dire arrêtés par des bandes collées, le mastic étant ou inconnu ou non employé à cette époque.

(*) D'Hozier, *Armorial*, Texte XXV, Fol. 540.

Vers le milieu de ce siècle, le duc de Northumberland, quand il quittait son château, faisait fermer les volets pour pouvoir enlever les vitres que l'on plaçait en lieu de sûreté. Elles étaient donc regardées par ce seigneur comme des objets de luxe.

En 1781, l'*Encyclopédie* cite encore la corporation des *chassissiers* qui collaient les papiers huilés aux fenêtres ou qui vitraient avec des bandes de papier.

LES PAPIERS PEINTS

HISTORIQUE DU MÉTIER

Tout le monde sait que cette industrie, comme tant d'autres, nous vient de la Chine. La décoration souvent très artistique que procure à nos appartements la tenture en papier, est économique et elle aide à l'hygiène des habitations ; en effet, elle ne couvre plus les murailles que d'un revêtement facile à remplacer et qui ne cache plus, comme les toiles peintes et les anciennes tapisseries, des amas de poussières insalubres et des insectes malfaisants.

Les Hollandais ont importé les papiers chinois en Europe ; mais c'est Rouen qui a eu l'honneur de compter la première manufacture française de papiers peints, établie dans ses murs vers la fin du xviie siècle. On sut de bonne heure y fabriquer des papiers veloutés. C'est à Réveillon que Paris doit l'existence de cette industrie, importée dans la capitale quelques années avant la Révolution. Ce célèbre industriel avait installé ses ateliers rue de Montreuil, au faubourg Saint-Antoine. En 1784, sa fabrique fut déclarée manufacture royale ; elle comptait plusieurs centaines d'ouvriers à la Révolution.

Depuis lors, bien que la fabrication des papiers peints se pratique à peu près dans toutes les villes d'Europe, Paris est resté le centre principal de la production et n'a pas cessé de créer des papiers de tenture d'une supériorité éclatante, surtout au point de vue de l'élégance des dessins.

✿✿✿✿✿✿✿✿✿✿✿✿✿✿✿✿✿✿✿✿✿✿✿✿

CHAMBRE SYNDICALE

DES

Entrepreneurs de Peinture et Vitrerie
Doreurs
et Marchands de Papiers Peints

détaillants

Fondée en 1831

Jeton de présence des Membres du Conseil d'Administration de la Chambre

Cette Chambre a été fondée en 1831 ; mais à cette époque, elle portait le titre de *Société des Entrepreneurs de Peinture et Vitrerie.*

Le nombre des membres du Conseil était alors de 28, avec M. Des-fammes comme président. Le siège de la Société était, en 1839, rue du Renard-Saint-Sauveur. En 1841, elle est installée rue Grenier-Saint-Lazare avec d'autres Chambres composant l'ancien Groupe du bâtiment.

En 1840 le titre de la Société est changé ; il devient celui-ci : *Chambre des Entrepreneurs de Peinture et de Vitrerie ;* le Conseil se compose alors de 24 membres.

En 1849, la Chambre a son siège rue de la Sainte-Chapelle, n° 13.

A partir de l'année 1865, la Chambre prend le titre de : *Chambre syndicale des Entrepreneurs de Peinture et de Vitrerie, des Doreurs et Marchands de Papiers peints détaillants.*

Ci-dessous, nous établissons un tableau indiquant la composition des bureaux de la Chambre depuis l'année 1831 jusqu'à l'époque actuelle.

Années	Présidents	Vice-Présidents	Trésoriers	Syndics	Rapporteurs	Secrétaires
1831-38	Desfammes		Trubert			Bailly
1839	Lucas		Bonnot	Auxerre	Martincourt	Gatey jeune
1840	Levolle		id.	id.	Auroy	id.
1841	id.		Pringuet	Boucher-Mazet	id.	id.
1842	Bouchez-Mazet		id.	Lucas (A.)	id.	Betterstroffer
1843	id.		id.	id.	Guilleminot	Gavrel
1844	id.		id.	id.	Augustin	id.
1845	id.		id.	Betterstroffer	Auroy	Doisy
1846	id.		id.	id.	Henriot	Parmentier
1847	id.		id.	id.	Alboy-Rebouet	Duchesne
1848-50	Duchesne		Alboy-Rebouet	id.	Gavrel	Gaulet
1851	Alboy-Rebouet		Gavrel	Gaulet	Bretonville	Lefèvre
1852	id.		id.	Lemelle (J.)	id.	id.
1853-55	id.		id.	id.	id.	id.
1856	Duchesne		Lefèvre	id.	id.	Prévot
1857	id		id.	id.	Gavrel	id.
1858	Alboy-Rebouet		id.	id.	id.	id.
1859	id.	Lefèvre		id.	id.	id.
1860 61	id.	Lefèvre		id.	id.	id.
1862-65	id.		id.	Gavrel	Prévot	Lenoir
1866	Gavrel		id.	Lenoir	Régnier	Voiron
1867-69	Id.		id.	id.	Voiron	Levillain
1870-72	Grenier		id.	id.	id.	id.
1873	id.		id	id.	Decloux	id.
1874	Lefèvre	Lenoir		Decloux	Grelet	Mange
1875	id.	id.		Grelet	Mauge	Rocher
1876	Lenoir	Grelet		Mauge	Rocher	Ducher
1877-79	id.	id.		id.	id.	id.
1880	id.	id.		id.	Ducher	Morin
1881-82	Morin	Mauny		Houppe	Bonnefoy	Châtelain
1883	id.	Houppe		Bonnefoy	Châtelain	Maugas
1884-86	id.	id.		id.	id.	Lemoro
1887-88	id.	id.		Aubrun	Bonnefoy	id.
1889-91	Houppe	Lemoro		Cancalon	Pupil	Belot
1892-97	id.	id.		Aubrun	Manger	Diolé
1898-99	id.	id.		Manger	Diolé	Potain
1900	id.	id.		id.	id.	id.

M. Houppe, officier d'Académie, est, on le voit, le président actuel ; il est en fonctions depuis 1889 et de plus, fait partie du bureau du Conseil d'administration du Groupe en qualité de vice-président.

Les statuts de la Chambre ont été revisés en 1875.

Cette Chambre a établi en 1877, sur l'initiative de M. Lenoir, après un rapport remarquable de M. Morin, une Société d'assurance mutuelle contre les risques des accidents dans les travaux, Société qui a pris fin lors de la mise en vigueur de la loi concernant les responsabilités des accidents du travail, en date du 9 avril 1898 ; elle s'est alors réunie à la *Caisse Commune de l'Industrie et du Bâtiment des Chambres syndicales de la ville de Paris et du département de la Seine,* assurance mutuelle dont M. HOUPPE est membre du Comité directeur.

Aujourd'hui le nombre des membres du Conseil est de 30 et celui des adhérents de la Chambre de 300. La cotisation annuelle est de 20 fr.

Le bureau de la Chambre est ainsi composé pour l'année 1900 :

MM. HOUPPE, LEMORO, MANGER, DIOLÉ, POTAIN.

MM. LENOIR et MORIN, *présidents honoraires.*

Les membres du Conseil sont : MM. HOUPPE, LEMORO, MANGER, DIOLÉ, POTAIN, BARDOU, BESNARD, BOULAINE, BRUÈRE (Louis), COLLANTIER, CORNET fils, COUVE, DELASSUE, DOLBAU, HALLOUIN, HAZELER, JOSSERAND, LEBEAU, LECLERC (G.), LEFÈVRE (rue de la Boétie), LEFÈVRE (rue N.-D.-de-Lorette), LENOIR fils, MARTIN fils, PHILIPPOT, RIGOLOT, THIÉBAUT, VALADIN, WERNET.

M. HOUPPE

PRÉSIDENT DE LA CHAMBRE DES PEINTRES, VITRIERS, DOREURS, ETC.

CHAMBRE SYNDICALE

des Transports

LES TRANSPORTS

D'argent et d'azur, à deux roues de gueules, un bateau d'argent.

HISTORIQUE DU MÉTIER

L'INDUSTRIE des transports, chez les peuples anciens, nous est à peu près inconnue. Nous savons cependant que les Romains avaient mis leur capitale en communication avec les plus grandes villes de l'Empire et que leurs routes étaient parfaitement construites et merveilleusement entretenues. Nous connaissons aussi les véhicules qui servaient à transporter leurs marchandises, tels que : les chariots à deux roues pleines qu'ils nommaient *plaustrum*, *plaustrum magis*, *sarracum*, etc. « Un long sapin, dit Juvénal (Sat. III), « arrive sur un *sarracum*; un autre chariot traine un pin entier; ils « balancent leur masse énorme et menaçent les passants. Si l'essieu « d'une voiture chargée de pièces de marbre vient à se rompre et laisse « tomber cette montagne de pierre sur la foule, que de corps broyés! »

Il y avait aussi les voitures à roues évidées: les *carrus*, *clabulare*, celui-ci vaste et découvert, le *camuli*, sorte de haquet employé pour transporter les matières pesantes comme les blocs de marbres, des obélisques et colonnes, etc.

Toutes ces voitures étaient découvertes ou non, et traînées par des chevaux, des mules ou des bœufs. Mais, en dehors du *mulio* (cocher et conducteur de mules), nous ne connaissons point l'artisan de l'industrie des transports par voie de terre.

Pour la batellerie romaine, c'est autre chose ; nous y rencontrons le *naviculator*, armateur qui transportait les marchandises et les passagers sur les vaisseaux dont il était, en même temps, le propriétaire et le capitaine (Tacite, Ann. XII, 55) et l'*Equiso nauticus*, ouvrier qui faisait, à l'aide de cordages, remonter les courants de rivières aux bateaux. C'est le hâleur d'aujourd'hui.

Les vaisseaux marchands étaient : le *navis oneraria*, bâtiment de charge employé au trafic, lourdement construit, à quille ronde, entièrement ponté et toujours disposé pour ne marcher qu'à la voile, sans rameurs, contrairement aux *galères* à un ou plusieurs rangs de rames. Un navire de ce genre est représenté sur un monument funèbre de Pompéi.

*
* *

Dans les pays habités autrefois par les Assyriens et d'autres grands peuples disparus, c'est-à-dire vers les contrées où florissaient Ninive, Babylone, Suse, Persépolis, les *kellecks*, sortes de radeaux de bois portés par des outres et servant au transport des voyageurs et des marchandises (notamment sur le Tigre), n'ont aucunement changé de forme : ils sont tels aujourd'hui qu'ils étaient il y a deux mille ans et plus. Tout est immuable en Orient.

*
* *

Les Gallo-Romains avaient des voitures de transport semblables à celles de leurs conquérants et elles avaient des noms semblables.

Sous le règne de Tibère, il existait déjà des associations de bateliers (ou *nautæ*) sur presque toutes les rivières navigables de la Gaule. Les *nautæ* de Paris devinrent par la suite la *confrérie des marchands par l'eau*.

Sous les Carlovingiens, on voit Louis-le-Débonnaire prendre sous sa protection les négociants de France, de Bourgogne, d'Italie, de Bavière, qui viennent au palais d'Aix-la-Chapelle ; il leur nomme un chef, défend à ses collecteurs et éclusiers de percevoir des droits de douane sur eux et, à tous seigneurs de les inquiéter, de leur réclamer ou enlever injustement quoi que ce soit, de réquérir leurs barques, etc., sous prétexte de service public.

Au xiiie siècle, on signale l'exportation des vins de France et on nous montre les Français de ce temps-là fiers de leurs vendanges et heureux d'avoir l'étranger pour tributaire.

Mais les transports par terre étaient peu importants et l'on comprendra facilement pourquoi. Les routes de cette époque étaient dans le plus fâcheux état, leur entretien étant laissé au bon plaisir des villes ou même des marchands plus ou moins intéressés à l'état de leur viabilité. De plus, elles étaient peu sûres, les seigneurs féodaux allant jusqu'à piller les marchands qui passaient à portée de leurs châteaux-forts.

*
* *

La profession était libre, c'est-à-dire non assujettie aux règlement des métiers ; elle n'était tenue qu'aux règlements de police.

Un arrêt du Parlement, du 10 juin 1633, ordonne aux charretiers de Paris de ne pas se servir de leurs charrettes pour voiturer le bois à brûler, s'il n'est de longueur convenable et leur défend d'empêcher les bourgeois de se servir de leurs propres chariots, à peine du fouet.

En 1661, une ordonnance du Bureau de la Ville fait défense : « à tous « voituriers et charretiers travaillans et voiturans tant ès ports de grève « qu'autres ports de cette ville, d'établir entre eux aucun *rung* (rang) « pour les voitures, ni d'empêcher les bourgeois de se servir de tels « d'entre eux que bon leur semblera, à peine du fouet. »

En 1672, nouvelle ordonnance qui enjoint aux voituriers par terre : « de se trouver sur les ports aux heures de vente, avec leurs charrettes « et haquets attelés et prêts *à faire les voitures* aux prix de la taxe établie « par le prévôt des marchands ; défense aux dits voituriers d'exiger plus « grands salaires, à peine du fouet », etc., etc.

Ils sont tenus, avec leurs charretiers et garçons, de décharger eux-mêmes leurs marchandises, sous peine d'amende, à l'exception des grains, foins, bois et charbons, à la charge et décharge desquels il y a « officiers préposés. » Il est défendu (art. 21) d'entrer dans le lit de la rivière pour charger les marchandises et les voituriers sont responsables (art. 22) de la perte de leur chargement.

En 1764 il était encore interdit aux charretiers et voituriers de travailler ni faire aucun charroi les dimanches et jours de fêtes, défense renouvelée en 1777 et même en 1814, où on peut lire, dans la loi du 22 novembre : qu'il est défendu « les dimanches et fêtes au charretiers et « voituriers employés à des services locaux de faire des chargements « dans les lieux publics. »

Au commencement de ce siècle, divers établissements de transports étaient connus sous le nom de *roulages, roulages accélérés*. Les conducteurs de voitures étaient dénommés *rouliers*, vieux mot français employé déjà au XVIe siècle par Amyot.

La Restauration rendit plusieurs ordonnances sur le roulage ; les routes, mieux entretenues depuis la taxe de vingt-cinq centimes par poste et par cheval imposée aux transports par le gouvernement républicain, furent dès lors davantage fréquentées.

La police du roulage a, depuis, subi bien des changements ; l'administration a été jusqu'à préciser la dimension des voitures, le poids du chargement, les mesures à prendre pendant la marche, etc., etc. Certaines dispositions règlent les contraventions, de façon à assurer à l'expéditeur les garanties nécessaires vis-à-vis des rouliers et entrepreneurs de messageries.

*
* *

La batellerie était florissante sous l'ancien régime et c'était surtout par les voies fluviales que les denrées et les marchandises arrivaient à Paris.

L'industrie du flottage du bois est due à un sieur Lecointe, chef des œuvres de charpenterie de la ville de Paris. Il la fit connaître en 1545, mais on lui refusa tout appui. Gilles Desfossés, bourgeois parisien, reprit cette idée et organisa une entreprise de flottage qui le ruina complètement. L'un de ses créanciers, Jean Rouvet, de Clamecy, l'appliqua de nouveau en 1549. Cette fois le succès fut complet et l'opération réussit à merveille au grand ébahissement des curieux qui ne pouvaient pas comprendre la marche des trains de bois sur les rivières.

*
* *

Voilà à peu près le passé de l'industrie des transports qui ne compte véritablement que depuis la création des chemins de fer. Aujourd'hui, le trafic de la France dépasse annuellement cent vingt millions de tonnes, contre neuf cent treize millions pour les Etats-Unis, quatre cent trente-sept millions pour la Grande-Bretagne et deux cent soixante-seize millions pour l'Allemagne. Ces chiffres, comparés à ceux des transports d'autrefois, sont véritablement formidables.

Il faut ajouter que la création des chemins de fer n'a pas beaucoup diminué le trafic sur nos routes sur lesquelles la circulation annuelle est d'environ douze milliards sept cent millions de colliers kilométriques, y compris les chemins vicinaux.

✠✠✠✠

CHAMBRE SYNDICALE

des Transports

Fondée en 1832

La Chambre syndicale des *Entrepreneurs de roulage* a été fondée en 1832, sous la présidence de M. E. Blanc. Les entrepreneurs de transport se sont ensuite réunis en Société, sous le titre de *Syndicat général des Transports*.

Cette Société s'est réunie au Groupe des Chambres syndicales de l'Industrie et du Bâtiment, le 16 février 1882 ; elle a pour but de suivre, auprès des Administrations, les demandes et réclamations qui l'intéressent ; de signaler les besoins de son industrie ainsi que les améliorations à y apporter ; de propager la connaissance des lois et règlements concernant les chemins de fer, la navigation et les transports en général ; de régler amiablement les contestations, soit entre confrères, soit entre patrons et employés, soit entre patrons et camionneurs, soit entre confrères et leurs clients. Ces arbitrages sont gratuits, sauf recouvrement des frais généraux.

La Chambre, s'inspirant de ces idées a, à diverses reprises, porté devant l'Administration et le Parlement de justes réclamations ; elle a, notamment, protesté avec énergie contre la loi de 1890 sur les récépissés de la petite vitesse qui a modifié les droits de timbre, etc., etc.

Le siège de la Chambre fut d'abord établi rue de Turenne, 66. Depuis il a été transporté rue de Lutèce.

Son président actuel est M. Tournade, chevalier de la Légion d'Honneur, secrétaire du Conseil d'administration du Groupe.

M. TOURNADE

PRÉSIDENT DE LA CHAMBRE DES TRANSPORTS

Ci-dessous, nous donnons, dans un tableau synoptique, la composition des bureaux de la Chambre, depuis l'année 1882 jusqu'en 1900.

ANNÉES	PRÉSIDENTS	VICE-PRÉSIDENTS	VICE-PRÉSIDENTS-TRÉSORIERS	SECRÉTAIRES
1882-83	Pitoin	Deullin	Camus (E.)	
1884	Camus (E.)	Dommartin	Equer	
1885-86	id.	id.	Goubeau	Camus (G.)
1887-90	id.	Pitoin (A)	id.	id.
1891	id.	Duhamel	id.	id.
1892-94	id.	id.	Tournade	d.
1895	id.	D'Odiardi	id.	id.
1896	id.	Tournade	D'Odiardi	id.
			TRÉSORIERS	
1897	Tournade	Valbaum, G. Camus	Petit	L'Herbier
1898-1900	id.	id. id.	id.	id.

Les membres du Conseil d'administration de la Chambre, actuellement en exercice, sont :

MM. Tournade, Valbaum, G. Camus, Petit, L'Herbier, D'Odiardi, Puthet, Verbrugghe, Miraillet, Lemaire, Rotival et Blondel.

CHAMBRE SYNDICALE

des Miroitiers de Paris

LA MIROITERIE

D'azur, à un miroir d'argent bordé d'or, accosté de deux lunettes d'argent garnies d'or
et surmonté en chef d'une lunette d'approche couchée, de même (*)

HISTORIQUE DU MÉTIER

Sous Louis IX, on fabriquait encore des miroirs de métal absolument comme le faisaient les Romains qui employaient pour cet usage, l'airain, l'étain, le fer bruni et une composition de bronze qui imitait l'argent.

Ce peuple connaissait aussi les miroirs d'argent poli et même les miroirs de verre. A ce sujet, Pline l'Ancien nous apprend que ce furent les verreries de Sidon qui les fabriquèrent les premières ; la réflection de l'image était obtenue par l'addition d'une feuille d'argent ou d'or, et non par l'étamage qui était alors inconnu. Il existait, en outre, de véri-

(*) D'Hozier, *Armorial*, Texte T. XXV, Folio 547.

tables glaces de la hauteur d'une personne : telle était celle de Démosthènes dont parle Quintilien. Ces glaces étaient employées à la décoration des appartements.

Cette industrie disparut complètement pour ne réapparaître en Italie qu'à l'époque de la Renaissance.

Etienne Boyleaux, dans son *Livre des métiers*, dit au chapitre qui concerne les fabricants de miroirs : « Quiconques veut estre ovriers « d'étain, de frémaus d'estain (*), c'est à savoir fesieres de miroirs d'estain, « de frémaus d'estain, de souneites, estre le puet pour qu'il sache le « faire..... » Ces ouvriers fabriquaient aussi des miroirs d'or, d'acier et d'argent polis.

Plus tard les miroitiers prenaient, dans leurs lettres de maîtrise, le titre de *miroitiers-lunetiers,* leur profession comprenant l'optique et la fabrication des verres de lunettes.

Les glaces sont relativement d'un usage récent dans l'Europe moderne quoique leur fabrication, dans ces pays, remonte à une époque relativement ancienne.

L'invention de l'étamage des glaces date seulement du xvᵉ siècle. Cependant, au xivᵉ siècle, nous voyons que l'illustre Gutenberg présenta à Strasbourg trois inventions nouvelles qui devaient figurer à la foire d'Aix-la-Chapelle en 1439. Ces trois inventions étaient : la taille des diamants, la typographie en lettres métalliques et l'*étamage des glaces.*

C'est à Colbert que l'on doit l'importation de l'industrie de la grande miroiterie en France. Attirant de tous côtés les ouvriers étrangers que le funeste édit de Nantes devait bientôt disperser en grande partie, il fit venir des Vénitiens pour fabriquer les glaces. C'est, en effet, à Venise que l'art de souffler, de biseauter et de graver les glaces semble avoir pris naissance dès le xivᵉ siècle. Deux cents ans plus tard, cette industrie était à son apogée et la République vénitienne, jalouse comme l'on sait de ses droits et de ses richesses, rendait les édits les plus sévères contre les ouvriers fugitifs qui allaient porter les secrets de la fabrication indigène à l'étranger. Ils étaient frappés de mort par les émissaires des inquisiteurs d'État.

(*) Fermoirs. L'ouvrier qui fabriquait les fermoirs prenait le nom de *fremailler.*

Cependant, et malgré les périls qu'ils devaient redouter, dix-huit ouvriers furent réunis à Paris et la première manufacture des glaces françaises s'établit dans les bâtiments actuels de la caserne de Reuilly, au faubourg Saint-Antoine. Une succursale fut fondée auprès de Cherbourg et bientôt on put offrir au célèbre ministre une glace de 46 pouces sur 26 (1ᵐ,24 sur 0ᵐ,70), avec une bordure d'argent du poids de 252 marcs, le tout estimé 8.016 livres 10 sols, dans l'inventaire dressé après la mort de Colbert.

Les glaces de la grande galerie des fêtes de Versailles sont de fabrication française.

En 1691, on fabriqua, par le procédé du coulage inventé par Lucas de Néhon, quatre grandes glaces que Louis XIV voulut voir. C'est à cette époque que ce Lucas de Néhon, associé à Abraham Thivart, fonda la manufacture de Saint-Gobain qui cependant, ne fut pour ainsi dire, que la suite d'une ancienne verrerie établie dans la première moitié du xvıᵉ siècle par Marie de Luxembourg, veuve de François de Bourbon-Vendôme.

Les trumeaux et les glaces destinés à la décoration des appartements furent bientôt répandus et l'industrie qui nous occupe prit un tel essor que des manufactures se fondèrent de toutes parts : Saint-Quirin, Commentry, Prémontré, Sainte-Marie-d'Oignies, Montluçon, Aniche, Floreffe, Jeumont, Recquignies eurent les leurs. L'Allemagne, l'Angleterre, la Belgique fondèrent à l'envi des manufactures de glaces.

M. Aug. Cochin, ancien administrateur de la compagnie de Saint-Gobain, dans son ouvrage intitulé : *La manufacture des glaces de Saint-Gobain, de 1665 à 1865*, décrit l'opération du coulage. Nous le laissons parler :

« Quand on entre, pour la première fois, la nuit, dans une de ces
« vastes salles de Saint-Gobain, les fours sont fermés et le bruit sourd
« d'un feu violent, mais captif, interrompt seul le silence. De temps en
« temps, un verrier ouvre le *pigeonnier* du four pour regarder dans la
« fournaise l'état du mélange ; de longues flammes bleuâtres éclairent
« alors les murailles des *carcaises* (orifices des fours), les charpentes
« noircies, les lourdes tables à laminer et les matelas sur lesquels les
« ouvriers à demi-nus dorment tranquillement.

« Tout à coup l'heure sonne, on bat la générale sur les dalles de

« fonte qui entourent le four, le sifflet du chef de halle se fait entendre
« et trente hommes vigoureux se lèvent. La manœuvre commence avec
« l'activité et la précision d'une manœuvre d'artillerie. Les fourneaux sont
« ouverts, les vases incandescents sont saisis, tirés, élevés en l'air à l'aide
« de moyens mécaniques ; ils marchent comme des globes de feu suspendus
« le long de la charpente, s'arrêtent et descendent au-dessus de la vaste
« table de fonte placée avec son rouleau devant la gueule béante de la
« *carcaise*. Le signal donné, le vase s'incline brusquement, la belle liqueur
« d'opale, brillante, transparente et onctueuse tombe, s'étend comme une
« cire ductile. Au second signal, le rouleau passe sur le verre rouge ; le
« regardeur, les yeux fixés sur la substance en feu, écrème d'une main
« hardie et agile les défauts apparents ; puis le rouleau tombe ou s'enlève
« et vingt ouvriers, munis de longues pelles, poussent vivement la glace
« dans la *carcaise* où elle va se refroidir et se recuire lentement. On
« retourne, recommence, sans désordre, sans bruit, sans repos ; la coulée
« dure une heure ; les vases à peine remplacés sont regarnis ; les fours
« sont refermés, les ténèbres retombent, et l'on n'entend plus que le bruit
« continu du feu qui prépare de nouveaux travaux. »

En 1702, d'après M. Cochin, une glace de 4 mètres superficiels valait
2750 francs ; au commencement du XIXe siècle, c'est-à-dire après la Révolution et pendant le blocus continental, elle valait encore davantage, car
elle était cotée 3644 francs. Eh bien, la même glace, grâce aux progrès cons-
tants de l'industrie, ne valait plus, vers 1845, que 204 francs si elle était destinée à la miroiterie et 170 francs seulement si c'était une glace de vitrage.

La transformation d'une glace en miroir se fait en appliquant sur une
de ses faces une mince lame ou couche d'un métal réfléchissant. On étame,
on argente et on platine les glaces en suivant les procédés ci-après :

1° *Étamage des glaces.* — Sur une grande table de marbre ou de
pierre dure d'une planimétrie convenable, on étend une feuille d'étain un
peu plus grande que la glace à étamer ; à l'aide d'une brosse (patte de
lièvre), on rend cette feuille adhérente à la table et l'on enlève tous ses
plis. On mouille l'étain en promenant sur toute la surface de cette feuille
un peu de mercure (cette opération s'appelle avivage); l'étain commence
à s'amalgamer. On augmente la quantité de mercure versée sur l'étain ;
on le maintient sur la feuille à l'aide de petites bandes de verre poli
placées sur les côtés et à l'un des bouts de cette feuille, de façon à avoir
une couche liquide de quelques millimètres d'épaisseur. La table de

marbre ou de pierre est encastrée dans un châssis en bois, muni de rigoles, de façon à recueillir le mercure qui s'écoule.

En tête de la table, l'ouvrier place une petite bande de papier sur laquelle vient se poser le bord de la glace à étamer. Celle-ci est maintenue horizontalement et poussée, de façon à ce qu'elle appuie, dans la couche de mercure, sur la feuille d'étain, déplaçant ainsi lentement devant elle le mercure en excès, en évitant l'interposition de bulles d'air entre la glace et le métal. Cela fait, on charge de poids la glace ainsi traitée ; on incline la table de façon à favoriser l'écoulement du mercure non amalgamé et fixé. Cet égouttage dure vingt-quatre ou quarante-huit heures. On enlève ensuite la glace ; on la place debout dans un égouttoir en l'y maintenant jusqu'à ce que l'étain soit sec, ce qui dure de quinze jours à un mois et même plus, suivant les dimensions des glaces.

Malheureusement ce procédé donne à nos ouvriers des fièvres. Pour combattre l'influence pernicieuse des vapeurs du mercure et les effets de son absorption, on doit ventiler les ateliers d'étamage, favoriser cette ventilation en répandant sur le sol de l'ammoniaque et même faire prendre aux ouvriers des boissons iodurées, d'une façon intermittente.

2° *Argenture des glaces.* — La découverte de l'argenture des glaces revient en somme à Liebig qui, en 1835, observa que l'aldéhyde chauffé avec du nitrate d'argent ammoniacal, revivifie le métal qui couvre alors d'une couche métallique brillante le vase dans lequel s'opère cette réaction. Le procédé employé aujourd'hui a été imaginé par Petitjean, il y a environ 45 ans ; il a été perfectionné par M. M. Brosette.

La glace à argenter est placée sur une table carrée pleine ou à claire-voie bien plane, parfaitement horizontale, disposée dans une pièce chauffée à une température de 30 à 40° centigrades. Sur cette table, on dépose à plat les glaces lavées à l'eau distillée auxquelles on va faire subir l'opération qui remplace l'étamage. La solution argentifère est versée sur la glace ; elle y reste par le seul fait de l'attraction moléculaire des bords de la glace. Sept à huit minutes après que le liquide a été versé, des marbrures d'argent précipité se montrent ça et là ; ces taches brillantes se propagent comme des taches d'huile ; tous les vides se remplissent, toutes les solutions de continuité s'effacent ; en vingt-cinq à trente minutes, la glace est complètement argentée. Alors, sans retirer celle-ci de dessus la table, on l'incline, on la lave au moyen d'une peau de chamois imbibée d'eau distillée afin d'entraîner la partie qui ne s'est pas déposée et qui s'écoule avec le liquide dans une rigole bordant la table. On replace ensuite la glace horizontalement ; on verse sur sa surface une liqueur aussi limpide que la précédente et composée des mêmes éléments, mais qui en diffère par les proportions et, quinze minutes après, un second dépôt destiné à compléter et à renforcer le premier s'étant ajouté, l'argenture de la glace est achevée. On a déposé ainsi à la surface de la glace 6 à 7 grammes d'argent par mètre carré.

Lorsque le dépôt est sec, on le recouvre d'une couche de vernis, puis d'une couche de peinture qui fixe la première. Lenoir a imaginé d'arroser le dépôt d'argent formé sur la glace (avant l'application du vernis et de la peinture), avec une solution étendue de cyanure de mercure et de potassium. Un amalgame d'argent prend alors naissance ; il est plus blanc, plus adhérent que l'argent ; l'excès d'argent rentre en dissolution et est éliminé par un lavage. La teinte de la glace ainsi amalgamée est de beaucoup préférable à celle de la glace argentée ; elle se rapproche davantage, comme aspect, de la glace étamée.

Ce procédé est appelé : amalgamation des glaces argentées.

Outre ces moyens d'argenture, il existe encore le *platinage des glaces*. Ce procédé a été décrit par M. Ladersdorff, qui l'a expérimenté en 1840. Dodé a remis ce procédé à la mode, il y a trente ans. Voici en quoi il consiste :

Deux solutions : 1° essence de lavande et chlorure de platine ; 2° essence de lavande, chlorure de platine et sous-nitrate de bismuth en poudre, sont étendues sur la glace qui, au préalable, a été passée au moufle pour que le platine y adhère ; puis on laisse refroidir ; on frotte avec un chiffon chargé de craie, ceci pour enlever les dernières traces d'essence ou les cendres qui sont restées à la surface.

Le platinage est bien inférieur, comme aspect, à l'étamage et à l'argenture.

Pour les glaces étamées et argentées faisant office de miroirs, on a pensé que l'application de l'or sur elles-mêmes serait d'un très bel effet pour former des encadrements.

Schwarzenbach de Berne a fait cette application par le procédé suivant :

1° Dissoudre du chlorure d'or pur dans l'eau distillée bouillante ;

cette liqueur est rendue normale, de sorte qu'un litre contienne trois centigrammes d'or ; on la rend alcaline par l'addition du carbonate de soude ;

· 2º On prépare une seconde liqueur qui consiste en dissolution saturée d'hydrogène protocarburé dans l'alcool et on étend cette liqueur de son volume d'eau ;

3º Une autre liqueur formée de 25 centimètres cubes de la seconde et 200 centimètres cubes de la première.

Cette liqueur est versée entre la glace à dorer et une feuille de verre placée à trois millimètres au-dessous de la première. Après deux ou trois heures de contact, la dorure est obtenue; il ne reste plus qu'à laver et à sécher la glace.

Biseautage des glaces. — Le biseautage des glaces se faisait autrefois entièrement à la main ; vers 1875, MM. Bay et Kriéger inventèrent un procédé mécanique, lequel après plusieurs applications et améliorations successives, est considéré comme le meilleur actuellement connu. Aujourd'hui, presque tout le biseautage pour les parties droites ou contournées, quelle qu'en soit leur forme, se fait mécaniquement en un tiers du temps qu'aurait demandé le même travail fait à la main.

Encadrement des glaces. — Rien n'est préférable à la glace pour orner une pièce, pour l'éclairer quand elle est sombre, pour l'agrandir quand elle est petite, pour paraître l'égayer quand elle est triste. La glace substitue à la rigidité du mur qui arrête et emprisonne le regard, un vide figuré qui laisse passer la vue et la pensée.

Mais bien des erreurs et des fautes de goût sont commises dans l'encadrement des glaces. Tantôt ce sont des bordures écrasantes par leur volume, trop étincelantes par leur dorure, ou bien ce sont des cadres en verreries de couleurs ou en fragments de verre blanc étamé. La glace a besoin d'un encadrement spécial qui souvent, l'assimile à une fenêtre, à une porte dont elle remplit l'office ; il est donc naturel de l'encadrer comme on le ferait pour une porte ou une fenêtre. Quelquefois, les glaces sont entourées d'étoffe semblable aux tentures de l'appartement. Ceci les distingue des gravures et des tableaux voisins.

Si le cadre doré est admis, il doit être en rapport avec le style décoratif de l'amp et un ... ne pas amoindrir la surface de la glace par une apparence trop en relief, trop accusée. En un mot, l'accessoire ne doit point effacer le principal. Du reste, aujourd'hui, l'art de la miroiterie s'est largement développé et l'on peut affirmer, sans crainte, que le bon goût de nos miroitiers est vivement apprécié.

CHAMBRE SYNDICALE

DES

Miroitiers de Paris

Fondée en 1843

Jeton de présence des Membres du Conseil d'Administration de la Chambre

---

Cette Chambre a tenu sa première séance le 14 décembre 1843, à laquelle assistaient 65 miroitiers, sous la présidence de M. FEUQUIÈRES, doyen d'âge. Les statuts du Syndicat furent adoptés dans cette réunion.

Le 19 du même mois, le Bureau est nommé et M. LEDENTU est élu président par le Conseil composé de 15 membres.

Ce Conseil se réunit alors tous les premiers mercredis du mois ; le Conseil judiciaire qu'il a formé dans son sein s'assemble le mardi de chaque semaine. Il s'honore en constituant un service de secours aux ouvriers malades et aux anciens sociétaires malheureux.

En 1850, les statuts sont modifiés et le Conseil, composé de 12 membres, déclare que la Chambre a le devoir de veiller aux intérêts de la corporation en étudiant et proposant des modifications aux tarifs, aux octrois, aux règlementations des adjudications ; qu'elle doit surveiller et régler les questions de livraisons et de ventes des manufactures.

La Chambre a publié une série spéciale de travaux de miroiterie.

En 1884 la Chambre, arrivée à l'expiration de sa durée, a revisé ses statuts en prolongeant, d'une manière indéfinie, l'existence du Syndicat.

Ci-dessous, un tableau indiquant les noms des membres des bureaux de la Chambre qui se sont succédés depuis l'année 1843.

ANNÉES	PRÉSIDENTS	VICE-PRÉSIDENTS	TRÉSORIERS	SECRÉTAIRES
1843-44	Ledentu			
1845-46	Derche		Remy	Bouchard
1847-48	Ledentu		Bouchard	Degraux
1849	id.		id.	Guibillon
1850-52	id.		Degraux	id.
1853-56	id.		Alexandre	id
1857-58	Raucourt		Héringer	id.
1859-64	id.	Héringer		id
1865-68	Guibillon	id.		Rossignol
1869	id.		Maugin-Lesur	id.
1870	id.		id.	Cauvet
1871-72	id.	Maugin-Lesur		id.
1873-75	Maugin-Lesur	Cauvet		Guenne
1876-79	id.	id.		Lherminier
1880	Chamouillet	Gosse		id.
1881	id.	Boudet		id.
1882	Benda	id.		id.
1883-84	id.	Bouchez	Mantelet	id.
1885-86	Pois (Léon)	id.	id.	Camand
1887-89	id.	id.	Camand	Béguet
1890-95	Robcis	Cauvet	Brot fils	id.
1896-99	Béguet	Kaeppelin	id.	Dubosson
1900	id.	id.	id.	id.

M. Béguet, président actuel, est officier d'académie.

Les membres du Conseil en exercice sont :

MM. Béguet, Kæppelin, Brot, Dubosson, Benda fils, Codoni, Delahaye, Ecalard, Eloy, Fillette, Gilquin, Remlinger.

Président honoraire : M. Benda père.

Vice-président honoraire : M. Cauvet père.

M. BÉGUET

PRÉSIDENT DE LA CHAMBRE DES MIROITIERS

CHAMBRE SYNDICALE

DES

Carrossiers et Industries Annexes

LES CARROSSIERS

D'argent à une roue de gueules aux ailes de sable, socle d'azur

---

HISTORIQUE DU MÉTIER

'HISTOIRE de la corporation des carrossiers est, naturellement, liée à l'histoire de la carrosserie elle-même ; mais, malheureusement, les documents font défaut qui permettraient de suivre, au cours de ces derniers siècles, le développement de cette industrie et de connaître les conditions de travail des ouvriers, parmi lesquels beaucoup furent de véritables artistes.

La carrosserie telle qu'on la conçoit aujourd'hui, c'est-à-dire ne comprenant que des produits de luxe, est d'origine relativement moderne, le premier carrosse datant de François Ier. Elle aurait pris naissance, soit en France, soit en Italie, les deux pays revendiquant également l'invention du carrosse. Toutefois l'étymologie de ce dernier mot, qui vient de l'italien *carrozza*, porte à croire que l'invention est bien italienne.

Si l'on fait abstraction des *basternes*, sortes de chars dont l'usage remonte au temps des Gaulois, et de ces chars dont l'usage tendit tellement à se répandre au temps de Philippe-le-Bel, que celui-ci jugea à propos d'en interdire l'emploi aux « bourgeois », si l'on fait abstraction de ces voitures qui étaient de construction grossière et l'œuvre de charrons, le premier véhicule digne du nom de carrosse qui parut à Paris servit à Isabeau de Bavière lors de son entrée dans cette capitale.

L'usage des carrosses ne se développa d'abord que très lentement, à tel point qu'en 1550, on n'en comptait que trois dans la ville de Paris. Mais dans la décade qui se termine en 1563, leur nombre s'accroît d'une façon prodigieuse. Ils gênent à ce point la circulation dans les rues qui sont trop étroites, que des lettres patentes de Charles ix ont pour objet d'en enrayer l'augmentation. On les délaissa pour reprendre le cheval.

Sous Louis xiii, la Cour nombreuse et brillante donna l'exemple du luxe le plus effréné dans son application aux carrosses. L'or, l'argent, la soie, le velours, concouraient à l'ornementation de ces voitures dont une seule représentait une fortune ; leurs panneaux étaient ornés des plus riches peintures. Aussi ce débordement de luxe eut-il pour effet de provoquer un édit du roi réservant à la cour l'usage de ces riches véhicules. Défense fut faite « à tous ouvriers de dorer à l'avenir ou de faire « dorer aucun carrosse, à peine de mille livres d'amende. »

Cet édit n'eut qu'une efficacité tout éphémère et, sous Louis xiv, le faste fut poussé plus loin encore sans qu'il fut possible de l'empêcher et cela en dépit d'ordonnances sur l'une desquelles on lit : « Il fait aussi dé- « fense à tous carrossiers de faire, vendre, ni débiter, du jour de la publi- « cation de cette ordonnance, aucuns carrosses ou litières brodez d'or, « d'argent ou soye, ni chamarrez de passemens d'or ou d'argent, passe- « mens de Milan, satins brodez ou passemens veloutez, ni de faire dou- « bler d'aucune étoffe de soye les bottes, mantelets, custodes, bouts et « gouttières des carrosses ; leur défend pareillement de faire dorer les bois « des carrosses et litières, à peine contre les carrossiers et autres ouvriers « contrevenants de 500 livres d'amende, de confiscation, d'être déclarez « infames et bannis pour cinq ans du ressort du Parlement, sans pouvoir « jamais exercer aucun métier. »

Malgré ces entraves, on comptait à Paris, en 1658, 310 carrosses. Aussi la carrosserie est-elle devenue une industrie. Les selliers-lormiers-carrossiers, déjà constitués en communauté, en raison des changements et perfectionnements apportés aux produits de leur métier, refondent leur statuts, obtenant en juin 1650, pour la première fois, des lettres patentes consacrant leur corporation. Plus tard, en 1675, de nouvelles modifications sont apportées à ces statuts qui ne répondent plus aux conditions dans lesquelles s'exercent leur profession autorisée par de nouvelles lettres patentes. Les statuts sont relatifs à la discipline de la communauté et donnent le détail des marchandises que le carrossier peut vendre et fabriquer.

Nous avons dit que, sous Louis xiv, la richesse des carrosses est portée à son comble. Malgré son volume, une voiture est un objet d'art dans son entier : les peintres, les sculpteurs, les ciseleurs, les tapissiers rivalisent entre eux pour en faire une merveille. On peut en voir quelques spécimens au Musée de Cluny.

Au même moment, florissait la chaise à porteurs, dite *chaise à bras*, dont on peut aussi voir quelques modèles au même musée. Mise en usage par Marguerite de Valois qui s'en servit la première, elle fit l'objet, à raison de sa commodité, d'une entreprise de louage qui fut très prospère.

Vers la même époque, on inventa le *cabriolet à deux chevaux*, disparu aujourd'hui, mais qui eut énormément de vogue à la fin du siècle dernier.

C'est alors aussi que l'on inventa la *brouette*, qui était suspendue et contenait deux personnes ; la *berline*, d'origine allemande comme son nom l'indique, et qui se divisait en berline à deux fonds, lorsqu'elle était à quatre places, et en vis-à-vis, lorsqu'elle était à deux places, les voyageurs étant placés en face l'un de l'autre ; le *carrosse-coupé* ou *berlingot*, qui devint la *diligence* et dont Roubo, dans son traité de menuiserie, nous a conservé la forme, laquelle a beaucoup d'analogie avec celle de nos dorsays : elle donnait place à deux personnes et quelquefois à trois au moyen d'un strapontin placé à l'avant ; la *désobligeante*, diligence à une seule place. Ces voitures étaient suspendues sur de longues courroies qui passaient au-dessous de la caisse, de manière à dégager la portière. Quelquefois aussi, elles passaient sous des poulies fixées aux côtés de la voiture et alors la portière était derrière, l'accès se faisant au moyen d'un marchepied et d'un plancher fixé au-dessus de l'essieu. Les flèches étaient cintrées pour permettre l'évolution des roues. Il y avait aussi les *dormeuses*, berlines dont les banquettes et les faces antérieures et postérieures se modifiaient pour permettre aux voyageurs de s'étendre ; la *berline à quatre portières ;* la *gondole,* berline comportant trois très petites places de chaque côté, une dans chaque panneau, et dont la forme à l'accoudoir rappelait celle d'une gondole ; la *calèche*, voiture à deux places couverte d'un dais ; le *phaéton*, sorte de vis-à-vis qui n'était autre chose qu'une berline dont le dessus était supprimé ; le *diable*, voiture à deux places, espèce de coupé complètement ouvert par les côtés et dont le dessus était supporté par quatre colonnes ; la *litière*, chaise à porteurs à deux places vis-à-vis avec portière de chaque côté ; les *chaises de poste*, dites les unes à l'*écrevisse*, les autres à *cul-de-singe* ; les *cabriolets à quatre roues*, sortes de ducs. Tous ces types, aujourd'hui disparus, se trouvent soigneusement reproduits dans l'ouvrage de Roubo et dans l'Encyclopédie, à l'article sellier-carrossier.

Si l'on s'en rapporte à des publications de l'époque, le nombre des carrosses circulant dans Paris en 1700, dépassait 20,000.

Avec le dix-neuvième siècle les modèles des voitures se transforment complètement. L'Angleterre donne le ton et si elle n'envoie pas de voitures chez nous, c'est que l'importation de celles-ci est restée interdite en France jusqu'en 1861. Nos fabricants s'appliquent d'abord à copier leur rivaux d'outre-Manche et ne tardent pas à les dépasser au double point de vue du goût et de l'art de construire. L'exportation se développe et passe d'une moyenne annuelle de 180,000 fr. dans la décade de 1827 (année où l'administration des douanes ouvrit une rubrique spéciale) à 1837, à 2,630,000 fr. dans celle de 1857 à 1866, pour atteindre son maximum en 1872, où elle s'éleva, pour cette seule année, à plus de 10,000,000 de francs.

Pendant ce temps, le nombre des voitures en France augmentait avec rapidité. On ne peut malheureusement suivre ce mouvement, faute de statistique, mais en 1873, année où fut appliquée pour la première fois la taxe sur les voitures suspendues, on relève le chiffre de 786,300. En 1899, il est de 1,562,141, dont 380,314 voitures à quatre roues et 1,181,847 à deux roues, représentant une valeur qui ne doit pas s'éloigner beaucoup d'un milliard de francs.

Le nombre des ouvriers occupés par la carrosserie et le charronnage était évalué il y a une dizaine d'années à 15,000 pour le département de la Seine et à 70,000 pour la France entière. Il n'a sûrement pas diminué depuis, car le nombre des voitures soumises alors à la taxe n'atteignait pas tout à fait un million, ayant ainsi augmenté depuis de plus de 50 %.

CHAMBRE SYNDICALE

DES

Carrossiers et Industries Annexes

Fondée en 1844

Jeton de présence des Membres du Conseil d'Administration de la Chambre

On voit qu'au cours du siècle, la carrosserie est devenue l'une de nos principales industries nationales. Aussi le besoin se fit-il bientôt sentir, pour les carrossiers parisiens, de former un Syndicat en vue de défendre les intérêts de leur corporation. C'est ainsi qu'en 1844, ils fondèrent leur Chambre syndicale dont l'objet était surtout de régler les contestations entre carrossiers et acheteurs. Les tribunaux civils et de commerce et les justices de paix eurent aussitôt recours à son arbitrage. Elle employait aussi ses ressources à venir en aide, au moyen de subsides mensuels, à ceux des ouvriers de la corporation qui étaient dans le besoin.

En l'année 1855, elle fusionne avec la Chambre syndicale des charrons et la Chambre syndicale des selliers-bourreliers et prend le titre de *Chambre syndicale des Carrossiers, Charrons et Selliers*. Les statuts sont revus et l'objet de la Société se trouve précisé dans l'un d'eux où il est dit que son objet principal est de « centraliser l'examen des contestations relatives à la carrosserie, au charronnage, à la sellerie et à la bourrellerie qui sont fréquemment soumises aux membres de la Chambre désignés à cet effet en qualité d'arbitres, soit par les tribunaux, soit par les particuliers ; de ponner à ces contestations une solution aussi prompte que possible ; de s'entr'aider mutuellement ; de rechercher et de réaliser pour la prospérité de leurs professions toutes les améliorations dont elles sont susceptibles. »

La Chambre syndicale fut reconstituée en 1873 et l'article relatif à son objet complété de la manière suivante « d'être l'organe des intérêts de leurs professions auprès du gouvernement ou des diverses administrations publiques ou particulières, telles que la Chambre de commerce, la douane, les chemins de fer, etc., pour examiner toutes les questions intéressant leurs industries, soit au moyen de commissions spéciales nommées à cet effet, soit autrement ; en un mot de rechercher et de réaliser pour la prospérité de leurs professions toutes les améliorations dont elles sont susceptibles. »

Enfin en 1891, une nouvelle reconstitution eut lieu, les charrons et les selliers s'étant reformés en Chambres syndicales séparées. Son nouveau titre est : *Chambre syndicale des Carrossiers et des Industries annexes.*

Au point de vue de l'enseignement technique, la Chambre syndicale des carrossiers a fondé, en 1878, un cours professionnel qui obtient le plus grand succès et qu'elle dote des sommes nécessaires à son fonctionnement, aidée en cela par le Ministère du Commerce qui met annuellement à sa disposition une somme de deux mille francs.

Son président actuel est M. COTTENET.

On trouvera, au surplus, dans le tableau synoptique ci-dessous, le nom de chacun des présidents qui se sont succédés depuis la fondation de la Chambre syndicale des carrossiers, avec la date de la prise en possession de la présidence.

ANNÉES	PRÉSIDENTS	VICE-PRÉSIDENTS		TRÉSORIERS	SECRÉTAIRES
1861-65	Desouches	Farthoat		Ehrler	Charcot
1866-71	Binder	id.		id.	id.
1872	id.	id.		Stiébel	id.
1873	id.	id.		Ehrler	id.
1874-75	Bouilon	Charcot, Geibel		Mühlbacher	Desouches
1876-77	id.	id.	Desouches	Rebut	Poitrasson
1878	id.	id.	Poitrasson	id.	Huret-Belvallette
1879-81	Ehrler	Poitrasson, Huret-Belvallette		id.	Mühlbacher
1882-85	Huret-Belvallette	Mühlbacher, Guiet		Rebut	Jeantaud
1886	Guiet	id.	Quénay	id.	Cottenet
1887	id.	Jeantaud,	id.	id.	id.
1888-90	id.	Quénay, Belvallette		id.	id.
1891-93	id.	id.	id.	Bail jeune	id.
1894-96	Quénay	Cottenet,	id.	id.	Labourdette fils
1897-1900	Cottenet	Belvallette, Mühlbacher		id.	id.

M. COTTENET

PRÉSIDENT DE LA CHAMBRE DES CARROSSIERS ET DES INDUSTRIES ANNEXES

Les membres du Conseil d'administration de la Chambre, actuellement en exercice, sont :

MM. COTTENET, BELVALLETTE, MUHLBACHER, BAIL jeune, H. LABOURDETTE, BAIL aîné, BOULOGNE, FELBER, GOISNARD, G. GUIET, KELLNER, MOREL-THIBAULT, RHEIMS ; MM. BOISSÉE, président du Groupe des Industries se rattachant à la construction des voitures et DUPONT, vice-président de ce Groupe.

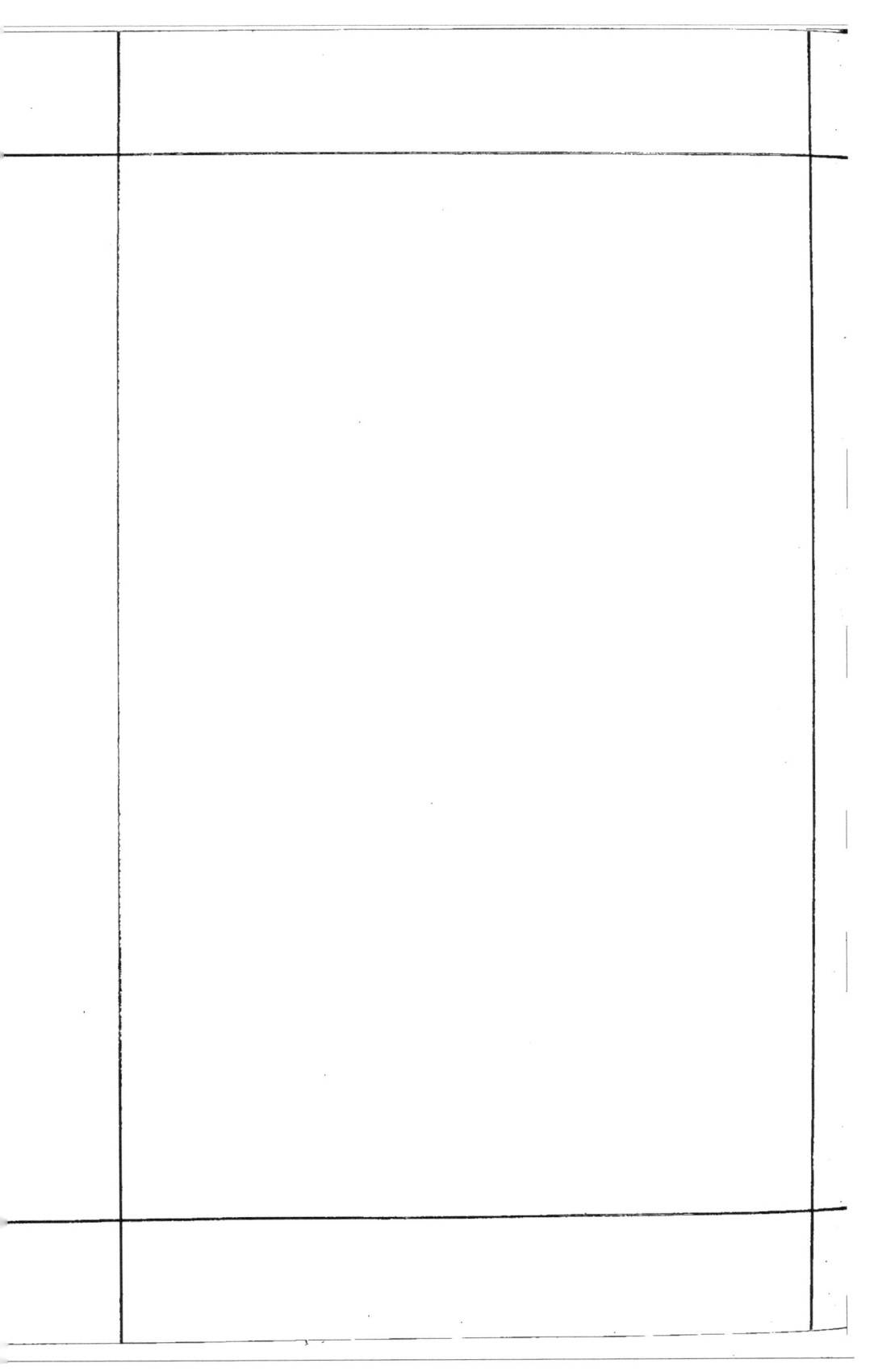

CHAMBRE SYNDICALE

DES

Charrons, Constructeurs de Voitures de Commerce

LE CHARRONNAGE

D'argent, à quatre roues de gueules, posées deux et deux (*)

HISTORIQUE DU MÉTIER

LE charron est l'ouvrier qui, de temps immémorial, fait des chariots, des charrettes et voitures de travail, des charrues et instruments agricoles, des trains de voiture et particulièrement des roues. « Charron, dit Monteil, provient de char ou de « charrue; il vient de celui de ces deux mots qui est le plus ancien. » Il travaille surtout pour les gens de labeur et c'est ce qui le différencie du carrossier, dont l'industrie de luxe est relativement moderne, puisque les carrosses, d'où son métier tire son nom, n'apparurent pour la première fois que sous François Ier. C'est à cette époque que ces deux industries se séparent, du moins au point de vue monographique.

(*) D'HOZIER, *Armorial*, texte, t. XXV, Folio 539; Blasons, t. I, Folio 668.

Nous trouvons le charron en Egypte où l'on voit le Pharaon poursuivre les Hébreux jusque dans la Mer Rouge, avec ses chars.

Dans ce même pays, en janvier 1886, M. Maspero découvrait un tombeau intact de la xxe dynastie (2000 ans avant Jésus-Christ). La chambre funéraire renfermait deux traineaux superbes sur lesquels on avait mené les morts à l'hypogée, ou construction souterraine servant de nécropole. Jusqu'à cette découverte, nous ne connaissions ces sortes de véhicules funéraires que par les peintures qui nous les montrent, tantôt chargés sur les épaules des parents, tantôt tirés par des attelages d'hommes ou de bœufs. La religion égyptienne exigeait, en effet, que le corps fut porté par ses proches ; mais lorsque le trajet était long, on ne portait le traineau que pendant quelques instants. On le posait bientôt à terre et il était mené par des bœufs qui étaient ensuite sacrifiés.

Le traîneau était descendu dans la tombe et y restait lorsque la famille était assez riche pour en payer la valeur.

Ceux qui furent retrouvés ainsi que nous venons de le dire, étaient d'une conservation merveilleuse. « Le plancher, » dit la relation, « est « établi sur deux poutres épaisses, recourbées en avant, munies en « dessous de deux anneaux en bois rapportés, dans lesquels passaient des « bâtons destinés à enlever le traineau et à le soutenir sur les épaules. « Deux trous, pratiqués dans les courbes de l'avant, recevaient des cordes « dont il est resté des fragments ; elles étaient en fibre de palmier et « grosses comme le petit doigt. »

Il paraît que les Assyriens et les Babyloniens fabriquaient habilement leurs voitures et qu'ils connaissaient le procédé du cintrage des bois par la chaleur. « On vit sortir de Babylone, » dit Rollin, « un magnifique « chariot dont le corps portait sur deux essieux qui entraient dans quatre « roues faites à la mode de Perse, dont les rayons et les moyeux étaient « dorés et les jantes revêtues d'or. »

*
* *

Après les Grecs, les Romains connurent la chaise à porteurs. En effet, le mot *amites* (couple de brancards) s'appliquait particulièrement aux deux longues perches qui, comme dans ces appareils de transport, s'avançaient en saillie par devant et formaient les brancards nécessaires aux chevaux ou autres animaux qui traînaient la chaise. Du reste, la *basterna*, décrite par Palladio (VII, 2, 3) était une sorte de palanquin destiné particuliè-rement aux femmes et ressemblait aux chaises ; elle était soutenue par deux chevaux ou deux mulets, l'un devant, l'autre derrière.

Les douze tables, recueil de lois publiées par les décemvirs 450 ans avant Jésus-Christ et la source du droit romain, mentionnent l'existence de l'*arcera*, chariot couvert de planches qui lui donnaient l'apparence d'un coffre ; on s'en servait pour le transport des malades ou des per-sonnes âgées avant l'invention des litières (Varron, V, 140). On s'y étendait de tout son long sur des coussins. L'une de ces voitures primitives est représentée sur un marbre funéraire conservé au musée de Baden ; elle a quatre roues et deux chevaux y sont attelés.

Les divers genres de voitures romaines et les appareils de transport moins anciens étaient au nombre de dix-sept, parmi lesquel on remar-quait :

Le *carpentum*, carriole à deux roues, dont la caisse oblongue était couverte d'une capote et pourvue de rideau. Elle pouvait recevoir deux ou trois personnes et était ordinairement traînée par deux mulets ;

Le *currus,* char ou voiture à deux roues, où l'on entrait par derrière, mais qui était fermé sur le devant et découvert. Il était en bois, souvent revêtu de plaques de bronze, contrairement au char de guerre qui était construit de même, mais dont les côtés étaient treillagés pour les rendre plus légers, comme cela est indiqué sur des vases peints.

Le *currus triumphalis* était, comme son nom l'indique, le char de triomphe. Complètement circulaire et fermé tout autour, il avait la forme ovoïdale, comme nous le montre une médaille de Vespasien ;

Le *rheda currens,* attelé de huit mules en été et de dix de ces animaux en hiver ; cette voiture était affectée au service des postes établi sur les grands chemins de l'Empire ;

L'*esseda*, ou *essedum*, char ou chariot découvert, construit sur le modèle des chars de guerre des Gaulois. Il était ouvert sur le devant et fermé sur le derrière. Tiré par deux chevaux, on l'employait pour des usages ordinaires ;

L'*harmanaxa* ou voiture à quatre roues couverte en dessus et munie de rideaux pour la fermer sur les côtés, comme nos tapissières ;

Le *lectica*, litière importée de l'Orient et devenue bientôt d'un usage général en Italie. Le corps de la litière consistait en une boîte de bois dont les côtés étaient très bas, comme ceux de la civière (*capulus*, *feretrum*) sur laquelle on emportait les cadavres ; des supports verticaux s'appuyant sur le sol soutenaient un ciel de lit en bois couvert de cuir et auquel des rideaux étaient attachés. Dans quelques cas, on transformait le *lectica* en voiture fermée, en remplaçant les rideaux par des châssis que l'on pouvait ouvrir ou fermer à volonté (Juvenal, III, 242 ; IV, 120). Celui qui occupait la litière était couché ou plutôt assis sur un matelas et, dans cette attitude, pouvait y lire et y écrire. Il y avait des stations de litières sur certaines places de Rome absolument comme nous avons des stations de voitures ; les porteurs étaient désignés sous le nom de *lecticarii* ;

Le *pilentum*, voiture de cérémonie, d'une hauteur relativement considérable, dont les dames romaines se servaient les jours de fêtes, au lieu du *carpentum* qu'elles employaient ordinairement. Cette voiture avait quatre roues et, comme l'indique une médaille de l'impératrice Faustine, était surmontée d'un baldaquin couvert d'étoffe, en forme de fronton, soutenu par des colonnettes ;

Le *sarracum*, espèce particulière de charrette. Les paysans l'employaient communément pour se transporter d'un endroit à un autre ou pour mener leurs marchandises au marché. C'était une voiture grossière dont la plateforme épaisse supportait des parois pleines en planches sur trois côtés ; les roues étaient pleines (*tympana*), ce qui indique la haute antiquité de cette charrette, car, dans les temps les plus lointains, on se contentait, pour confectionner une roue, de prendre un tronc d'arbre du diamètre voulu et de le percer d'un trou au milieu et voilà la roue faite ;

Le *plaustrum*, qui n'était autre chose que notre charrette, réservé aux mêmes usages que le *sarracum*, mais dont les roues étaient à rayons (*rotæ*) et le plancher ne supportant qu'un vaste panier ou une balustrade à jour ;

Le *camuli* (camion), réservé au transport des lourds fardeaux : monolithes, marbres, etc., etc.

Le frein ou enrayure pour arrêter les roues de ces diverses voitures au moyen d'un sabot, afin qu'elles ne pussent glisser sur les pentes rapides, était connu des charrons romains. On le voit employé dans une voiture de transport reproduite sur un bas-relief funéraire trouvé à Langres ; il comporte deux chaînes que l'on serrait autour de la jante entre deux des rais, de façon à entraver le mouvement de la roue.

Apulée, qui vivait au deuxième siècle de notre ère, parle de chars et de voitures que l'on pourrait croire suspendus, si l'on ne savait que les anciens formaient quelquefois les planchers de leurs véhicules avec des lanières de peaux fraîches entrecroisées qui, en séchant, acquéraient la tension et l'élasticité nécessaires. Ce moyen, qu'ont rappelé Messieurs Belvallette et Quénay, dans un rapport sur l'Exposition de 1878, « était « sommaire sans doute, mais original en ce sens qu'il suspendait le « voyageur, tandis qu'aujourd'hui, on suspend tout le système. » Dans tous les cas, il rendait l'usage de la voiture beaucoup moins fatigant.

*
* *

Le charron ancien fabriquait aussi, comme de nos jours, la herse et la charrue (*aratrum*), celle-ci composée très sommairement d'abord de la branche fourchue d'un orme courbée naturellement ou artificiellement en croc aiguisé et armé d'un fer qui servait de soc, la fourche faisant office de manche. Cet instrument agricole fut perfectionné de bonne heure ; il eut alors deux roues et, en plus du soc, un coutre (*culter*) pareil à une lame de couteau, attaché au timon du devant.

Il fabriquait également les machines de guerre propres à lancer des traits ou des projectiles au moyen d'une impulsion produite par quelque substance élastique, quelque corde tendue et vivement relâchée, comme la *balista*, la *catapulta*, le *scorpio*, le *capitulum* (Vitruve, I, 1, 18 ; X, 2), etc., etc.

*
* *

Le charron gaulois fabriquait l'*essède*, ou char de combat à deux chevaux ; le *rhéda*, ou voiture de transport à quatre roues, à laquelle on pouvait atteler huit ou dix chevaux ; la *benna*, chariot d'osier qui servait au transport des bagages et des personnes.

Les riches avaient adopté les voitures romaines, dont les noms n'avaient guère changé, comme les *basternes* et les *carpenta,* qui furent les voitures d'apparat de l'époque mérovingienne.

Le charron gaulois avait de la réputation ; les forêts de notre pays lui fournissaient d'excellents matériaux tels que le frêne, l'if, le charme, l'ormeau. De plus, le fer abondait de tous côtés et il était très en renom.

Plus tard le chariot des rois fainéants sortit des mains de cet artisan ; c'était encore la *basterne ;* équipage bien modeste et bien lourd, tiré par des bœufs. Eginhart, historien du temps de Charlemagne, affirme le fait, en ajoutant que cette voiture, fermée d'une bâche, était dirigée par un bouvier, « à la manière des paysans. »

En 700, Erminethrude, bourgeoise de Paris, lègue par testament à la paroisse Saint-Séverin, un chariot qui lui servait ordinairement, les deux bœufs qui le traînaient, une litière avec ses harnais, etc., etc.

Les *chariots branlants,* comme les appelle Juvenal des Ursins et Monstrelet, furent les premières voitures suspendues ; mais il faut ajouter que cette soi-disant suspension était obtenue au moyen de cordes.

Le corps de Charles VII fut transporté, de Mehun à Paris, dans un chariot à cerceaux. Martial de Paris le dit expressément dans ses *Vigilles de la mort du roy* » (Chapitre VII) :

> « Puis y avait cinq grans chevaulx,
> « Couvers de beau noir velouté,
> « Tirant le chariot à cerceaulx,
> « Où le Roy si fut apporté. »

Au moyen-âge l'industrie des chars et des voitures fut loin d'être brillante, à cause du mauvais état des routes. Les transports se faisaient alors plutôt à dos de cheval, de mulet et, davantage encore et de préférence, par les voies fluviales.

L'art du charron resta donc, pendant une longue période d'ignorance, très stationnaire et se maintint dans les limites étroites d'une tradition grossière, comme, du reste, tous les métiers. Il ne refleurit qu'au XIIIe siècle.

*\
* *

Dans l'énumération des ouvrages que peut fabriquer le charroncarrossier (car il prend ce titre sous Louis XIII, comme nous le verrons tout à l'heure), nous trouvons :

Les carrosses, chariots, coches (ou voitures publiques), fourgons, litières, brancards, calèches, berlines, caissons, trains d'artillerie, haquets, traîneaux et autres véhicules, « ainsi que les attirails y afférents. » C'est ainsi que s'expriment les lettres-patentes royales accordées à diverses époques à cette intéressante industrie.

Le Dictionnaire des Arts et Métiers publié avant la Révolution, y ajoute avec raison l'outillage agricole et les brouettes dont l'invention fut attribuée à Pascal, mais qui étaient en usage au moyen-âge. Les auteurs de cet ouvrage distinguent deux sortes de bois servant au charronnage : le bois en grume, et le bois de sciage. Les bois en grume, en tronçons ou en billes, ont encore leur écorce; le bois de sciage est débité à la scie pour en faire des moyeux, des essieux, des empanons, des flèches, timons, jantes et armons, etc., etc.

« Les brancards, » dit encore cet ouvrage, « sont en frêne autant « que possible, cintrés naturellement et le montant des caisses est com- « posé de pièces d'orme qui se présentent un peu chantournées. Les « chênes, au contraire, destinés à faire les rais des roues, ne sauraient « être trop droits, car leur fibres font leur effort de bout en bout et dans « une direction perpendiculaire. »

Puis il ajoute plus loin: « Les roues doivent être faites de deux sortes « de bois: le moyeu et les jantes doivent être d'orme et les rais de chêne. « Les grandes roues doivent avoir douze rais et les petites huit ; une grande « roue est composée de six jantes et une petite de quatre. On assemble « les jantes avec des goujons ou chevilles de bois et les rais à tenons et « mortaises.

« Ce sont les serruriers, les taillandiers ou les maréchaux grossiers « qui ferrent les roues. »

*
* *

En 1873, suivant la Chambre de Commerce, il y avait à Paris deux cents patrons charrons-forgerons et 1,089 ouvriers de ce métier. Elle attribuait a cette époque, aux ouvriers, un salaire de 6 fr. 75 par jour.

Mais les patrons soutenaient que ce salaire était plus élevé. De son côté, le *Syndicat ouvrier de toutes les parties de la voiture* déclarait, devant la Commission extra-parlementaire dite des 44, que le salaire du charron variait entre cinq et neuf francs.

*
* *

Partout, en France, jusque dans les plus humbles villages, on trouve le charron-forgeron qui cumule souvent la maréchalerie avec la fabrication et la réparation des voitures rurales. Il va plus loin encore et remplace à lui seul le charpentier, le menuisier, le serrurier et le couvreur. Le nombre de ces petits établissements industriels, de si grande utilité, peut être évalué, suivant M. Barberet, à vingt mille.

*
* *

Au XIIIe siècle, les charrons faisaient partie de la Communauté des charpentiers, comme tous les ouvriers qui travaillaient le bois. En 1292, les maîtres-charrons de Paris étaient au nombre de dix-huit seulement. Aucun règlement ne les concernait d'une manière spéciale. Cependant, le livre des métiers d'Etienne Boyleau, prévôt de Paris sous Saint-Louis, au titre XLVII (qui concerne les charpentiers), article VII, nous fait voir les charrons s'engager à mettre aux charrettes des essieux tels qu'ils voudraient qu'on leur en fournit s'ils étaient charretiers, déclaration qui ressort de ce fait que les Communautés prenaient les précautions les plus minutieuses pour empêcher les fraudes dans la fabrication et qu'elles tenaient à honneur d'obtenir un travail aussi soigné que possible. Les ouvrages de mauvaise nature ou mal conditionnés étaient impitoyablement brûlés devant la porte de l'ouvrier et cet usage dura jusqu'au XVIIIe siècle.

Le charron ne pouvait travailler à la lumière, comme du reste les artisans des autres métiers et la raison en était que les modes d'éclairage employés alors étant très défectueux, les travaux ne pouvaient être suffisamment bien exécutés qu'à la lumière du jour. L'ouvrier travaillait donc « dès heure du soleil levant jusqu'à heure du soleil couchant, » en prenant ses repas « à heures raisonnables. » Par exception, les samedis et les veilles de fêtes, le charron devait quitter son travail à trois heures, sous peine d'une grosse amende.

Voici le texte exact de l'article VII du titre XLVII précité, qui concerne l'engagement pris par les charrons :

« Item, ledit mestre Fouques fist jurer aus charrons que il ne « metroient aus essiaux en charete, se il n'estoient aussi souffisans « comme il vorroient çon les leur meist se il estoient charetiers. »

En 1467, les charrons forment, à eux seuls, une bannière des milices parisiennes ; ils avaient donc augmenté considérablement de nombre et même avaient donné le nom de leur métier à l'une des rues de Paris (rue de la Charonerie, depuis rue Saint-Honoré). Cependant, on ne leur avait pas encore accordé de statuts. Ils suivaient donc toujours l'organisation, les usages et coutumes des charpentiers. Mais leurs ouvriers avaient des endroits spéciaux pour être embauchés ou mieux pour être *loués* comme l'on disait alors. C'étaient les places « où li maçon et li charpentier vont « pour eux *allouer*, » avec un *coin* particulier.

Ce n'est qu'en 1498 que les charrons se séparèrent des charpentiers, ce qui est constaté par le prévôt de Paris de cette époque, Robert d'Estouteville, dans ses lettres datées du 15 octobre. Il ajoute que le fait d'être confondus avec d'autres artisans d'arts différents est aussi préjudiciable au métier qu'au public, vu la grande utilité du charron qui travaille, non seulement pour les transports nécessaires à l'approvisionnement de Paris, mais encore pour l'artillerie du roi.

Cette sentence du prévôt de Paris, accordant les premiers statuts et ordonnances des charrons déclare maîtres, sans aucune condition, tous les ouvriers tenant atelier au moment de leur promulgation. Dorénavant il faudra quatre années d'apprentissage, chef-d'œuvre de réception et serment accoutumé. Ce chef-d'œuvre de réception consistait presque toujours dans l'ajustage d'une roue et le montage d'une voiture. En outre, on exigeait le paiement de vingt sols parisis au roi et de trente sols parisis à la Confrérie.

Le maître ne pouvait avoir qu'un seul apprenti et un seul ouvrier. Encore fallait-il, pour pouvoir prendre cet apprenti, exercer le métier depuis un an et un jour au moins et être, comme le prescrit le livre des métiers, assez sage et assez riche pour le bien faire apprendre et le gouverner.

Comme dans presque tous les autres métiers, les fils des maîtres « nez de loail mariage, » n'étaient jamais compris dans le nombre des apprentis.

Le prix de l'apprentissage était soldé d'avance, avant l'entrée de l'enfant dans l'atelier.

« Tous les maistres dudit mestier, » dit la sentence de Robert d'Estouteville, « seront tenus de besongner de bon boys, tant vert que sec, bon, « loail et marchant, et ne pourront mestre en besongne bois pourry, « vermolu ne où y ait fentes, corrupcions, neux, passans ou autres faultes « notables au dit des jurez et gens à ce congnaissans, sur peine de dix « sols parisis d'amende..... »

« Item, que rœs, moyeulx et esseaulx qui se feront tant ès chariotz, « charrettes, bancars, tumbereaulx et autres ouvraiges dudit mestier de « charron, ensemble la garniture du boys qu'il conviendra faire et livrer « esdits ouvraiges chacun en leur regart, seront bien et deuement faiz « et proffitablement par le rapport des dits juréz et gens a ce congnaissans « et s'il estait trouvé le contraire, c'est assavoir que esdiz ouvraiges y « eust faulte de ouvrer et bien besongner ou que ou boys d'iceulx y « eust aucune jante fendue, pourrye ou esmantonnée, ou rayes rompues « ou fendues à l'eschasse, ou aultres faultes ; le maistre ou ouvrier sur « qui sera trouvé ladite faulte, l'amendera de dix sols parisis à appliquer « comme dessus, et si sera tenu de ramender l'ouvraige, s'il est trouvé « qu'il se puisse ramender et à ses despens. »

Il est encore dit, dans ce document, qu'il est défendu à tous autres qu'aux charrons de louer des carrosses, chariots ou harnais si, en même temps, on ne loue les chevaux pour les tirer ; les selliers seuls sont exceptés de cette disposition qui nous apprend que les charrons louaient alors des voitures.

En 1582, le métier de charron est porté au troisième rang. La maîtrise ne pouvait être conférée au candidat âgé de moins de vingt ans. Cependant, le fils du maître pouvait être reçu à tout âge.

En 1623, les statuts des charrons sont confirmés et ils obtiennent du roi Louis XIII le droit d'ajouter au titre de leur métier celui de carrossier.

En 1657, un droit de confirmation de trois mille livres est exigé des charrons qui, en échange, obtiennent la suppression des *maîtrises par lettre*, c'est-à-dire sans examen ni chef-d'œuvre, au mépris des règlements des métiers. L'indemnité à payer aux jurés pour leur droit de visiter les ouvrages et les examiner est fixé à vingt sols.

En 1668, les statuts sont revisés en 50 articles, par lettres-patentes de Louis XIV. Les charrons sont alors assimilés aux carrossiers avec privilège de fabrication de tous les genres de voitures toutes garnies, comme carrosses, coches, chariots, litières, brancards, calèches. Le travail du charronage est interdit à divers ouvriers, tels que les tapissiers, serruriers, maréchaux, menuisiers, loueurs de carrosses, etc., et, contrairement aux anciens usages des métiers, les charrons peuvent travailler de concert avec les selliers, ce qui est, du reste, réciproque.

« Les charrons, » dit ce nouveau recueil de statuts, « n'emploieront « que du bon bois pour moyeux, roues, gentes, esseaulx, soit du chêne, « orme, frêne, haistre, charme ou tilleaux. »

Les statuts du XVIIe siècle exigent, en général, que les apprentis appartiennent à la religion catholique et les contrats d'apprentissage sont passés par devant notaire, en présence d'un juré au moins du métier.

Les jurés étaient au nombre de quatre ; le compagnonnage, c'est-à-dire la présence à l'atelier, exigé pour la maîtrise, était de quatre ans. Le prix, en 1668, de cette maîtrise était fixé à six cents livres, plus les autres droits.

L'édit de mars 1691 divise les corporations en quatre classes, suivant leur importance. Les charrons font partie de la seconde classe, avec les selliers, les bourreliers et les maréchaux.

En 1705, la Communauté des *maîtres-charrons-carrossiers de la ville et faux-bourgs de Paris* reçoit un arrêt du Conseil d'État relatif aux offices de jurés de leur Communauté.

En 1752, après la perte de la bataille navale de la Dominique, les Communautés de métiers de Paris offrirent des sommes considérables pour contribuer à la construction d'un vaisseau de guerre de premier rang. Dans cette souscription volontaire et patriotique, nous voyons figurer les charrons pour une somme de six mille livres.

En 1776, la Communauté des charrons est la onzième, formée par eux seuls, avec huit cents livres de maîtrise, ce droit ayant été fortement réduit, puisqu'il avait été porté antérieurement, avant l'édit de Turgot, à quinze cents livres.

En 1789, la Communauté des maîtres-charrons-carrossiers comptait

192 membres ; elle avait quatre jurés, dont deux entraient en charge et deux en sortaient tous les ans.

Nous avons parlé des *lettres de maîtrise*. Elles constituaient un abus, mais en même temps un commerce royal des plus fructueux. Dès Louis xii, un certain nombre de maîtrises furent créées par le bon plaisir du roi et vendues à des particuliers dispensés de toutes épreuves et de tous droits. Ces créations devinrent de plus en plus fréquentes et les *maîtres sans qualités* se comptaient aussi bien chez les charrons que dans les autres corporations. Louis xv, à son avènement, avait créé huit de ces maîtrises dans chacun des métiers de Paris. Les charrons accueillirent fort mal ces confrères qu'ils détestaient et protestèrent, rachetant chaque fois les lettres de maîtrise que l'on voulait vendre et cela, à prix d'or. Mais il leur fallait recommencer ce sacrifice trop souvent et ils se lassèrent.

*
* *

De temps immémorial, les charrons ont pris pour patronne Sainte-Catherine d'Alexandrie, vierge et martyre, d'origine royale, dit la légende. Après avoir converti cinquante philosophes qu'on lui opposait, elle fut flagellée d'abord et condamnée à périr sur une machine composée de quatre roues garnies de lames et de pointes de fer et tournant en sens différents pour disloquer le corps de la victime. Mais cette machine se brisa, les éclats volant de tous les côtés, blessant les bourreaux et laissant Catherine intacte. Sur un nouvel ordre de l'Empereur, la vierge martyre eut la tête tranchée. Ceci se passait en novembre de l'an 307.

La fête de la patronne des charrons était autrefois d'obligation (ou de commandement) à Paris et comptait donc parmi celles où l'on chômait à partir de la veille. Elle ne fut déclarée non obligatoire, avec douze autres, que par une ordonnance de l'archevêque de Paris, rendue en date du 20 octobre 1666, sur les instances de Colbert qui trouvait les fêtes et, par conséquent, les arrêts de ses travaux beaucoup trop fréquents.

Mais les charrons du Syndicat sont restés fidèles à leurs traditions. Ils fêtent encore la Sainte-Catherine et, à Paris, une statuette de la bienheureuse Catherine d'Alexandrie est chaque année, ce jour-là, mise en loterie gratuite et gagnée par l'un des maîtres-charrons de la capitale.

❀❀❀❀❀❀❀❀❀❀❀❀❀❀❀❀❀❀❀❀❀❀❀❀❀❀❀❀❀❀

CHAMBRE SYNDICALE

DES

Charrons, Constructeurs de Voitures
de Commerce

Fondée en 1843

Jeton de présence des Membres du Conseil d'Administration de la Chambre

Cette Chambre a été fondée en 1844 : « en vue d'être l'organe, auprès
« du Gouvernement, des Administrations des Douanes et de l'Octroi de
« Paris, de la Chambre de Commerce, des Compagnies de chemins de
« fer, pour toutes les questions d'intérêt général intéressant la corpo-
« ration ; de régler à l'amiable les contestations qui lui sont soumises par
« ses sociétaires ; d'examiner et instruire les affaires litigieuses qui lui sont
« renvoyées par les Tribunaux ; d'examiner les propositions, mémoires
« ou plaintes qui lui seraient adressés par ses sociétaires ; de prendre
« l'initiative pour toutes mesures tendant à accroître la prospérité, l'in-
« fluence et la considération de la profession. »

Le 23 octobre 1846, elle se constitue sous le titre de : *Société des
Charrons en grosserie,* dont le but est de « constituer régulièrement une
« Commission de délégués représentant leur corps d'état dans la Chambre
« syndicale des carrossiers et centraliser ainsi l'examen des contestations
« relatives aux travaux de charronnage qui lui sont individuellement
« soumises en qualité d'arbitre, soit par les Tribunaux, soit par les parti-
« culiers ; de donner à ces contestations une solution aussi prompte que
« possible ; de s'entr'aider mutuellement ; de chercher à réaliser, pour la

« prospérité de leur profession, toutes les améliorations dont elle est
« susceptible. »

En 1882, nous la retrouvons sous le nouveau titre de *Société et Chambre
syndicale des Charrons, Constructeurs de voitures de commerce du département de la Seine.*

La Société déclare alors qu'elle a pour but : « de cimenter l'union
« de ses membres et de développer leurs rapports entre eux ; d'obtenir,
« par le concours actif et pécuniaire de ses sociétaires, l'enseignement
« professionnel des jeunes gens qui se destinent à la profession ; de
« recruter parmi ses membres et conformément aux règlements, une
« Chambre syndicale composée de quinze membres actifs dont la mission
« est de :

« 1° Être l'organe auprès du Gouvernement, de l'Administration des
« Douanes, de l'Octroi de Paris, de la Chambre de Commerce, des Com-
« pagnies de chemins de fer, des Sociétés et Chambres syndicales pour
« toutes questions d'intérêt général intéressant la corporation ;

« 2° Régler à l'amiable et sans frais toutes les contestations qui lui
« seront soumises par les sociétaires entre eux, mais à la condition
« expresse que les parties prendront d'avance l'engagement de s'en rap-
« porter à sa décision et sans appel ; examiner et instruire les affaires
« litigieuses qui peuvent lui être envoyées par les tribunaux civils ou de
« Commerce, les justices de paix et par les particuliers étrangers à la
« Société ;

« 3° Examiner les propositions, mémoires et plaintes qui lui seront
« adressés par les sociétaires et statuer sur la suite à y donner ;

« 4° Prendre l'initiative, auprès de qui de droit, pour toutes mesures
« qui tendraient à accroître la prospérité, l'influence et la considération
« de la profession. »

Jusqu'en 1891, la Chambre a fait partie du groupe spécial syndical de
la voiture avec les carrossiers, les bourreliers et les selliers. Elle est maintenant indépendante et autonome, au sein du Groupe des Chambres
syndicales de l'Industrie et du Bâtiment.

Remarquons en passant que, n'oubliant pas son antique origine, elle
se rapproche, en faisant partie du Groupe important de la rue de Lutèce,

M. ADOLPHE RIVIÈRE

PRÉSIDENT DE LA CHAMBRE DES CHARRONS

CONSTRUCTEURS DE VOITURES DE COMMERCE

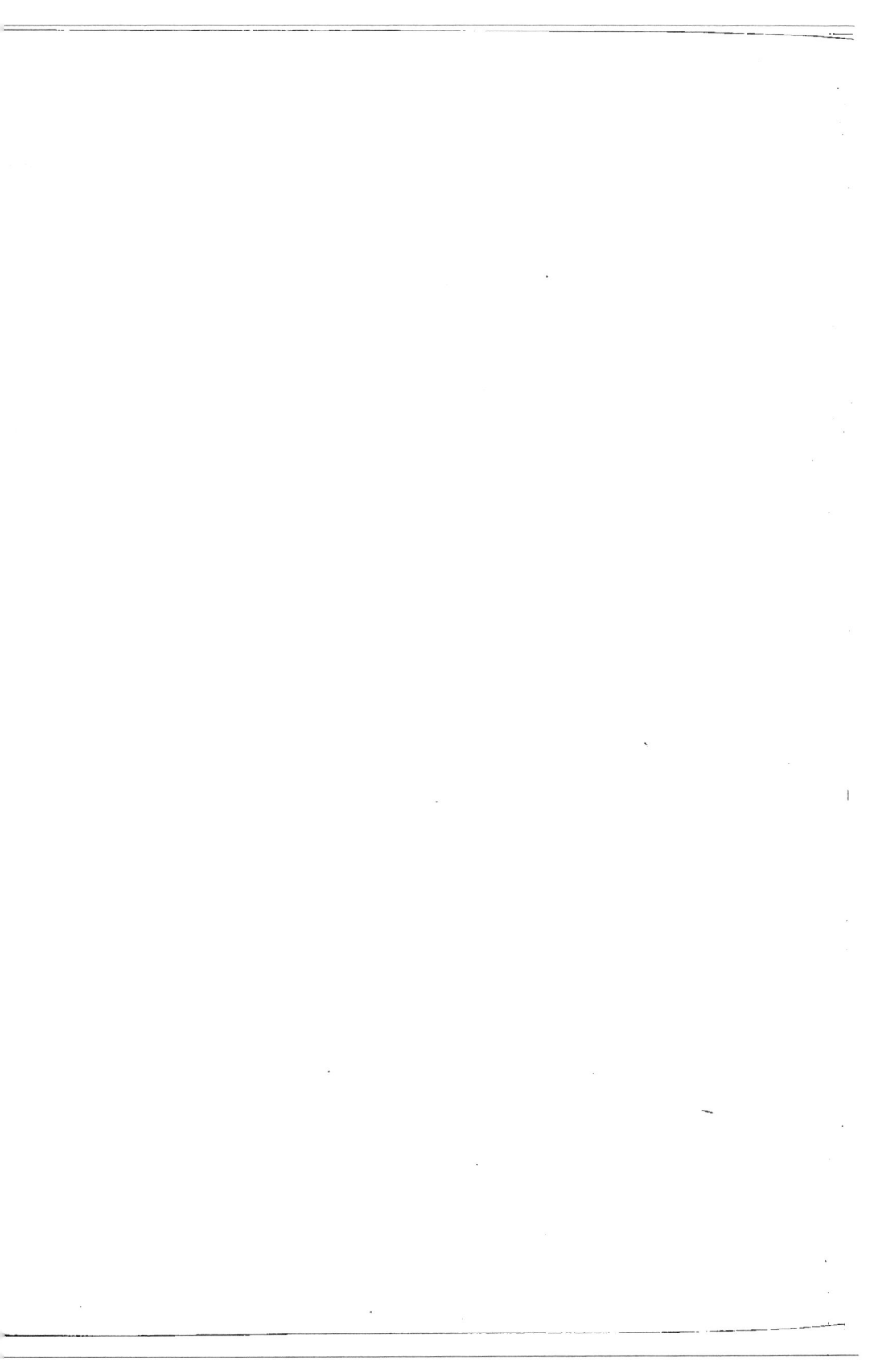

des charpentiers et des menuisiers auxquels elle était si étroitement et si intimement liée dans les vieux règlements des métiers d'autrefois.

Ci-dessous nous donnons, dans un tableau synoptique, la composition des bureaux de la Chambre, depuis l'année 1874 jusqu'en 1900.

ANNÉES	PRÉSIDENTS	VICE-PRÉSIDENTS	TRÉSORIERS	SECRÉTAIRES
1874	Maieval	Dubronyt	Guizelin	Roy
1875-80	id.	Leclerc	id.	id.
1881	id.	Larochette	id.	Thibout
1882-88	Thibout	id.	Ansemant	Marin-Darbel
1889-96	id.	id.	id.	Morel
1897-99	Rivière	Larochette, Morel	id.	Boucherat
1900	id.	id.	id.	id.

M. Apolphe Rivière, président actuel de la Chambre, est officier d'Académie. Il est l'un des membres du Comité de direction de la *Caisse Commune*, Société d'assurance fondée par le Groupe de l'Industrie et du Bâtiment et administrée par quinze membres lui appartenant.

Les membres du Conseil d'administration de la Chambre, actuellement en exercice, sont :

MM. Adolphe Rivière, Larochette, Morel (Clichy), Ansemant, Boucherat, Breteau, Nénard, Berthelot, Carcuac, Landon, Sellenn, Martin, Leblanc, Leclerc (Clichy), Plaisant.

Anciens jetons de la Communauté des Charrons

CHAMBRE SYNDICALE

DES

Tapissiers-Décorateurs

LA TAPISSERIE & LA DÉCORATION

Partie d'azur et d'argent, un Saint-Louis debout au manteau d'or fleurdelisé
et un Saint-François à genoux au manteau de sable (*)

HISTORIQUE DU MÉTIER

Si nous désirons connaître l'origine de l'industrie du tapissier, il nous faut remonter le cours des siècles et nous reporter aux premiers âges du monde.

Le premier besoin de l'homme a été de pourvoir à sa nourriture; il a dû ensuite chercher à se vêtir, puis à se garantir de l'intempérie des saisons, en se bâtissant un abri.

Ayant trouvé le moyen de fabriquer des tissus, il se construisit des tentes, des lits, des sièges et des coussins pour se reposer.

C'est l'enfance de notre industrie.

Les peuples d'Orient sont les premiers qui aient fabriqué de riches tissus; l'histoire nous rapporte que les somptueuses demeures de Baby-

---

(*) BLASONS, tome II de Paris, f° 1495.

lone avaient leurs murs tendus des plus riches étoffes. Ce fut un souverain persan, Thumaraz, qui enseigna à son peuple l'art de tisser les tapis. Les Phrygiens ont trouvé l'art de broder à l'aiguille, mais l'honneur de la découverte de la fabrication à plusieurs couleurs au moyen de lisses revient aux Egyptiens. Dans les métamorphoses d'Ovide, on suit toutes les phases de la fabrication d'une tapisserie semblable, en tout, à celles des Gobelins.

Les Grecs et les Romains, chargés des dépouilles de l'Asie, prirent le goût des riches tentures qui atteignirent souvent des prix excessifs.

On retrouve, dans Aristote, la description d'une pièce d'étoffe brodée, mesurant environ 8 mètres de côté, qui passa par les mains de Denys l'ancien ; il la vendit aux Carthaginois pour 120 talents (soit 660.000 francs de notre monnaie).

Ces peuples tendaient les murs de leurs habitations des plus belles étoffes, recouvrant de riches velums leurs admirables portiques ; ils en garnissaient leurs lits de table et, dans leurs théâtres, séparaient la scène de la salle, comme nous le faisons aujourd'hui, par de somptueuses draperies faites des plus riches tissus de pourpre et de broderies.

La décadence de l'Empire Romain et l'invasion de la Gaule au ve siècle par les barbares, occasionnèrent un bouleversement complet et firent subir un long temps d'arrêt aux arts et aux industries ; il faut donc nous reporter à l'époque où nous retrouvons des documents.

C'est à l'an 1200, sous le règne de Philippe-Auguste, que remonte un ancien manuscrit de la bibliothèque de la Sorbonne, relatant un statut des tapissiers sarrazinois, suivi d'une requête qu'ils présentèrent au roi Saint-Louis.

A cette époque, la communauté des marchands-tapissiers de Paris était partagée en deux fractions : l'une sous le nom de *maîtres-marchands-tapissiers de haute lisse, sarrazinois et rentrayure*, l'autre sous celui de *courte-pointiers, neustrés et coustiers*.

Comme c'est le travail du *tapissier-courtepointier* qui correspond à notre industrie actuelle de tapissiers-décorateurs, c'est d'eux seuls que nous nous occuperons.

C'est vers l'année 1456, sous Charles vii, que leurs premiers statuts leur furent donnés ; ils faisaient des ciels de lits, des chambres de toile, de serge, de drap, des courtepointes, des tentes, des matelas et la garniture de tous sièges ; ils faisaient aussi la rentraiture des serges, tapis, velours et couvertures.

Nous trouvons, dans ces statuts, que l'apprentissage était de six années et que l'apprenti devait faire chef-d'œuvre pour passer compagnon.

L'époque de François Ier et de la dynastie des Valois, où les arts commençaient à refleurir, apporta un grand développement au corps des maîtres et marchands-tapissiers qui donnèrent une forme plus supportable et plus gracieuse à leurs décorations et à leurs meubles ; les mélanges d'étoffes devinrent plus raisonnés et les ornements mieux entendus.

Ils se perfectionnèrent encore sous le règne de Louis XIII et, s'appliquant au dessin, se mirent à tracer et à inventer des modèles, à les diversifier autant que le demandaient les différentes étoffes dont les meubles devaient être composés.

Les ameublements prirent encore un nouveau lustre sous le règne de Louis XIV et il est permis de dire que par sa grandeur majestueuse et la parfaite harmonie des lignes et des ornements, ce style n'a jamais été dépassé.

Sous la régence, les lignes se contournent et s'ondulent ; elles regagnent en élégance ce qu'elles ont perdu en grandeur. Sous Louis XV, le style devient encore plus contourné et un peu maniéré ; mais il conserve toujours une grâce exquise qui disparaît sous Louis XVI, mais gagne en noblesse par la pureté des lignes et le fini des ouvrages.

Après la Révolution de 1789, paraît le style Directoire, puis le style Empire qui s'inspirant du grec, ont produit quelques meubles et sièges intéressants ; l'art du tapissier-décorateur s'y est appliqué à faire des relevés de tentures de draperies de lits, d'alcôves et de fenêtres qui lui font grand honneur.

Puis, phénomène étrange, le style disparaît complètement pendant près d'un-demi siècle et l'on ne produit plus que des œuvres d'ameublement du goût le plus déplorable.

Sous le second Empire, une émulation se produit ; cependant elle n'a rien laissé de durable, si ce n'est le goût de la reproduction des styles passés.

La République actuelle vit toujours sur ce fonds ; l'Exposition de 1878 a vu se produire l'œuvre décorative si magistrale de notre éminent confrère Henri Penon, elle sert depuis plus de vingt ans et a été interprétée de toutes les façons.

Il faut dire à notre éloge, que si nous n'avons rien trouvé de bien nouveau (car il vaut mieux passer sous silence ce qu'on appelle le style moderne), le goût général s'est épuré et répandu ; nous avons acquis le souci de la forme et des proportions. Nous avons formé, dans nos écoles, une génération de jeunes hommes connaissant bien le dessin ainsi que la coupe raisonnée des étoffes par la géométrie ; ils ont l'amour de leur art industriel et ont déjà donné des preuves de leurs capacités. Nous ne sommes pas inquiets de l'avenir ; ils maintiendront toujours, au premier rang, notre industrie si française et feront honneur à la patrie.

✿✿✿✿✿✿✿✿✿✿✿✿✿✿✿✿✿✿✿✿✿✿✿✿✿✿✿✿✿✿

CHAMBRE SYNDICALE

DES

Tapissiers-Décorateurs

Fondée en 1848

Jeton de présence des Membres du Conseil d'Administration de la Chambre

---

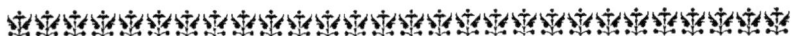

La Chambre syndicale patronale des tapissiers a été fondée le 9 février 1848, sur l'initiative de M. COMPAGNON. A la première convocation, soixante-cinq adhérents étaient présents. La Chambre fut alors constituée, M. COMPAGNON, élu président ; M. MAIGRET, vice-président ; M. GIBAUDAN, secrétaire et M. MUNIER, trésorier. La cotisation fut fixée à 30 francs, plus 30 francs de droit d'entrée. Dans la suite, ce droit fut supprimé.

Les réunions se tenaient dans le local des Chambres syndicales du Bâtiment, rue Grenier-Saint-Lazare ; plus tard, la Chambre fut transférée rue de la Sainte-Chapelle et enfin, rue de Lutèce où, actuellement, est établi le siège du syndicat.

Les premières séances de la Chambre se tinrent au bruit de la Révolution. Le 24 février, la République était proclamée. Malgré le trouble que devait produire un tel événement, la Chambre continua de siéger ; elle prouva que sa constitution était saine et robuste en célébrant, en 1898, le cinquantième anniversaire de sa fondation.

En créant la Chambre syndicale, ses fondateurs avaient un but : celui de défendre les intérêts légitimes de la corporation ; ils voulaient se substituer à des vérificateurs, qui bien qu'animés du désir d'être justes, n'avaient pas les connaissances nécessaires pour apprécier des travaux d'ameublement non classés dans les séries, soumis à la mode, aux dessins en propriété, se modifiant chaque année, conséquemment variant dans les prix de revient de telle sorte que les patrons retirés des affaires, au bout de peu d'années se récusent, comme ne se trouvant plus la compétence requise pour avoir la certitude de rester dans la vérité.

Mais pour justifier la prétention de remplacer les vérificateurs, il fallait donner des garanties ; il fallait savoir se dégager de l'esprit de confraternité, pour ne s'inspirer que de la probité la plus sévère, afin de se rendre digne de la confiance des tribunaux civils, ainsi que de celle du tribunal de commerce.

Le premier président de la Chambre syndicale, M. Compagnon, à une grande intelligence joignait la connaissance du droit commercial qu'il avait acquise dans les fonctions de juge consulaire ; les dispositifs des jugements qu'il rédigeait étaient généralement confirmés. Dès lors, la Chambre avait conquis la confiance des tribunaux, qui lui adressèrent un grand nombre d'affaires dont beaucoup furent conciliées. La cause de la Chambre était gagnée.

La loi de 1884 sur les syndicats professionnels, en imposant aux tribunaux l'obligation de ne plus désigner les Chambres syndicales comme arbitres-rapporteurs, mais seulement de leur demander leur avis quand ils le jugeraient utile, eut pour résultat de diminuer le nombre des affaires soumises à la Chambre ; mais il en est resté beaucoup dont les parties, voulant éviter les frais de procédure, s'en remettent à son arbitrage pour terminer leur différend à l'amiable.

En 1872, après les événements qui venaient d'accabler la France, la Chambre syndicale comprit qu'il était du devoir de chacun de travailler à son relèvement dans la mesure de ses forces ; qu'à ce moment, nul n'avait le droit de s'isoler dans son égoïsme, que c'est par le concours de tous que les meilleures idées se produisent et peuvent se réaliser.

Dans ses premières années, la République n'avait pas encore doté le pays de ces merveilleux foyers d'enseignement qu'elle a depuis mis si généreusement et si largement à la portée des jeunes générations.

La Chambre syndicale avait constaté, parmi les apprentis de la profession, une ignorance relative. Persuadée qu'une instruction un peu cultivée est un auxiliaire puissant de l'enseignement professionnel, elle forma un Comité de patronage pris dans son sein qui, outre la surveillance des travaux manuels, obligeait les enfants à fréquenter les cours du soir. Le comité suivait leurs progrès et donnait des prix aux plus méritants.

Depuis, le Parlement a voté l'instruction obligatoire ; il a, de plus, imposé aux patrons l'obligation de ne recevoir, dans leurs ateliers, que des enfants d'au moins treize ans et ayant reçu une instruction primaire constatée. Le Comité s'est alors occupé exclusivement de l'instruction professionnelle. Des hommes dévoués ont bien voulu consacrer une partie de leur temps à enseigner aux jeunes gens la coupe, le dessin, la connaissance des styles et l'harmonie des couleurs. Enfin, après concours, la Chambre distribue des récompenses dans des réunions où l'Etat est représenté.

Certes, l'enseignement professionnel de la Chambre syndicale est moins élevé que celui qui est donné dans les écoles du Gouvernement, notamment à l'école Boulle, mais il a l'avantage de s'adresser à un plus grand nombre de jeunes gens et de les mettre plus tôt en contact avec les difficultés pratiques. De plus, notre industrie étant classée dans les industries d'art, chaque année, certains d'entre eux, après avoir subi un examen satisfaisant, sont admis à profiter des deux années d'exonération du service militaire. L'Etat a montré qu'il appréciait la valeur des services rendus par le patronage en lui allouant une subvention, et en se faisant représenter à la distribution des récompenses.

Il est constaté que chez les hommes formés en société, les bons sentiments grandissent et que celui de la fraternité prend de l'expansion. La Chambre syndicale en a fourni la preuve. Depuis sa fondation, un grand nombre de ses membres, désireux de coopérer à une œuvre utile, se sont fait inscrire comme membres honoraires dans sa Société de secours mutuels ; plusieurs lui ont fait des dons, d'autres des legs d'une certaine importance. La veuve d'un de nos confrères, en souvenir de son mari, lui a donné quarante mille francs. Enfin, la contagion du bien aidant, M. MONCHAUSSÉE a légué, à la Chambre syndicale patronale, la somme nécessaire pour constituer une rente annuelle de 730 francs qui, divisée par moitié, forme deux prix de 365 francs remis chaque année à un vieil ouvrier et à une vieille ouvrière désignés par la Chambre.

Aujourd'hui, la Chambre s'applique à suivre les traditions que lui ont transmis ses aînés : régler avec équité les affaires qui lui sont soumises ; former de jeunes ouvriers qui aient bien la connaissance du métier et le sentiment du devoir ; venir en aide, dans la mesure de ses ressources, aux infortunes imméritées. Nous voulons espérer que nos successeurs nous suivront dans cette voie.

Ci-dessous, un tableau synoptique indiquant les noms des membres du bureau de la Chambre depuis sa fondation jusqu'à l'année 1900.

ANNÉES	PRÉSIDENTS	VICE-PRÉSIDENTS	TRÉSORIERS	SECRÉTAIRES	
1849-51	Compagnon	Maigret	Munier	Gibaudan	
1852-54	id.	id.	Mallet	id.	
1855	id.		id.	id.	
1856-58	id.	Bricard	id.	id.	
1859-63	id.	Barbier	id.	id.	
1864-68	Barbier	Ternisien	id.	id.	
1869	id.	Deville	Boutard	id.	
1870-71	Deville	Roudillon	id.	Legriel	
1872-73	id.	Piédefert	id.	id.	
1874-75	id.	id.	id.	Legriel, Moreau	
1876-77	id.	id.	Fortier	id.	id.
1878	Piédefert	Legriel	Millot	Leys, Boutard fils	
1879-81	Legriel	Boutard fils	id.	id.	Lemaigre
1882	id.	Combe-Billiet	id.	id.	id.
1883-86	Plaisant	Boutard fils	id.	Lemaigre, Vassal	
1887-88	Boutard	Vassal	id.	id.	Fraudet
1889-93	id.	id.	Verger	id.	id.
1894-95	Lemaigre	id.	id.	Fraudet, Lasserre	
1896	Verger	id.	Courmont	id.	Levraux
1897	id.	id.	id.	id.	Lasserre
1898-99	id.	id.	id.	Levraux, Depetiteville	
1900	id.	id.	id.	id.	id.

Le Président actuel de la Chambre est M. VERGER, officier d'Académie.

Les Membres du Conseil, en exercice pour l'année 1900, sont : MM. VERGER, VASSAL, COURMONT, LEVRAUX, DEPETITEVILLE, BLASSET, BUSSIENNE (rue Caumartin), CONSTANT, FOREST, FRAUDET, LAMBERT, LEMAIGRE, LEMAIRE, MENU, VIVIER, PLAISANT.

JETON DE LA COMMUNAUTÉ DES MARCHANDS-TAPISSIERS DE PARIS EN 1726

M. VERGER

PRÉSIDENT DE LA CHAMBRE DES TAPISSIERS-DÉCORATEURS

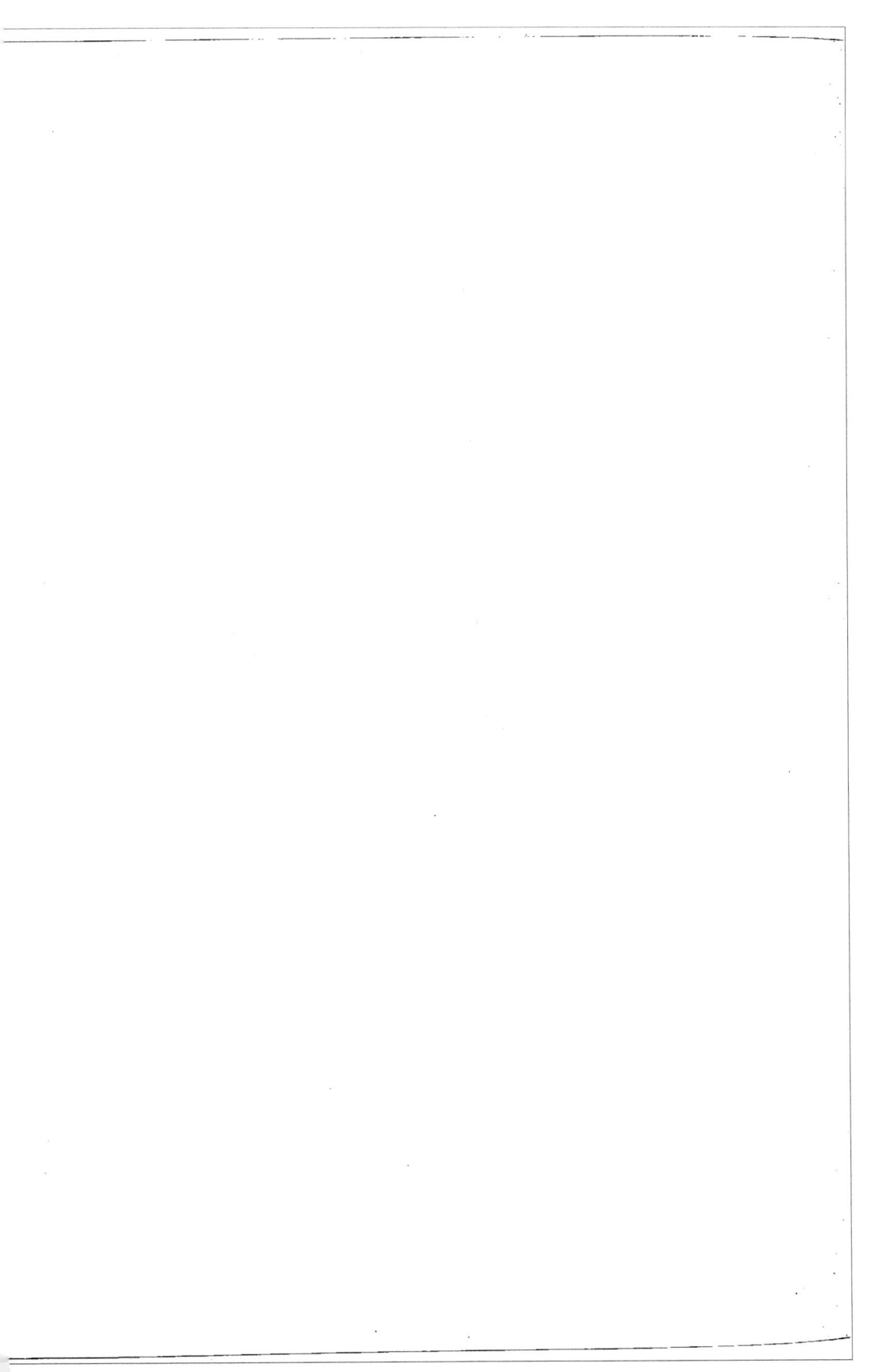

CHAMBRE SYNDICALE

de l'Éclairage et du Chauffage
par le Gaz et l'Électricité

L'ÉCLAIRAGE PAR LE GAZ
ET L'ÉLECTRICITÉ

A un flambeau avec foudres, le tout d'or sur fond de gueules

HISTORIQUE DU MÉTIER

L'INDUSTRIE que la Chambre syndicale représente (ou plus exactement la première en date des deux industries qu'elle représente), a pris naissance à Paris, vers 1820 avec les premiers essais publics d'éclairage par le gaz, lors de la fondation de la Compagnie générale gazière française créée par Pauwels et dont l'usine fut établie Faubourg-Poissonnière; mais ce n'est guère que vers 1845 que les maisons d'installation et de fabrication d'appareils prirent quelque importance.

En réalité, ce n'est qu'à la création de la Compagnie Parisienne du Gaz par la fusion des cinq grandes Compagnies qui se partageaient avant 1855 l'éclairage de la ville de Paris, que ces maisons se développèrent en nombre et que, la concurrence aidant, des progrès marqués furent réalisés, aussi bien dans l'établissement des conduites de gaz à l'intérieur des habitations que dans la forme et l'aspect des appareils d'éclairage qui devinrent réellement des objets de goût appropriés au style des ameublements.

L'usage qui se répandit de substituer la vente du gaz uniquement au compteur à celui de la vente par bec et par heure, a eu la plus heureuse influence sur l'emploi, de plus en plus répandu, du gaz dans les habitations, en laissant à chacun la faculté d'en user suivant ses besoins variables et ses goûts.

L'établissement des conduites montantes par les Compagnies gazières dans presque toutes les propriétés et, dans ces dernières années, celui des installations gratuites dans les appartements, ont puissamment contribué à développer l'usage du gaz dans toutes les classes de la société, aussi bien pour l'éclairage que pour le chauffage dans les cuisines; enfin, l'invention des becs à incandescence a eu le plus heureux effet sur la diffusion de l'éclairage au gaz, même dans les salons les plus riches, en atténuant les inconvénients inhérents au dégagement des produits de la combustion.

La seconde industrie que la Chambre syndicale a mission de représenter et de défendre les intérêts, celle de l'éclairage électrique, ne s'est développée qu'après l'Exposition brillante de 1881 où l'on vit en public, pour la première fois, l'application des lampes à incandescence de Swan et d'Edison ; ici encore, l'usage des compteurs permettant de mesurer la dépense de chacun et l'établissement des colonnes montantes par les différents secteurs électriques, ont été la cause la plus efficace de la diffusion de l'emploi de l'éclairage électrique dans les habitations.

L'abus des règlements administratifs a bien un peu entravé le développement de l'éclairage électrique comme il avait gêné celui de l'éclairage au gaz, mais le besoin de lumière, toujours plus grand, n'a pas tardé à triompher de ces entraves dont notre pays semble avoir le monopole pour toutes les industries naissantes.

✿✿✿✿✿✿✿✿✿✿✿✿✿✿✿✿✿✿✿✿✿✿✿✿✿✿✿✿✿

CHAMBRE SYNDICALE

de l'Éclairage et du Chauffage par le Gaz et l'Électricité

Fondée en 1858

Jeton de présence des Membres du Conseil d'Administration de la Chambre

L'industrie du gaz, bien que connue alors depuis plus de trente ans, ne prit son véritable essor que vers l'année 1855, époque à laquelle les cinq ou six Compagnies gazières qui se partageaient le périmètre de la ville de Paris se fondirent en une seule et puissante Compagnie : « La Compagnie Parisienne d'éclairage et de chauffage par le gaz. »

L'extension de cette industrie ne pouvait manquer d'attirer l'attention de l'Administration municipale, qui déclara le nouveau mode d'éclairage « un danger permanent pour la sécurité publique. »

Les réglementations excessives de ces deux puissantes administrations touchèrent bientôt à l'arbitraire.

Depuis, les Entrepreneurs virent surgir une nouvelle administration, moins puissante, mais d'autant plus tracassière. Nous voulons parler de la trop fameuse agence privilégiée Desmazures et Cantagrel, dite *Compagnie du Cherche-Fuites* et, de plus encore, l'immixion intéressée des architectes, vérificateurs, etc., dans les rapports entre les entrepreneurs et leurs clients, source bien souvent de contestations et de procès.

En présence de ces entraves, de jour en jour plus nombreuses, et comprenant enfin que, pour tenir tête à cette redoutable coalition, les efforts individuels étaient, d'avance, condamnés à l'insuccès, quelques hommes énergiques et dévoués s'assemblèrent et jetèrent les premières bases de l'institution dont nous récoltons aujourd'hui les fruits. Ils firent un chaleureux appel au concours de leurs confrères qui y répondirent avec empressement et une Chambre syndicale, fondée en principe dès 1858, fut définitivement constituée le 5 avril 1859, sous la présidence de M. Melon de Pradoue ; elle prit le titre de *Chambre syndicale de l'éclairage et du chauffage par le Gaz*, titre qui, en 1881, fut remplacé par celui de *Chambre syndicale des fabricants d'appareils d'éclairage et de chauffage par le Gaz*.

Cette Chambre fut l'une des premières, sinon la première, du groupe connu sous le nom de l'*Union Nationale du Commerce et de l'Industrie*, dont le siège était à cette époque situé 82, boulevard Sébastopol, sous la direction de M. Pascal Bonnin.

Peu de temps après la constitution de la Chambre, la présidence fut offerte à M. Eugène Chabrié qui, jusqu'à sa mort survenue en 1876, remplit ces honorables fonctions avec un zèle éclairé, une puissante énergie et une courtoisie parfaite dont les adhérents de la première heure, hélas, bien clairsemés aujourd'hui, conservent encore un bon souvenir.

La succession de ce vaillant champion des intérêts généraux de notre industrie était lourde ; bien lourde. Il fallait pour l'accepter, plus que du courage et presque de la témérité ! M. E. Beynet fut ce vaillant ou plutôt ce téméraire. Secrétaire de la Chambre depuis sa fondation, collaborateur assidu et confident des projets de réformes de M. Chabrié, instruit par ses avis et son exemple, il accepta de poursuivre la tâche de celui dont le nom est resté attaché à l'industrie du gaz en général et à la Chambre syndicale en particulier.

Par suite d'une décision du Conseil, approuvée par l'Assemblée générale de novembre 1883, la Chambre se sépara du groupe de l'*Union Nationale* pour se joindre, à partir du 1er janvier 1884, au groupe de l'Industrie et du Bâtiment et quitta l'hôtel de la rue de Lancry pour s'installer rue de Lutèce.

Cette séparation de l'*Union Nationale* produisit dans cette administration un vif mécontentement qui se traduisit par la retenue des archives de la Chambre. Les tribunaux, saisis de l'affaire, donnèrent gain de cause à l'*Union Nationale*.

Nous n'avons pas à apprécier ici les procédés de celle-ci, ni le jugement rendu contre nous. Nous nous bornerons à constater que, de ce changement de groupe, une notable compensation nous fut offerte : celle d'avoir la libre disposition des fonds de la Chambre, de posséder enfin une caisse. Car pendant les vingt-cinq années que nous avions passées à l'*Union Nationale,* cette administration, d'après le contrat consenti, du reste, encaissait la totalité de nos cotisations, mettant en échange à notre disposition une hospitalité fort peu écossaise.

Grâce aux ressources que procura cette nouvelle organisation, nous avons pu d'abord solder les frais de notre procès et ensuite fonder et doter des médailles offertes à nos ouvriers méritants, mener dans les limites de notre pouvoir une campagne en faveur de la diminution du prix du gaz, lancer des circulaires relatives aux intérêts généraux de notre corporation, etc.

Nous pourrions faire beaucoup plus encore si tous nos confrères, dans leur intérêt personnel comme dans l'intérêt général, consentaient à venir augmenter le nombre de nos adhérents.

En prenant possession de son nouveau siège social, la Chambre, profitant de sa reconnaissance légale par la loi sur les syndicats, jugea utile de reviser ses Statuts et de modifier son titre, ou plutôt de lui rendre son titre primitif de *Chambre syndicale de l'éclairage et du chauffage par le Gaz.*

Comme conséquence de l'application de l'électricité à l'éclairage et de l'adjonction de cette nouvelle branche à notre industrie, le titre de la Chambre dut être modifié de nouveau et, par décision de l'Assemblée générale du 8 novembre 1887, elle prit son titre actuel de *Chambre syndicale de l'éclairage et du chauffage par le Gaz et l'Électricité.*

Le 27 mai 1898, la présidence devenait vacante par suite du décès de M. BEYNET, luttant depuis plusieurs années contre la maladie qui devait l'emporter. Celui qui fut l'un des fondateurs de la Chambre et qui en fut, pendant quarante ans, l'âme et l'honneur, voulut consacrer jusqu'à son dernier souffle au service de l'œuvre dont il avait le droit d'être fier et qu'il nous a légué le devoir de poursuivre.

Le 13 décembre 1898, M. Paul JEAN était appelé par le Conseil à la présidence de la Chambre. La mort impitoyable l'enlevait, à son tour, le 31 janvier 1900 et M. CHAMON lui succédait quelque temps après.

Si la mort des regrettés BEYNET et JEAN a, pour un instant, jeté quelque trouble dans l'esprit de quelques-uns, on peut aujourd'hui, envisager l'avenir avec sécurité. Le sort de la Chambre syndicale est en bonnes mains.

En présence de la nouvelle loi sur les accidents du travail, le Conseil du Groupe des Chambres syndicales du Bâtiment, après une longue et minutieuse étude de la question, a fondé en 1899 une Caisse d'assurance mutuelle désignée sous le titre de *Caisse Commune de l'Industrie et du Bâtiment*. La Chambre, comme presque toutes celles du Groupe, a prêté son concours et donné son adhésion à cette œuvre dont le succès est dès maintenant assuré.

L'expérience ayant démontré la nécessité d'une nouvelle modification des Statuts de la Chambre, le Conseil a dû se livrer à l'étude d'un projet de revision. Ce travail, présenté à l'Assemblée générale du 14 novembre 1899, a été adopté par elle à l'unanimité.

Ci-dessous, un tableau synoptique indiquant les noms des membres du bureau de la Chambre, depuis l'année 1866 jusqu'en 1900.

ANNÉES	PRÉSIDENTS	VICE-PRÉSIDENTS	TRÉSORIERS	SECRÉTAIRES	SECRÉTAIRES-ADJOINTS
1866	Chabrié	Rosier, Fournier		Beynet	
1867	id.	Rosier		id.	
1868-74	id.	Rosier, Vaudoré		id.	
1875-76	id.	id. id.		id.	Gautier
1877	Beynet	id. Abar		Gœlzer	Akar
1878-80	id.	Abar, Lecoq		id.	
1881	id.	Abar, Akar	Liefquin	id.	
1882	id.	id. id.	id.	Clémançon fils	Beau
1883-84	id.	id. id.	id.	id.	Couplet
1885	id.	id. id.	id.	Couplet	Rosier fils
1886	id.	id. Seiler (A.)	Durand	Rosier fils	Bastide
1887	id.	Seiler (A.), Liefquin	id.	Potron	Gommeret
1888	id.	id. id.	id.	Rosier	Renoir
1889	id.	Abar, id.	Gommeret	Potron	id.
1890	id.	Akar	id.	Bengel	Galy
1891	id.	Seiler, Liefquin	id	Galy	Renoir
1892	id.	id. id.	Rosier fils	id.	id.
1893	id.	Liefquin, Rosier	Gommeret	Renoir	Gerbellot
1894	id.	Rosier, Clémançon	Seiler	Galy	Gommeret
1895	id.	Jean, Seiler	Gommeret	Gerbellot	Renoir
1896	id.	Seiler, Jean	Rosier	id.	id.
1897	id.	Akar, Chamon	id.	id.	id.
1898	id.	Jean, Seiler	id.	Piot	Baron
1899	Jean	Seiler, Chamon	Gommeret	id.	id.
1900	Chamon	id. Rosier	id.	Gerbellot	Wimphen

M. CHAMON

PRÉSIDENT DE LA CHAMBRE DE L'ÉCLAIRAGE ET DU CHAUFFAGE

PAR LE GAZ ET L'ÉLECTRICITÉ

Les membres élus du Conseil d'administration de la Chambre, sont pour l'année 1900 :

MM. Chamon, A. Seiler, Gerbellot aîné, Wimphen, Gommeret, Akar, Bengel, Blanc, Chambrouty, Galy, Guinier, Potron, Rosier, Rouget, Sack,

CHAMBRE SYNDICALE

de la Marbrerie de Paris

LA MARBRERIE

Une colonne funéraire d'argent placée devant une cheminée d'or sur fonds de gueules et d'azur.

HISTORIQUE DU MÉTIER

LA marbrerie, ou l'art de travailler *le marbre* et les autres pierres colorées ou non susceptibles de recevoir un poli pour les utiliser à la décoration des édifices publics ou des habitations privées, ne remonte pas, comme la charpente, la maçonnerie, ou l'art du potier, aux premiers âges du monde. Elle nécessite, de la part de ceux qui la mettent en pratique, un certain degré de civilisation et surtout la présence, à proximité des centres habités, de masses de marbres faciles à exploiter.

Cependant, si l'on veut bien assimiler aux marbres, les autres matières aptes à recevoir un poli qui en rehausse l'éclat et en fait valoir les couleurs, nous pouvons considérer les anciens Égyptiens comme nos grands ancêtres en marbrerie.

Ils n'avaient pas, sans doute, à leur disposition, des marbres proprement dits, mais de fort beaux granits, que, malgré leur dureté, ils arrivèrent à tailler et à polir dans la perfection. Certains sphinx que l'on peut admirer au Musée du Louvre, conservent encore ce poli qu'ils ont reçu il y a trois ou quatre mille ans.

A proprement parler, les premiers marbriers du monde furent les Grecs. Ce peuple essentiellement artiste, habitant une terre favorisée qui lui fournissait en abondance d'admirables matériaux, comprit rapidement le parti précieux que l'on pouvait en tirer, non seulement pour les statues que créait le génie de ses artistes, mais aussi pour ces temples célèbres qu'édifiaient ses architectes et qu'ils décoraient avec un art qui nous est encore un modèle aujourd'hui.

Et ce ne fut pas seulement dans les temples et sur les places publiques, mais aussi dans les habitations particulières que le marbre fut prodigué, mais avec tact et en appropriant les formes aux besoins : tels aux fonctions, s'adaptent les organes.

La favorable clémence d'un ciel tempéré conservait aux marbres leur éclat, sans altération sensible ; bien plus, ils prenaient, sous les caresses d'un soleil tellement enchanteur qu'on se plaisait à voir en lui le Dieu des Beaux-Arts, ces tons chauds et ces patines exquises ignorés hélas, de nos climats brumeux.

Ainsi les Grecs, guidés par un sentiment artistique très sûr, utilisèrent le marbre, le mirent en honneur, s'efforcèrent d'en tirer tous les effets qu'il peut produire et osèrent même, n'ayant pas à leur disposition la variété de tons que les carrières modernes nous offrent aujourd'hui, souligner par la peinture les lignes des sculptures décoratives qu'ils rehaussaient de tons vifs.

Ils furent réellement d'éminents marbriers, et ce doit être un honneur pour nous de pratiquer un art assez noble pour avoir été apprécié, encouragé et porté si haut par ce peuple que l'on regarde à bon droit comme le plus artistiquement doué de l'antiquité.

L'art est un flambeau qui brille au loin et rayonne au-delà des frontières.

L'art Grec franchit bientôt les limites de l'Hellade et pénétra vite en Italie. Les Grecs qui furent les éducateurs artistiques des Romains guerriers, leur firent rapidement apprécier les beautés des marbres et les somptuosités décoratives que l'on peut en tirer. Le Romain fastueux en goûta la richesse de tons, en décora ses temples, en orna ses places publiques, ses théâtres et ses palais ; des blocs furent apportés à grands frais de tous les rivages où les masses se prêtaient à des exploitations encore primitives et où le voisinage de la mer facilitait les transports ; ils venaient de Grèce, de Sicile et d'Afrique, s'étendaient en dallages dans les monuments et s'érigaient en colonnes que l'on admire encore dans les basiliques romaines.

Dès cette époque, commença à se répandre l'emploi de la mosaïque qui se prête, par les petites dimensions de ses éléments, à la souplesse des dessins et à la variété des formes. Les Italiens y excellèrent toujours : ils en font encore aujourd'hui un emploi fréquent.

L'Italie est d'ailleurs une terre privilégiée au point de vue des marbres : elle exploite ces admirables carrières, non encore égalées, de marbres blanc ou diversement colorés.

Aussi, lors de la Renaissance, ses architectes n'eurent-ils que l'embarras du choix pour construire et décorer ses monuments, alors que les autres peuples semblaient presque ignorer l'existence du marbre.

La France, par exemple, largement dotée cependant en beaux gisements, n'utilisait guère ses richesses. Pendant tout le Moyen-Age, les maîtres de l'art élèvent les chefs-d'œuvre que sont nos cathédrales et semblent ne connaître que la seule pierre : matière admirable assurément que cette belle pierre de France qui est en somme, par son origine, et un peu par sa ressemblance, la cousine germaine du marbre, mais une cousine qui serait pâle et blonde ; belle cependant, à la fois ferme et capable de tout exprimer, même les plus délicates nuances, comme notre claire langue Française, si souple et si précise en même temps. Mais la pierre n'est que la prose d'une langue dont le marbre est la poésie ! Et faute de l'avoir à leur disposition, les artistes écrivent pendant des siècles, pour les générations futures, ces pages admirables en une prose qu'ils savent colorer et rendre poétique en y semant à profusion les symboles ingénieux, les images naïves ou les fleurs délicates et infiniment variées.

En effet, pendant de longs siècles, les centres marbriers et les pays voisins furent seuls à utiliser une matière que sa fragilité et son poids rendent d'un transport difficile et onéreux.

Il faut arriver presque aux xvie et xviie siècles pour voir timidement d'abord, puis plus largement, et enfin fastueusement comme sous Louis xiv, le marbre employé à la décoration des églises, des palais, des parcs et des édifices. Et cependant, combien les nuances dont disposaient alors les marbriers étaient peu variées ! Combien les transports de grands blocs étaient encore difficiles, et l'outillage sommaire ! Et voyez cependant quel merveilleux parti ils en ont su tirer ! Quelle profusion et quelle sobriété tout à la fois !

Versailles est, à ce point de vue, un admirable modèle que nous ne devons pas nous lasser d'étudier.

Sous Louis xv et sous Louis xvi, le marbre reste en honneur auprès des architectes. Ils le marient plus fréquemment au bronze doré et en obtiennent ainsi des effets nouveaux.

La Révolution, puis l'Empire furent, pour tous les Arts, sauf celui de la Guerre, une période d'éclipse et les artistes qui, élevés à cette époque, voulurent plus tard reprendre les traditions interrompues, durent refaire, avec leur éducation propre, celle du goût public singulièrement atrophiée. Dans la première moitié du siècle la marbrerie, comme l'architecture, nous a laissé peu d'exemples à citer. Rappelons cependant l'église de la Madeleine qui restera un très intéressant spécimen de décoration polychrome par l'emploi des marbres.

Depuis, nous avons vu cet emploi se généraliser : la facilité plus grande des transports a mis à notre disposition une palette plus riche en nuances.

Les marbres nous arrivent à la fois d'Italie, des Alpes et des Pyrénées, où ils sont nombreux et variés ; d'Algérie, où ils ont une chaleur de tons et une vivacité de coloris qui rappelle les ardeurs de son ciel de feu ; du Jura, de la Mayenne, du Nord et de la Belgique, où, bien que peu nombreux et sombres de tons, ils furent depuis longtemps exploités et travaillés avec goût et habileté ; de Suède, d'Espagne et même d'Amérique, d'où viennent des marbres aux nuances fines et des onyx curieusement teintés.

En même temps, l'outillage s'est amélioré, et avec de tels éléments : matériaux nombreux et divers, outils perfectionnés facilitant la main-d'œuvre et simplifiant le travail, ce siècle finissant aurait dû, n'est-il pas vrai, voir se produire des merveilles dans notre art ? Dans quelques monuments, des théâtres en particulier, nous avons pu admirer l'heureux effet résultant de l'utilisation judicieuse de beaux matériaux. En dehors de certains hôtels somptueux et de demeures princières où les escaliers et les vestibules en sont également décorés, quelques magasins de luxe ont, dans les quartiers riches, compris l'avantage qui peut résulter pour eux d'encadrer de marbres de couleurs appropriées rehaussés ou non avec des bronzes : des bijoux, des objets de luxe ou d'ameublement. Enfin il faut signaler aussi les copies de cheminées de nos palais nationaux que nous demandent l'Angleterre ou l'Amérique du Nord, témoignage rendu à notre art national par l'admiration des Anglo-Saxons.

Malheureusement, le marbre est demeuré, du fait de son extraction et de sa dureté, une substance coûteuse d'achat et de travail. De là une tendance fâcheuse au point de vue de l'Art, aussi bien chez les marbriers que chez les architectes (limités trop souvent, il faut bien le dire, par la parcimonie de leurs clients) à ménager aussi bien la matière que la main-d'œuvre qui la transforme.

Cette tendance à l'économie a du moins permis au marbre de se démocratiser, presque au point de s'avilir. Il ne décore plus seulement les églises et les palais ; on le rencontre aussi dans les plus humbles logements.

Et ses mérites sont si généralement reconnus qu'on cherche encore tous les jours à l'imiter, sans pouvoir d'ailleurs réussir à le remplacer complètement. Enfin, et ce n'est pas une de ses moindres gloires, que de savoir se prêter tour à tour à décorer, à l'envi de la peinture, les plus somptueux de nos monuments ; à glorifier, comme le bronze et avec lui, les grands hommes ou les actions héroïques, ou à perpétuer parmi les vivants oublieux, le souvenir de ceux qui ne sont plus. Mais surtout il constitue presque à lui seul le foyer fidèle, symbole tantôt somptueux et tantôt modeste de la famille riche ou pauvre.

Le marbre se trouve ainsi intimement mêlé à notre vie : à notre vie publique comme à notre vie privée ; et, il demeurera pour les générations futures, par les formes plus ou moins artistiques que nous avons su lui donner et les emplois adroits auxquels nous l'aurons consacré, un témoin éloquent et sincère de nos goûts et de nos mœurs, de même que, immuable, il leur conservera notre mémoire après que nous serons disparus.

CHAMBRE SYNDICALE

de la Marbrerie de Paris

Jeton de présence des Membres du Conseil d'Administration de la Chambre

Nous n'avons pu retrouver de renseignements sur les corporations et maîtrises de marbriers qui existaient avant la Révolution. Les seuls documents curieux que nous avons feuilletés sont des marchés à forfait passés entre Colbert et des maîtres-marbriers à Paris pour la décoration en marbre des salons de la guerre et de la paix, au palais de Versailles. Ces documents, qui se trouvent à la bibliothèque de Versailles, montrent que déjà les marbriers de Paris faisaient preuve, dans leur art, de goût et d'habileté.

Pendant les deux premiers tiers du siècle, les marbriers travaillèrent sans avoir entre eux de lien corporatif. En 1862 seulement, plusieurs marchands de marbres et marbriers de Paris se réunirent pour former un syndicat, dont le but était de *défendre les intérêts communs de la corporation, et de créer entre les chefs de maison des liens de bonne confraternité.* »

Les premières réunions eurent lieu, boulevard Sébastopol, 82, dans une maison louée par M. Pascal Bonnin qui y avait déjà, dans le même but, réuni plusieurs autres industriels.

Le premier président fut M. René LANGLOIS qui, avec le concours de tous les adhérents, dressa des statuts. Grâce à l'entente commune et après quelques réunions, la Chambre syndicale était fondée. Les successeurs de M. LANGLOIS furent : M. RIFFARD, de la maison Bex, qui demeura peu de temps à la présidence et M. LÉCUYER.

La guerre de 1870-1871 suspendit les réunions qui ne reprirent qu'après un nouvel appel à la bonne volonté des adhérents. Les séances eurent lieu dès 1879 dans un local spécial, rue de Lancry, sous la présidence de MM. PARFONRY et DELARUE. C'est sous la présidence de ce dernier que la Chambre obtint de l'octroi de Paris, pour les marbriers remplissant les conditions de l'entrepôt, le privilège de la reconnaissance à la sortie.

La Chambre de la Marbrerie fut réunie au groupe de l'Industrie et du Bâtiment en 1884 et a, actuellement, son siège rue de Lutèce, avec les autres Chambres de ce groupe important ; ses statuts ont été revisés en 1866, 1869, 1870, 1883 et 1891.

Ses présidents successifs ont été, après M. DELARUE ; MM. LOICHE-MOLLE, DERVILLÉ, GRUOT, LECOINTE, BENEZECH et ROCLE, ce dernier actuellement en exercice.

Parmi les services rendus par la Chambre syndicale, il convient de signaler :

Les avis donnés par ses commissions lors des revisions des tarifs de douane ou d'octroi ;

Son intervention dans les grèves et les questions de salaires ;

Ses avis ou réclamations (demeurés d'ailleurs souvent sans résultats), lors des revisions des séries de prix éditées, soit par la Ville, soit par la Société centrale des Architectes :

Les médailles dotées et distribuées annuellement par elle aux ouvriers ou contremaîtres méritants ;

Les expertises en douane et auprès des divers tribunaux ;

Les arbitrages qui lui sont renvoyés par le Tribunal de commerce, et qui sont souvent résolus, pour le plus grand avantage des plaideurs, par des conciliations amiables ;

Enfin la création, actuellement à l'ordre du jour de la Chambre, de cours professionnels pour les apprentis.

La corporation n'est pas assez nombreuse pour avoir pu établir entre ses membres une assurance mutuelle contre les accidents du travail ; mais depuis la mise en vigueur de la dernière loi, ses membres ont le droit, comme adhérents au groupe de l'Industrie et du Bâtiment, de s'assurer à la *Caisse commune*, dont le siège est rue de Lutèce.

Elle a eu l'honneur d'avoir vu l'un de ses présidents, juge apprécié au Tribunal de commerce, obtenir et conserver deux fois de suite le mandat de président de ce tribunal, et montrer, dans l'exercice de cette difficile magistrature, toutes les qualités d'intelligence, de tact et d'affabilité que ses collègues lui connaissaient déjà depuis longtemps.

Un autre confrère entre actuellement au Tribunal de commerce comme juge suppléant après avoir rempli pendant six ans, avec ardeur et habileté, le difficile mandat de Conseiller Prud'homme.

La corporation est représentée au Tribunal des Prud'hommes par deux conseillers patrons qui consacrent sans se ménager, à ce devoir ingrat, leur temps et leurs peines.

Ci-dessous, un tableau indiquant les noms des membres des bureaux de la Chambre, suivant les renseignements que nous avons pu trouver, depuis la création du syndicat.

ANNÉES	PRÉSIDENTS	VICE-PRÉSIDENTS	TRÉSORIERS	SECRÉTAIRES
1862-66	Langlois			
1867-68	id.	Dervillé, Parfonry		Marga, Huret
1869	id.	Lécuyer, id.		Loichemolle, Drouet
1870	Riffart-Bex	Duchesne, Séguin		Marga, Gouault
1871-73	Lécuyer	id. id.		id. id.
1874	id.	Loichemolle, Millardet		id. Durat
1875	Parfonry	Millardet, Marga		Dervillé, Rocle
1876	id.	Marga		id. id.
1877-78	id.	Lécuyer, Marga		Rocle, Delarue
1879-80	Delarue	Rocle, Loichemolle		Blanpain, Gruot
1881	id.	id. id.	Gruot	Dervillé
1882-83	Parfonry	id. id.	id.	Dervillé, Lecointe
1884	id.	id. id.	id.	Lecointe
1885-86	Loichemolle	id. Gruot	Bénézech	id.
1887	id.	Gruot	id.	id.
1888	Dervillé	Grandpierre, Devoisines	id.	id.
1889	id.	Gruot id.	id.	id.
1890	id.	Devoisines	id.	id.
1891	Gruot	Devoisines, Bénézech	Drouet	id.
1892-93	id.	Bénézech, Lecointe	id.	A. Rocle fils
1894	Lecointe	id. A. Rocle	id.	Peytoureau
1895-97	Bénézech	A. Rocle, Drouet	Huvé	id.
1898	A. Rocle	Lozouet, id.	id.	id.
1899	id.	id. Huvé	Loichemolle	id.
1900	id.	id. id.	id.	id.

Le président actuel de la Chambre est M. ROCLE, marbrier funéraire.

Les membres élus du Conseil pour l'année 1900, sont : MM. ROCLE, HUVÉ, LOZOUET, LOICHEMOLLE, PEYTOUREAU, ADAM, FALLOT, LHOSTE, BÉNÉZECH, CANA, CATAU, GEORGES fils, GRUOT, HEURLEY, LABATIÉ, LEHÈQUE, ROUSSET-THIÉRY, BOUVIER, DRAIN, LECOINTE, MAYBON, SANDOZ.

M. ROCLE

PRÉSIDENT DE LA CHAMBRE DE LA MARBRERIE DE PARIS

CHAMBRE SYNDICALE

DES

Selliers-Bourreliers

LA SELLERIE-BOURRELLERIE

A un collier d'argent sur fond d'azur

HISTORIQUE DU MÉTIER

E harnachement des chevaux est aussi ancien que les premières civilisations. C'est l'art de guider et de protéger le cheval contre la gêne, le froissement et les heurts possibles.

Bourrelier vient de l'ancien français *Bourrel*, amas de bourre. Il y a une forme picarde singulière de ce mot. Au XVe siècle, on disait, dans cette province : *Gorellier*.

Chez les Romains, cet artisan fabriquait la *sella*, ou selle des bêtes de somme faite de bois recouvert de cuir et de grandes dimensions, appropriée pour recevoir les paquets que l'on y entassait et garnie en dessous d'une étoffe commune destinée à garantir le dos de l'animal des écorchures ; *l'antilena*, ou poitrail attaché au bât pour empêcher la selle de glisser en arrière : c'était l'accessoire du bât dans les contrées montagneuses à pentes escarpées ; le *postilena*, ou croupière faite de cuir, entourant la croupe de l'animal et retenu par la queue, tandis qu'il empêchait la selle de glisser en avant : le *sagma*, ou bât fait de planches, sans être rembourré, tel que l'on en voit sur la colonne Trajane où cet appareil est garni de côtés relevés pour recevoir des paquets ; le *clitellæ*, autre bât sur lequel on accrochait des paniers ; le *scordiscum*, ou caparaçon de cuir non tanné ou de peau de bête qui s'adaptait au corps de l'animal à peu près comme cela se fait encore ; l'*oreæ*, le *frenum*, ou bridons et brides comprenant le mors, la tétière, les rênes ; le *retinaculum*, longs traits pour les chariots attelés de plusieurs paires de bœufs ; le *capistrum*, licou ou tétière pour les chevaux, ânes, ou bœufs ; le *jugum*, ou joug pour les bêtes de trait, pouvant être attaché, par exemple, au timon d'une charrue ; le *torquis*, collier de cordes tressées ; le *solea*, chaussure de cuir pour les pieds des mules, car les anciens ne ferraient point leurs bêtes de somme ou de trait, mais leur mettaient des sortes de brodequins munis de courroies. Souvent cette chaussure était fortifiée d'une plaque de fer *(solea ferrea)*.

*
*   *

Au xiiiᵉ siècle, les Bourreliers faisaient, comme aujourd'hui, la harnacherie commune. Les colliers devaient être rembourrés de poil ou d'étoupe sans mélange ; le cuir de mouton et la basane étaient prohibés, de même que l'emploi des clous étamés. Tout objet défectueux était brûlé devant la porte de l'ouvrier.

Les règlements concernant cette corporation tendent surtout à assurer la bonne qualité des objets fabriqués.

En effet, l'apprentissage n'était point soumis à des règles fixes et les conditions étaient entièrement libres.

Les *Chapuiseurs* ou arçonniers faisaient la charpente de la selle : le bois devait être de pur cœur de chêne ; s'il était défectueux, on le perçait et il ne servait plus qu'aux selles des charretiers. On défendait de réparer les vieilles selles, de crainte qu'elles ne fussent vendues pour neuves ; l'enture d'un morceau sur un autre était également interdit, ainsi que le mélange des diverses espèces de bois.

Du reste, voici les règlements d'Etienne Boyleaux, prévôt de Paris sous Saint-Louis, au titre LXXXI, concernant les Bourreliers :

« I. — Quiconques veut estre bourelier à Paris, c'est à savoir feseres

« de coliers à cheval et de dossieres de seles et de toute autre manière de
« bourelerie apartenant a chareterie feite de cuir de vache, de chevaus,
« estre le puet franchement, de quelque terre et de quelque païs
« qu'il soit.

« II. — Quiconques est bourelier à Paris, il puet avoir tant d'apprentis
« qui li plera et ouvrer de nuit quant mestier li iert.

« III. — Bourelier ne peut ovrier de cordouan s'il n'achate le mestier
« du roy ; et le veut de par le roy li comandemens au conte d'Eu a qui
« li roy l'a doné, tant come il li plera.

« IV. — Nus bourelier ne puet faire colier de moutons ou de bazane ;
« et s'il le fait, le colier est ars, et li menestreul est en l'amende lou roy au
« taxement le prevost de Paris.

« V. - - Bourelier puet faire ses coliers de toute manière de cuir,
« fors de bazane ou de mouton, et ouvrer de toutes autres manieres de
« cuir franchement, fors que de cordouan ; quar se il ovroit de cordouan,
« il li converroit le mestier achater, si come il est dit par dessus.

« VI. — Le Bourelier puet emplir ses coliers de bourre ou de poil ;
« mès s'i l'enplist de l'un, il ne puet pas paremplir de l'autre : et se il le
« fesoit, li bouriaus serait ars et li Bourelier seroit en l'amende.

« VII. — Si Bourelier vent son colier ou aucune chose de son mestier
« et on li demande de quoi il est empliz ou de quoi la chose est estoffée,
« dire le doit ; et se il l'en mant, il doit rendre a l'achateur son domage
« et amender au roy se que il vendoit chose pour autre, au taxement le
« prevost de Paris.

« VIII. — Et se on trouvoit le colier qu'il fust de bourre ou de poil,
« ars seroit avec l'amende et le domage rendus devant diz.

« IX. — Bourelier ne puet cloer sele a charetier de cloz d'étain ; et
« se il le fait, la sele doit estre arse, et li fesieres le doit amender.

« X. — Se marchans de dehors aporte seles a vendre estoffée de cela
« meesmes étoffes, il est encheuz en cela meesmes paine et en ce
« domage. »

Des statuts furent accordés aux Bourreliers en 1403, par Charles vi ;
ils furent renouvelés sous Henri iii en 1578, en 1665, sous Louis xiv et
en 1734, sous Louis xv. A cette époque, ces artisans étaient désignés sous

le nom de *boureliers-bâtiers-hongrieurs*, parce qu'ils avaient le droit de fabriquer toutes les espèces de bâts et d'employer le cuir de Hongrie.

Les chefs-d'œuvre de réception des Bourreliers étaient jugés par vingt-quatre personnes, dont : quatre jurés, douze anciens maîtres, quatre modernes et quatre jeunes, et le prix de cette réception, indépendamment de celui de la maîtrise qui, en 1750, était de neuf cents livres, était fixé à soixante-seize livres. En 1403, ce chef-d'œuvre consistait en « un harnois de limon tout fourni, comme une selle à pleine couver- « ture et à bastier ; un collier de limon garni de trayaux avaloire à « croix, dossier et brides : tout de cuir corroyé bien et suffisamment. » En 1665, on exige : « un harnais de limon ou de carrosse complet. »

L'édit de 1691 divise les corporations en quatre classes, suivant leur importance. Les Bourreliers font partie de la seconde classe avec les selliers, les maréchaux et les charrons. L'indemnité à payer aux jurés pour droits de visite et examen des ouvrages est fixée à vingt sols.

Louis XIV ayant enlevé aux corporations le droit d'élire leurs jurés, celles-ci rachetèrent ce droit et les Bourreliers eurent à débourser, de ce fait, la somme de dix mille livres.

Les Selliers se séparèrent des Bourreliers en 1577 et les Bourreliers, restés seuls, se subdivisèrent en deux spécialités lors de l'apparition des carrosses : la première fut celle des Bourrelier-bâtiers restés fidèles aux anciennes traditions et la seconde, celle des Bourreliers-carrossiers qui travaillèrent, comme leur nom l'indique, pour les nouvelles voitures presque aussi grossières, du reste, que des charrettes.

* *

Aujourd'hui, comme autrefois, le Bourrelier fabrique les harnais d'avant et d'arrière-main des chevaux des charrettes et lourdes voitures, comme licols, brides, colliers, selles et sellettes, les sous-ventrières, dossières, avaloires, croupières, couvertures, surdos, fourreaux, traits, faux-surdos, cordeaux, etc., etc. Il fait encore les panneaux, bâts et bâtines. Il orne ses harnais de petites et grandes bouffettes, de *traces* et de broderies.

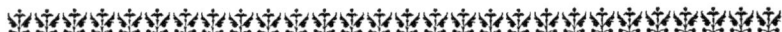

CHAMBRE SYNDICALE

DES

Selliers-Bourreliers

Fondée en 1862

Jeton de présence des Membres du Conseil d'Administration de la Chambre

---

Cette Chambre a été constituée en 1862. Jusqu'en 1891, elle était réunie en groupe avec les Charrons, les Carrossiers et les Selliers-harnacheurs. A cette époque, elle se sépara d'eux et devint indépendante.

Les statuts indiquent qu'elle est établie « en vue de centraliser « l'examen des contestations relatives à ses travaux, qui lui sont soumises « soit par les tribunaux, soit par des particuliers ; de donner à ces contes-« tations une solution aussi prompte que possible ; de s'entr'aider « mutuellement ; de rechercher et réaliser, pour la prospérité de la « profession, toutes les améliorations dont elle est susceptible. »

Ci-dessous, nous donnons, dans un tableau synoptique, la compo-sition des bureaux de la Chambre jusqu'en 1900.

Années	Présidents	Vice-Présidents	Trésoriers	Secrétaires
1870	Bernard	Boucher	Thiébault	Sanglier
1871-72	id.	id.	id.	Macon
1873-74	id.	id.	id.	Cosnard
1875-76	id.	id.	Passerat	Cottin
1877	id.	id.	id.	Barbé
1878-79	Barbé	id.	Couvreur	Macon
1880-83	Morey-Meugniot	Macon	Bléchet	Chambolle
1884	id.	id.	Gautier	id.
1885-91	id.	id.	id.	Langlois
1892-93	Macon	Gautier	Harrault	id.
1894-96	id.	id.	id.	Charpentier
1897-99	Harrault	Charpentier	Poutos	Mareau
1900	id.	Cottin	Mareau	Jauneau

Le président actuel, M. HARRAULT, est l'un des membres du comité de direction de la *Caisse Commune*, société d'assurance contre les accidents, fondée par le Groupe de l'Industrie et du Bâtiment et administrée par quinze de ses présidents.

Les membres du Conseil d'administration de la Chambre, actuellement en exercice, sont : MM. CERCEAU, CLAVEAU, CHARPENTIER, COTTIN, GOELOT, HARRAULT, JAUNEAU, LOISON, MACHOT, MACON, MAREAU, NOLIN, POISSON, SOCHARD.

M. HARRAULT

PRÉSIDENT DE LA CHAMBRE DES SELLIERS-BOURRELIERS

Chambre syndicale de la Sellerie

LA SELLERIE

Champ de gueules, cheval d'argent, selle d'or, ruban d'azur

HISTORIQUE DU MÉTIER

L serait difficile d'indiquer l'époque à laquelle peut remonter le métier de sellier-harnacheur.

L'appellation toutefois, ne paraît dater que du xviiie siècle, alors que se généralise l'emploi de la voiture.

Toute situation naît d'une cause et sans prétendre remonter au premier âge, l'origine de ce genre de travail doit être bien ancienne.

Dès l'instant où l'homme a reconnu les services que pouvaient lui rendre certains animaux, sa grande préoccupation a dû être de rechercher les moyens de les utiliser.

Si primitives qu'aient été les premières productions de ce genre d'occupations, elles ont nécessairement permis à celui qui s'y livrait de s'en faire un moyen d'existence, et, dans la nécessité de coordination où se trouve la société, de recevoir une désignation spéciale le séparant d'autres individus s'employant à d'autres travaux.

Il serait intéressant de connaître le nom par lequel on le désignait, pour voir s'il donne un dérivé à celui de notre époque.

Ce qu'on doit pouvoir affirmer, c'est que, de haute date, il a dû exister des classifications ; de là, des différences de dénominations entre les ouvriers s'occupant de gros travaux, et ceux qui exécutaient ces riches caparaçons, ces garnitures de têtes merveilleuses que nous montrent les estampes les plus anciennes, où la variété des formes, l'élégance des lignes, résultant de la recherche et du fini du travail témoignaient du goût, de l'habileté et des connaissances approfondies qu'avaient, de leur art, ceux qui les produisaient.

Nous voyons, dans les règlements des métiers d'Etienne Boyleaux, prévôt de Paris sous Louis IX, que « la selle devait d'abord présenter « toutes les qualités requises de solidité et de disposition. Le cuir devait « être partout le même ; si l'on trouvait du cuir de vache cousu à de « la basane, la selle était brûlée comme défectueuse. On garnissait les « selles de *houchures* ou riches bordures qui pendaient jusque sur les « jambes des chevaux ».

Les arçons qui étaient hauts, recevaient des ornements dorés et colorés par les *peintres-selliers*. L'or devait être pur, sans aucun alliage. Le cuir était doré directement au pinceau et par couche très épaisse, sans pouvoir coller des plaques d'étain coloré ou autres applications, ce qui aurait certainement mal tenu.

Les selliers ne pouvaient faire des marchés à forfait avec les doreurs parce que, disaient-ils, l'or ou l'argent ne seraient pas appliqués loyalement « ce qui ne tournait ni à leur profit, ni à leur honneur ».

Les statuts mentionnent encore « les selles de bois verni, les selles « blanches garnies de clous étamés pour les prêtres, les selles recou- « vertes de velours avec des garnitures de clous dorés, de lacs de soie « et autres broderies ».

La selle devait toujours avoir une double garniture de cuir : la première sur la charpente, d'un coin à l'autre, la seconde composée du rembourrage et de la couverture. L'écusson était souvent représenté sur la selle par le *Blasonnier*.

L'ornementation d'une selle ne devait être terminée qu'après l'achat, afin que les défauts possibles ne pussent être cachés par les peintures.

Les *lormiers*, ouvriers spéciaux de la sellerie, fabriquaient les guides, rênes et courroies de toute espèce. Ils ornaient les cuirs de plaques de métal, comme on le faisait pour les ceintures des hommes.

Lebrun, dans son *Manuel du Bourrelier et du Sellier*, publié par Roret, nous apprend qu'il y a six siècles, sous Charles VI, en 1403, la corporation des selliers était distincte de celle des bourreliers et que ce monarque lui donna des statuts renouvelés en 1578 sous Henri III, puis sous Louis XIV, en 1665, et enfin sous Louis XV, en 1734.

Ces statuts, restés en vigueur jusqu'au commencement du XVIIIe siècle, conféraient à la corporation le droit de fabriquer des pièces de sellerie, recevant le nom de l'usage qui en était fait.

Les artisans de ce métier s'appelaient alors *selliers-lormiers-carrossiers*, parce qu'ils pouvaient confectionner toute espèce de selles pour chevaux, haquenées, mulets, etc., etc., et aussi parce qu'ils étaient autorisés à fabriquer de petits ouvrages en fer, comme clous, anneaux, etc., ce que le vieux mot *lormier* exprimait.

Le nom de harnacheur, donné à ces industriels, n'apparaît qu'à une époque plus moderne, alors que le travail devient plus compliqué, plus délicat et vient compléter le titre générique de l'industrie des selliers-harnacheurs, tel qu'il s'établit à notre époque.

La révolution de la fin du XVIIIe siècle, en abolissant les us et coutumes admis en principe pour les différentes corporations, et en proclamant la liberté dans le travail, nous a amenés successivement à l'état où nous a placés la loi sur les Syndicats Professionnels.

✿✿✿✿✿✿✿✿✿✿✿✿✿✿✿✿✿✿✿✿✿✿✿✿✿✿✿✿

Chambre Syndicale de la Sellerie

Fondée en 1864

Jeton de présence des Membres du Conseil d'Administration de la Chambre

En 1864, précédant de quelques années la tolérance que le rapport ministériel de 1868 accordait aux Chambres Syndicales, les Selliers-Harnacheurs, sous la présidence de M. RODUWART, s'organisèrent en syndicat dont le titre fut celui de *Chambre Syndicale des Selliers-harnacheurs de la Ville de Paris et du département de la Seine.*

Cette Chambre était considérée comme une annexe de la Chambre de la Carrosserie qui, elle-même, s'était raccordée au groupe de l'Industrie et du Bâtiment.

Cette organisation avait pour but d'examiner les contestations qui pouvaient lui être soumises, soit par les tribunaux, soit par les particuliers ; de rechercher et réaliser, pour la prospérité de la profession, toutes les améliorations possibles.

En 1884, sous la présidence de M. LÉNÉ, la loi reconnaissant et consacrant l'existence légale des Syndicats professionnels fut le signal de l'émancipation qui devint définitive en 1891, sous la Présidence de M. LASNE qui, en affranchissant les selliers-harnacheurs de la tutelle des Carrossiers, fit prononcer par un vote, l'autonomie de la Chambre.

En 1899, par une décision prise en réunion extraordinaire le 17 mai, la Chambre syndicale, désirant donner accès aux industries spéciales se rattachant à celle des selliers-harnacheurs, prend le titre de *Chambre Syndicale de la Sellerie.*

M. LASNE

PRÉSIDENT DE LA CHAMBRE DE LA SELLERIE

Le Président actuel, M. Lasne, est l'un des membres du Comité de direction de la *Caisse Commune*, Société d'assurance contre les accidents fondée par le Groupe de l'Industrie et du Bâtiment et administrée par quinze de ses Présidents.

Ci-dessous, nous donnons, dans un tableau synoptique, la composition des bureaux de la Chambre depuis sa fondation jusqu'en 1900.

Années	Présidents	Vice-Présidents	Trésoriers	Secrétaires
1870-72	**Roduwart** père	**Cousart-Lamare**	**Lemaire**	**Brassart**
1873-74	Id.	Id.	**Picard**	id.
1875-76	**Léné**	id.	**Roduwart** fils	id.
1877	Id.	**Germain**	**Jones**	id.
1878-80	id.	**Létrange**	id.	**Signac**
1881-82	Id	id.	id.	**Bellon** aîné
1883-84	id.	id.	id.	**Lasne**
1885-86	id.	id.	**Mollot**	id.
1887-88	**Lasne**	id.	id.	**Desgrais**
1889-1900	Id.	**Mollot**	**Ledouble**	**Desbans**

Les Membres du Conseil d'Administration de la Chambre, actuellement en exercice, sont : MM. Lasne, Mollot, Ledouble et Desbans.

M. Cousart-Lamare, *Vice-Président honoraire.*

CHAMBRE SYNDICALE

des Enseignes et Stores

LES ENSEIGNES

De gueules à une ruche entourée d'abeilles, le tout d'or

++++++++

HISTORIQUE DU MÉTIER

Au moyen-âge, on ne faisait, comme enseignes, que des attributs ; c'étaient des travaux de sculpture, de ferronnerie ou de peinture. On en retrouve encore quelques-unes à Paris : la *Truie qui file*, le *Cherche-Midi*, etc., etc.

Certaines de ces enseignes étaient de véritables chefs-d'œuvre. Le peintre d'enseignes proprement dit n'existait pas à cette époque. Le décorateur était chargé de peindre, sur les auvents des boutiques ou sur les façades, les attributs de métiers ; on y voyait souvent de naïfs rébus.

Ces usages se perpétuèrent jusqu'à la fin du XVIIIe siècle.

Les enseignes par lettres se faisaient alors très peu. Elles étaient d'ailleurs mal exécutées ; les décorateurs en faisaient quelque fois, en copiant assez maladroitement les caractères typographiques de leur temps : ils péchaient surtout par les proportions et la mise en place.

Les peintres en bâtiment peignaient également des lettres. Ils se servaient d'équerres, de règles et de compas et, comme les décorateurs, mettaient souvent à droite les pleins qui devaient être à gauche et à gauche ceux qui devaient être à droite : ils ne possédaient aucunement l'art de construire une lettre.

Au commencement de notre siècle, un graveur du nom de Davignon ayant les connaissances nécessaires pour dessiner les lettres et former les mots d'une façon correcte, se mit à les reproduire en peinture. Quand on le vit faire à main-levée avec une élégance sans égale, des traits d'aplomb, des cercles réguliers, il étonna tout Paris. Tous les commerçants voulurent des lettres de Davignon ; on se l'arracha. Les badauds l'admiraient et faisaient cercle au pied de son échelle. Ce fut là le commencement de la profession de peintre de lettres. Paris possédait un métier de plus. Ce métier, du reste, est bien resté parisien, la province ne possédant que très peu de peintres de lettres.

Davignon excellait surtout dans la composition des panneaux calligraphiques où la gothique s'alliait avec l'anglaise, la ronde et la bâtarde, le tout disposé avec infiniment de goût et relié par des traits savamment exécutés.

Il fit des élèves qui valurent le maître : les Jules Leroux, Adrien, Sabourin et d'autres.

On faisait bien encore quelques attributs, comme par exemple : le priseur de la rue Saint-Denis par Mignau, la Bible de Richer ; ces travaux furent des chefs-d'œuvre du genre.

De nos jours, les caractères peints ont remplacé les attributs ; la calligraphie à presque disparu de l'enseigne. Les commerçants sont plus pratiques ; ils préfèrent les enseignes qui se lisent bien, qui désignent bien les objets de leur commerce.

Cependant, quelques architectes, croyant faire preuve de goût et d'imagination, ont donné comme modèles des caractères déformés de façon à leur donner l'aspect de hiéroglyphes. Si cette innovation réussissait, ce serait retourner de cent ans en arrière. La lettre classique disparaîtrait, puisque la fantaisie serait la seule règle.

En dehors des lettres peintes, on a créé les *lettres en relief*, les *lettres gravées*, etc., etc., les *lettres gravées sur pierre*, recouvertes d'une glace peinte et ajourée, les *simili-gravure*, soit en bois, soit en métal, également recouverts d'une glace peinte, les *lettres en dorure* sous verre ; le tout en caractères bien lisibles jouit d'une grande faveur. Les *lettres en cristal doré*, les *lettres en cuivre émaillé* s'emploient en quantités considérables.

CHAMBRE SYNDICALE

DES

Enseignes et Stores

Fondée en 1868

Jeton de présence des Membres du Conseil d'Administration de la Chambre

---

La Chambre syndicale des Enseignes et Stores a été créée le 1er mars 1868, par les soins de M. Pascal Bonnin, directeur de plusieurs Syndicats siégeant au boulevard Sébastopol.

A la première convocation, 45 fabricants d'enseignes, peintres de lettres et fabricants de stores se présentèrent et, par un vote à bulletins secrets, 15 membres furent élus syndics.

Ce furent : MM. Ancian, Bach, Beauchange, Besset, Blenner, Cartier, Dewez, Gilbert, Hugedé, Larue, Leroy, Lecoq, Mercier, Richomme et Sala.

A la réunion suivante, le bureau fut ainsi constitué :

MM. BLENNER, *Président ;* MERCIER, GILBERT, *Vice-Présidents ;* LECOQ, *Secrétaire ;* BEAUCHANGE, *Trésorier.*

Vers 1875, la Chambre des Enseignes et Stores se réunit au groupe des Chambres syndicales de l'Industrie et du Bâtiment et transféra son siège rue de Lutèce.

Ses présidents successifs ont été :

MM. BLENNER, RAGUET, Abel TRINOCQ, Alfred DESCAMPS, Numa MOREL, E. MARCHAND.

Le président actuel est M. ETIENNE.

Actuellement le bureau de la Chambre est ainsi composé :

MM. J. ETIENNE, *Président ;* E. BASSAN, 1er *Vice-Président ;* Ch. LEROY, 2me *Vice-Président ;* MARQUANT, *Secrétaire ;* J. FLOURON, *Trésorier.*

Le but de la Chambre des Enseignes et Stores est surtout l'établissement d'un tarif ; à l'époque de sa création, les prix appliqués aux travaux de son industrie étaient ceux du tarif de la ville de Paris. Les désignations n'étaient pas très claires et donnaient souvent lieu à de fausses interprétations.

C'est pour éviter des ennuis et souvent des procès, que la Chambre syndicale des Enseignes et Stores a établi une série de prix ; elle est toujours appliquée dans les diverses contestations qui sont soumises par le Tribunal de Commerce à ses arbitres.

Les membres du Conseil d'administration de la Chambre, actuellement en exercice, sont :

MM. ETIENNE, BASSAN, LEROY, MARQUANT, FLOURON, BERTHELIER, BELLAN, GAIGÉ, GRUN et RUELLE.

M. ETIENNE

PRÉSIDENT DE LA CHAMBRE DES ENSEIGNES ET STORES

CHAMBRE SYNDICALE

DES

Entrepreneurs de Démolitions

LA DÉMOLITION

D'azur et de gueules à un cric, une pince, une pioche, le tout d'or

++++++++

HISTORIQUE DU METIER

S'IL existait des démolisseurs au moyen-âge et particulièrement au XIIᵉ siècle, ils ne manquaient pas de besogne. En effet, nous lisons, dans les recueils de nos vieux historiens, que les communes nouvellement affranchies avaient le droit de paix et de guerre et qu'il était défendu à tout bourgeois, en temps de trouble, de *parler à un ennemi de la commune*. Tout habitant de Rouen, par exemple, devait le service militaire et sortir en armes sur l'ordre des magistrats, sous peine d'amende ou de voir sa maison démolie. La charte de Roye (Somme) indique que si quelqu'un cause du dommage à la commune et refuse de le réparer, le maire doit marcher à la tête des habitants pour détruire l'habitation du coupable, le roi promettant son concours s'il s'agit d'un lieu fortifié dont la commune ne puisse se rendre maîtresse.

Dans ce cas, l'abatis des maisons se faisait avec solennité. Dans le

Nord de la France, le maire, en présence des citoyens appelés au son de la cloche, frappait du marteau la maison condamnée. Des ouvriers, réquisitionnés à cet effet, mettaient immédiatement la sentence à exécution, procédant à la démolition jusqu'à la dernière pierre.

Le cardinal de Richelieu ordonna la démolition, dans toutes les provinces, des forteresses et châteaux inutiles à la défense du royaume et qu'il considérait surtout comme des obstacles à l'exercice de l'autorité royale. Avant lui, mais d'une manière moins générale, Charles v, Louis xi et Henri iv, voulant briser les résistances féodales et établir l'unité gouvernementale, s'étaient déjà attaqués aux forteresses et aux donjons des seigneurs et les avait fait démanteler.

Le cardinal voulut terminer cette œuvre utile et donna les ordres nécessaires : « D'un bout à l'autre du royaume, » dit Aug. Thierry, « les « masses plébéiennes se levèrent pour abattre de leurs mains les murs « crénelés, repaires de tyrannie et de brigandages que, de générations en « générations, les enfants apprenaient à maudire. » Henri Martin dit « que les villes coururent aux citadelles, les campagnes aux châteaux : « chacun à sa haine. » On rasa les forts, les bastions, tout ce qui était un moyen de résistance militaire ; on ne laissa debout que ce qui ne pouvait être considéré que comme un monument du passé.

En 1793, un terrible démolisseur, Collot-d'Herbois, fit s'écrouler sous le marteau et la pioche des démolisseurs, les somptueux hôtels de la place Bellecour à Lyon, ville qui s'était révoltée contre l'autorité républicaine, Il fit achever aussi la ruine du quai Saint-Clair, commencée par les boulets.

*
* *

Les démolisseurs peuvent revendiquer, comme un des leurs, le maître-maçon Paloy, l'un des vainqueurs de la Bastille que le peuple acclama et désigna comme le démolisseur de la célèbre prison-forteresse, lorsque Danton, sur la place même, déclara qu'il fallait raser le sombre édifice.

« J'accepte cet honneur, « s'écria Paloy, « et je vais commencer à « l'instant même l'œuvre que vous me confiez. Suivez-moi. »

Et, marchant à la tête de travailleurs improvisés, il monta sur l'une des tours de la Bastille et, s'emparant d'une pioche, détacha une pierre des murailles et la fit voler dans l'espace. Aussitôt, on suivit son exemple et la nuit n'interrompit pas ce travail.

L'ordre réel de la démolition ne vint que deux jours après ; il contenait la confirmation de Paloy dans ses fonctions de démolisseur. C'est la première fois que l'on vit figurer cette dénomination de métier au titre officiel.

La démolition de la Bastille coûta 943,769 francs, défalcation faite du produit de la vente des matériaux. Il fallut, pour mener ce travail à sa fin, trois mille six cent quarante et une journées de compagnons et mille quarante-quatre journées de manœuvres.

*
* *

Sous Louis-Philippe eut lieu le percement de la rue de Rambuteau, où les ouvriers démolisseurs eurent à jouer un rôle relativement considérable pour l'époque.

Mais ce n'est qu'à partir de 1855 que le démolisseur forme une corporation avec laquelle désormais il faut compter.

Napoléon III voulut faire de Paris une ville nouvelle, élégante et saine, imitant en cela Auguste reconstruisant Rome et la laissant de marbre après l'avoir trouvée de boue. Avec le préfet Haussmann, homme d'une activité extraordinaire, l'œuvre devint colossale et l'entreprise immense, sans exemple dans nos annales. La rue de Rivoli prolongée du Louvre à la rue Saint-Antoine, le Louvre réuni aux Tuileries et dégagé des constructions qui se dressaient devant le Palais-Royal, les boulevards Saint-Michel, de Sébastopol, Haussmann, Malesherbes, Magenta, les rues Lafayette et de Turbigo, les avenues des Gobelins, du Trocadéro, de l'Opéra et nombre d'autres rues et de places créées, élargies, tranformées : tel fut le spectacle ou plutôt la métamorphose qui fut offerte aux yeux du monde. On vit une armée de démolisseurs faire disparaître des quartiers tout entiers comme ceux de la Butte-des-Moulins et de la Cité sous les coups répétés du marteau et les efforts de la pince et du cric, outils devenus depuis les armes de la corporation. Puis, comme par enchantement, des maisons salubres et confortables remplacèrent les vieilles et insalubres demeures de nos ancêtres.

C'est donc grâce au travail, souvent très périlleux, de nos modernes démolisseurs que la ville de Paris doit l'élargissement de ses principales rues et l'ouverture des grandes voies nouvelles qui lui ont donné, avec la lumière du soleil, de l'air, c'est-à-dire de l'hygiène et de la salubrité. Ce sont ces modestes artisans qui lui ont enlevé son ancienne physionomie irrégulière et misérable et détruit ses étroites ruelles et ses masures sordides pour lui préparer d'autres destinées sous l'aspect riant et prospère d'une grande capitale cosmopolite.

Il faut ajouter qu'un grand nombre de villes de province suivirent l'exemple donné par Paris et qu'elles voulurent s'embellir par les mêmes moyens ; les démolisseurs ne s'en plaignirent pas.

CHAMBRE SYNDICALE

DES

Entrepreneurs de Démolitions

Fondée en 1880

Jeton de présence des Membres du Conseil d'Administration de la Chambre

La Chambre syndicale des Entrepreneurs de démolitions a été constituée, disent ses statuts revisés en 1884, « spécialement pour veiller aux « intérêts généraux de la corporation et pour aider de ses lumières et de « son expérience ceux de ses membres qui s'adressent à elle. Elle a pour « but : 1° de créer des relations et de resserrer les liens de bonne confra- « ternité qui existent entre tous ses membres ; 2° de donner aux intérêts « communs une représentation pour agir auprès du Gouvernement, des « Préfectures de la Seine et de Police, des assurances et toutes Sociétés « particulières ou communales ; 3° de fournir aux Tribunaux des arbitres « et des experts compétents ; 4° de régler à l'amiable les contestations qui « lui seront soumises par les membres de la Chambre et même les tiers ; « 5° d'examiner et d'instruire les affaires qui pourront lui être renvoyées « par les Tribunaux pour les concilier et, à défaut, pour en faire un « rapport. »

Son Conseil a pour mission spéciale de recevoir et apprécier tous les renseignements qui pourraient être adressés à la Chambre sur les prix de série de l'année courante, dans le but d'obtenir les changements jugés utiles.

Ci-après, nous donnons, dans un tableau synoptique, la composition des bureaux de la Chambre, depuis sa fondation jusqu'en 1900.

Années	Présidents	Trésoriers	Secrétaires
1881-82	**Grosclaude**	**Picart** oncle	**Meygret**
1883-84	id.	**Brossonneau**	id.
		1ᵉʳˢ Vice-Présidents-Trésoriers	2ᵉˢ Vice-Présidents-Secrétaires
1885-87	id.	**Brossonneau**	**Meygret**
1888-89	id.	**Meygret**	**Devening**
1890	id.	**Devening**	**Renoux**
1891-94	**Devening**	**Renoux**	**Sassel**
1895-98	**Grosclaude**	id.	id.
1899	id.	**Franzen**	**Frantz**
1900	id.	id.	id.

M. Grosclaude, président actuel de la Chambre, est chevalier de la Légion d'honneur, ancien président de section au Tribunal de commerce. Il est aussi l'un des membres du Comité de direction de la *Caisse Commune*, Société d'assurance créée par le Groupe de l'Industrie et du Bâtiment et administrée par quinze de ses présidents.

Les membres du Conseil d'administration de la Chambre, actuellement en exercice, sont :

MM. Grosclaude, Franzen, Frantz, Cantuel, Ribes, Bonhomme et Loubeyre.

M. GROSCLAUDE

PRÉSIDENT DE LA CHAMBRE DES ENTREPRENEURS DE DÉMOLITIONS

LA CONSTRUCTION ÉLECTRIQUE

De gueules à un tableau électrique d'argent avec les fils, vis, boutons et manette d'or

HISTORIQUE DU MÉTIER

ON a peine à croire, quand on voit autour de soi la lumière électrique répandue à profusion, les téléphones d'un usage si courant, les sonneries électriques adoptées jusque dans les plus petites communes de France, on a peine à croire, disons-nous, que ces applications de l'électricité, dont on ne saurait aujourd'hui se passer, puissent ne dater que de vingt ans au plus. Cependant, telle est la réalité, la plus véridique réalité.

Les lampes à incandescence firent leur première apparition à l'exposition d'électricité de 1881 et les secteurs de distribution de courant qui permirent de les utiliser à domicile ne commencèrent à se construire que plusieurs années après.

Le premier réseau téléphonique public date de la même époque. Il desservait quelques centaines d'abonnés à Paris seulement et ne s'étendit aux villes de province que bien longtemps après, reliant d'abord Lyon et Marseille, puis Rouen et le Havre au réseau Parisien. La téléphonie domestique ne vint que plus tard; elle n'utilisait au début que les appareils de réseau et on fut un certain temps à en voir l'emploi limité aux grandes usines, aux administrations, etc., etc. Il fallut les simplifier pour en rendre le prix plus abordable et imaginer des modes d'installations répondant mieux aux besoins pour les voir subitement préférés aux porte-voix qui semblaient destinés, pendant longtemps encore, à leur faire concurrence avec avantage.

Les sonneries électriques avaient, de peu de temps d'ailleurs, précédé la lumière et la téléphonie, mais elles-mêmes ne commençaient guère à être en vogue qu'en 1881. Un très petit nombre de maisons s'étaient fait une spécialité de les installer.

Ces trois applications de l'électricité : les sonneries, la téléphonie, la lumière électrique révolutionnèrent, on peut le dire, les conditions de la vie matérielle. Elles apportèrent, dans l'intérieur des habitations, un luxe, un confort qui devinrent en peu de temps une nécessité.

C'est à la spontanéité, à la simultanéité avec lesquelles elles prirent naissance que l'on dut de voir l'industrie électrique prendre un essor si rapide et une place si importante parmi les industries du bâtiment.

L'électricien est appelé aujourd'hui par tous les Architectes, par tous les Entrepreneurs soucieux de doter un immeuble, qu'il soit château, hôtel ou simple maison locative, de tous les avantages si unanimement reconnus de l'électricité.

Il est plus facile, disons-le, de constater la place énorme que lui fait l'engouement de tous, que de faire l'historique de ses progrès et de ses inventions qui ne se comptent plus.

Aussi nulle découverte nouvelle ne saurait surprendre. On traduit son admiration en disant de l'électricité qu'elle est une fée qui, d'un léger mouvement de sa magique baguette, crée et crée toujours sans que l'on puisse dire où s'arrêtera son désir de tout transformer et de tout faire au gré de son imagination inépuisable, de son inlassable fantaisie.

Cette fée symbolise les efforts de tous : savants, ingénieurs, industriels, auxquels se joignent les inventeurs les plus modestes, souvent les plus heureux, lorsqu'il s'agit d'évoquer le merveilleux. C'est que science, savoir, bon goût, tiennent tour à tour, et parfois tous réunis, à apporter la note si originale dont sont empreintes les découvertes dues à cette mystérieuse force qu'est l'électricité.

CHAMBRE SYNDICALE

DES

Entrepreneurs et Constructeurs Électriciens

Fondée en 1881

A son origine, le 17 novembre 1881, cette Chambre portait le nom de *Chambre syndicale des Entrepreneurs de sonneries électriques, ordinaires, à air, porte-voix et paratonnerres.*

Les sonneries électriques commençaient, pour ainsi dire seulement, à remplacer les sonneries ordinaires. Les unes et les autres étaient installées par des spécialistes qui jugèrent à propos de travailler en commun à la défense de leur industrie.

Ils se réunirent en syndicat et adhérèrent au Groupe des Chambres syndicales du Bâtiment de la rue de Lutèce.

Le premier Président fut M. BLANDIN qui eut pour Secrétaire, M. ESQUERRÉ et pour Trésorier, M. COURTOT.

En 1882, M. BLANDIN qui, avec sa rare affabilité, jointe à des connaissances professionnelles fort appréciées, avait su grouper autour de lui les adhérents de la première heure, donna sa démission et fut remplacé par M. JARRIANT auquel fut adjoint, comme Vice-Président, M. BOIVIN. Actif et autoritaire dans la bonne et utile acception du mot, M. JARRIANT imprima aux travaux du syndicat une allure plus vive, en même temps qu'il leur donnait une note plus variée. C'est à lui que l'on doit la première série de prix appliquée aux travaux d'entreprise d'électricité. La rédaction de cette série, à laquelle prirent part presque tous les membres de la Chambre est encore, en tant que désignation des appareils à fournir et des travaux à exécuter, celle qui figure parmi les séries de prix adoptées par la Société centrale des Architectes. Elle avait donc été faite avec un soin bien réel, puisqu'elle n'a subi, depuis l'époque de sa réalisation, que de bien rares modifications.

L'élément électrique, d'égal qu'il était à celui des membres non électriciens lors de la formation du Syndicat, commença à dominer peu à peu et lorsque la mort de M. JARRIANT (décembre 1888) vint lui donner comme successeur M. BOIVIN, celui-ci proposa, avec juste raison, de changer le titre du Syndicat, désormais trop limité, en celui de Chambre syndicale des *Entrepreneurs et Constructeurs électriciens*, titre plus général et répondant mieux à la situation industrielle de la plupart de ses adhérents.

M. BOIVIN s'efforça de suivre la voie si nettement indiquée par son prédécesseur. Bien que sa correction autant que la timidité de son caractère lui fissent adopter des procédés différents, il n'en maintint pas moins les bonnes traditions du Syndicat et sut se mettre en relief parmi les Présidents du Groupe du Bâtiment. La décoration de la Légion d'Honneur qui lui fut accordée, en récompense des services rendus à son industrie et en témoignage de ses excellents procédés à l'égard de ses confrères, fut bien accueillie de tous et considérée comme un honneur dont le syndicat se montra fier à juste titre.

Les collaborateurs de M. BOIVIN furent : MM. MARTEL et BÉNARD, comme vice-présidents ; MM. ESQUERRÉ, COURTOT et CORNETTE, comme secrétaire et trésorier.

Encore une fois la mort vint frapper la Chambre, déjà éprouvée de la même façon trois années auparavant. M. BOIVIN fut enlevé brusquement à l'estime et à la considération de ses confrères.

Dans sa séance du 23 juillet 1892, le syndicat choisit comme président son président actuel, M. BÉNARD auprès duquel il plaça, en qualité de vice-président, M. ESQUERRÉ et, comme trésorier et secrétaire, MM. CORNETTE et BANCELIN.

Les trois premiers présidents avaient été choisis parmi les entrepreneurs, le quatrième fut pris parmi les constructeurs.

Cette nomination justifia en quelque sorte le rapprochement des deux branches de l'industrie électrique que M. BOIVIN avait voulu consacrer en changeant le titre primitif du Syndicat.

Depuis son entrée en fonctions, M. BÉNARD, avec le concours dévoué et on peut dire amical des membres du bureau qui se sont succédé à ses côtés, maintient la bonne réputation que s'est acquis le Syndicat, depuis sa fondation, parmi les autres Chambres syndicales du bâtiment.

M. BÉNARD

PRÉSIDENT DE LA CHAMBRE DES CONSTRUCTEURS-ÉLECTRICIENS

Les élections du 27 janvier 1900 ont, de nouveau, désigné dans leurs fonctions antérieures comme vice-président, M. MILDÉ et comme trésorier-secrétaire, M. BURGUNDER auxquels leurs collègues tiennent à donner très invariablement cette marque de leur sympathie et de leur gratitude pour les services qu'ils rendent avec tant de modestie et de zèle désintéressé.

Ci-après, nous donnons, dans un tableau synoptique, la composition des bureaux de la Chambre, depuis sa fondation, jusqu'en 1900.

Années	Présidents	Vice-Présidents	Trésoriers	Secrétaires
1882-88	Jarriant	Boivin	Courtot	Esquerré
1889	Boivin	Martel	id.	id.
1890	id.	Bénard	id.	id.
1891-92	id.	id.	Esquerré	Cornette
1893	Bénard	Esquerré	Cornette	Mors
1894-96	id.	Mildé	id.	Antraigues
1897-1900	id.	id.	Burgunder	id.

Les membres du Conseil d'administration de la Chambre, actuellement en exercice, sont :

MM. BÉNARD, MILDÉ, BURGUNDER, ANTRAIGUES, AUBER, BELLANGER, CUÉNOT, ESQUERRÉ, MORS, PASQUET, PICARD, RADI, RADIGUET, SEVESTRE et THIERRÉ.

CHAMBRE SYNDICALE

DES

Carriers Français

(Matériaux de Viabilité)

LES CARRIÈRES FRANÇAISES

D'azur, à une roue de carrière en or, corde et chaîne de même, appuyée sur deux piles
d'argent et extrayant une pierre de taille de même

++++++++++++++++

HISTORIQUE DU MÉTIER

Chaque semaine c'est un essai nouveau :
grès taillé, macadamisage, pavage de bitume, etc.

CETTE épigraphe, au moins pour sa première partie, pourrait servir de devise aux Carriers français dont les produits servent à la viabilité des chemins.

Cette industrie s'est développée de plus en plus, au fur et à mesure que les exigences de la civilisation moderne assuraient, aux habitants des villes et même des campagnes, un bien-être matériel de plus en plus grand.

Aussi la Chambre syndicale des *Carriers Français* peut-elle compter aujourd'hui à son actif un nombre de travaux encore plus considérable que par le passé.

Elle représente d'ailleurs un sérieux élément du travail national, car elle comprend, dans son sein, des entrepreneurs exploitants, des carriers et des industriels fabricants de chaux, de ciment de Vassy, de ciment de Portland, en un mot toutes les industries qui touchent à la viabilité en général.

Le macadamisage de nos routes, le pavage de nos cités, l'exécution du métropolitain, le prolongement des lignes de Sceaux et d'Orléans jusqu'au centre de Paris, les travaux de pénétration des tramways, les dérivations de la Vanne, de la Dhuys, du Loing et du Lunain, pour ne citer que ces grands travaux, ont permis à notre industrie de manifester, sous toutes ses formes, sa puissante vitalité.

Encore ne comprenons-nous pas, dans cette énumération sommaire, les travaux de l'Exposition universelle de 1900 qui constituent une série d'opérations occasionnelles, mais dont l'importance n'est pas moins grande.

LES CARRIÈRES

On ne saurait assigner une date exacte au début de l'exploitation des carrières, surtout au point de vue de l'extraction des matériaux destinés à l'empierrement des rues et routes antiques.

Les monuments les plus anciens de l'Inde, de l'Amérique et de la terre des Pharaons nous révèlent en effet l'existence de l'industrie des carriers par la production de procédés plus ou moins grossiers dans les temps historiques les plus reculés.

A Paris, les carrières de la colline Saint-Jacques, celles des collines du Nord et de l'Est, nous sont rappelées aujourd'hui par les noms des quartiers où elles étaient situées : *Quartier des Grandes-Carrières* (xviiie arrondissement) et *Carrières d'Amérique* (xixe arrondissement).

Ces dénominations témoignent de l'existence de nombreux dépôts de pierres meulières et de pierres de toutes sortes qui formaient comme une immense ceinture autour de l'antique Lutèce et qui furent principalement employés aux constructions de la capitale.

Tout le reste de la France n'était pas moins riche en roches susceptibles d'être exploitées, soit pour la construction, soit pour la viabilité, et l'on constate que la production de ces matériaux s'est considérablement augmentée, surtout depuis le début de ce siècle.

Nous ne saurions entrer dans les détails techniques de l'exploitation de toutes les carrières.

Nous nous contenterons seulement d'indiquer que, pour les grès, pierres à macadam, chaux et ciment de Portland, l'extraction se fait à ciel ouvert. Les carrières de ciment de Vassy sont exploitées tantôt en galerie, tantôt à ciel ouvert.

Mais si la France est largement pourvue de carrières riches en matériaux de pavage, d'empierrement, etc., non loin de ses frontières, notamment en Belgique, existent des gisements aussi puissants.

Les conditions économiques où se trouvent placés certains de ces gisements, ont permis à leurs exploitants de venir, sur le sol français, faire une concurrence terrible aux produits de nos carrières nationales.

Puissamment secondés par l'aide que leur prêtaient les administrations trop souvent oublieuses des devoirs que dicte le patriotisme, les produits extraits du sol étranger vinrent faire, à certaine époque, une concurrence tellement acharnée et, il faut bien l'avouer, tellement heureuse et par suite tellement dangereuse à l'industrie des pavés, pierres à macadam et autres matériaux de viabilité français, que les carriers durent, pour soutenir une lutte dans laquelle, isolés, ils eussent forcément été écrasés, se réunir en syndicat.

C'est ainsi que s'est formée la Chambre syndicale des Carriers français.

LE PAVAGE

L'entretien des chemins et des rues a subi, à travers les âges, de nombreuses transformations.

Nous n'en sommes plus à daller les rues et les places de nos villes avec le luxe qu'apportaient les Romains en pareille matière, c'est-à-dire avec des grandes pierres de granit, de grès, de lave, de basalte posées sur une couche unie de béton et formant un pavage à la fois très beau et très solide. Le premier travail urbain fut exécuté par les Romains l'an 312 avant Jésus-Christ ; ce fut la *Voie Appienne*. Ces pavages durèrent plusieurs siècles et, dans certaines contrées, le vandalisme seul des conquérants barbares put en venir à bout.

Nous sommes loin également des énormes pierres carrées avec

lesquelles Philippe-Auguste, en 1184, essaya de rendre Paris plus accessible aux piétons et aux voitures.

Bien que l'on n'ait pas retrouvé trace sur le sol de ces premiers essais de pavage, cependant on découvrit dans les fondations du Petit Châtelet, une sorte de dépôt de ces pavés qui avaient dû servir longtemps, car leur surface externe était très usée.

On employa souvent, aux xve et xvie siècles, le pavage en cailloux pour les rues et les places.

Ces cailloux, fortement usés sur une de leurs faces, étaient engagés, par la partie opposée à cette face polie, dans une couche de sable.

Le pavage au moyen de dés de grès paraît avoir été employé au moyen-âge pour les étages inférieurs des habitations. Du xvie siècle jusqu'à nos jours, on a continué à s'en servir.

Ce n'est que depuis une quarantaine d'années que l'on utilise, également à Paris, des pavés de porphyre et qu'on y exécute des pavages de toute espèce; le pavé de grès est cependant le plus employé. D'ailleurs, pour le pavage, les roches les plus habituellement employées en France sont: le grès, l'arkose, le granit, le basalte, le porphyre, le calcaire dur et les cailloux roulés.

Ces derniers ont été d'usage courant dans les villes avoisinant le Rhône: Lyon, Avignon, etc. On y pave certaines rues avec du caillou roulé que l'on répand sur la terre et que l'on enfonce dans le sol au moyen d'appareils analogues à ceux qui servent à enfoncer les pavés de grès.

Ce pavage, d'un prix de revient très faible, s'il offre aux chevaux une aide facile, rend par contre les rues qu'il recouvre absolument inabordables aux piétons.

*
* *

Les grès employés au pavage proviennent de bancs rencontrés au faciès supérieur des sables de formation marine (ou sables de Fontainebleau), entre les plateaux dits de Beauce, à la cote moyenne 180, et les plateaux dits de Brie, à la cote moyenne 84.

Ce grès, composé de grains quartzeux, liés par un ciment siliceux, est de qualité d'autant meilleure que l'infiltration de silice a été plus convenable.

Les bancs sont orientés du Nord-Ouest au Sud-Est.

Leur épaisseur est, au maximum de 6 mètres.

Ils sont coupés de joints naturels, dits *diaclases*, qui divisent les bancs et facilitent l'exploitation.

Exploitation. — Les bancs de grès sont recouverts d'une épaisseur de terre variant de 4 à 10 mètres, constituée par la formation lacustre de Beauce, c'est-à-dire siliceuse, argileuse, fournie de blocs de meulière, d'une épaisseur souvent considérable.

Lorsque ces terres sont enlevées et que le banc reste à découvert, on y pratique des trous d'une profondeur égale aux trois quarts de l'épaisseur de la bande et d'un diamètre environ de 7 cent. à la surface et de 3 cent. au fond.

Ces trous sont remplis de poudre, la charge étant calculée selon la nature de la pierre, entre 20 et 25 grammes par mètre cube.

On fait éclater la charge au moyen d'une mèche de sûreté, et on arrive à détacher de la bande un bloc plus ou moins gros que l'on divise en blocs plus petits, soit au moyen de la poudre, soit par des mortaises et des coins.

Les blocs ainsi obtenus sont refendus par les ouvriers au moyen de gros couperets. C'est ce que l'on nomme le *dédoublage*. Les morceaux ainsi obtenus sont appelés *bordures*.

De ces bordures, le carrier, avec un petit coupeur de 9 à 10 kilogs, tire le pavé brut.

Le pavé brut est livré à un tailleur qui lui donne la forme et les dimensions voulues, en dressant les arêtes et la face au moyen du ciseau ou de la massette.

Tels sont les procédés de fabrication en usage aujourd'hui dans les carrières des environs de Paris pour obtenir les pavés destinés, soit à la ville, soit aux chemins et routes des départements.

Nous avons choisi l'exemple des carrières de grès, parce qu'elles ont pour elles une ancienneté incontestable et que, pendant longtemps, elles ont seules satisfait aux besoins des administrations chargées d'assurer la circulation sur les grandes routes de France.

LE MACADAM

Le macadam, imaginé par l'ingénieur écossais Mac-Adam (1756-1836) n'est pas, comme on pourrait le croire, une invention absolument écossaise. On a rappelé, il y a quelque temps, qu'un ingénieur français, Trésaguet, en avait fait la découverte et l'application sous Louis xiv.

Cependant, nous avons accueilli le macadam comme une découverte étrangère et un ingénieur, M. Bineau, l'a popularisé en France au point de mériter à son tour l'honneur de donner son nom à un boulevard de Neuilly.

Le procédé de Mac-Adam consiste dans la construction des empierrements au moyen d'une seule couche de pierres cassées tandis qu'autrefois on employait, sous cette couche, une fondation en matériaux plus gros.

C'est à partir de la seconde moitié de ce siècle que ce genre d'empierrement a eu sa plus grande vogue. Elle est bien passée aujourd'hui et, peut-être cet engouement passager n'a-t-il pas peu contribué à amener un revirement de fortune en faveur du pavé et, notamment à Paris, en faveur du pavé de bois, dont les débuts furent si peu satisfaisants qu'on l'avait d'abord abandonné. Son prix de revient excessif et son peu de durée empêcheront certainement son extension déjà excessive à Paris.

On verra longtemps encore le pavé de pierre auquel se rattachent tant de souvenirs d'embellissement des quartiers de Paris aussi bien que d'autres souvenirs à travers lesquels souffle un vent de liberté, comme aussi le vent sinistre de la funeste tempête de 1871.

Il ne faut pas oublier, en effet, que c'est entre les fentes du modeste pavé de grès parisien qu'a germé et grandi l'arbre symbolique et fécond de nos libertés nationales. C'est le pavé national, que le poète Réné Hase chantait en ces strophes saisissantes :

> « Le peuple en haut de ses faubourgs,
> « L'adore son pavé des villes !
> « Il le foule au son des tambours
> « Quand grondent les guerres civiles.
> « Un drapeau quelconque est levé !
> « Un drapeau qui renverse un règne !

« Comme il est mouillé le pavé !.....
« On dirait..... qu'il saigne.

Il est vrai de dire qu'il est aussi parfois le pavé de l'ours. Mais n'insistons pas sur ce point.

Quoi qu'il en soit, on voit que l'industrie des carrières françaises d'où la vicinalité puise ses matériaux, n'est pas de celles qui sont appelées à disparaître.

Grâce à l'entente intelligente de nos grands carriers, grâce à la protection à laquelle ils ont droit de la part des administrations françaises, protection qui ne peut leur être refusée, les richesses du sol français sauront, longtemps encore, s'employer utilement au dedans et maintenir au dehors le bon renom de notre science et de notre travail.

✻✻✻✻

CHAMBRE SYNDICALE

DES

Carriers Français

(Matériaux de Viabilité)

Fondée en 1885

++++++

Le Syndicat des Carriers français (*Matériaux de viabilité*) s'est constitué en mai 1885. Il a pour but d'étudier en commun toutes les questions pouvant intéresser la production française des matériaux de routes, de défendre cette production contre toute invasion étrangère, d'examiner tout ce qui a trait aux transports par chemins de fer et de prendre toutes mesures utiles au développement et à la prospérité de cette industrie.

Son Président-fondateur est M. Mulot, Chevalier de la Légion d'honneur. Son Président actuel est M. Millot, officier d'Académie.

Ci-après, nous donnons, dans un tableau synoptique, la composition des bureaux de la Chambre, depuis sa fondation jusqu'en 1900.

Années	Présidents	Vice-Présidents-Secrétaires	Trésoriers
1886-90	**Mulot**	**Anceau-Heudebert**	**Marre**
1891	id.	**Belloc**	id.
1892	id.	**Marre**	**Millot**
1893-94	**Marre**	**Chevallier**	id.
1895	id.	**Reignard**	**Pernot**
1896-1900	**Millot**	id.	d.

Les membres du Conseil d'Administration de la Chambre, actuellement en exercice, sont :

MM. Millot, Moreau, Pernot, Drouin, Beurré, Cany, Caplain, Chevallier, Grandchamp, Lesueur, Marre, Moulin, Obeuf, Quéhan (M.), Reignard.

Président d'honneur : M. Colet père.

M. MILLOT

PRÉSIDENT DE LA CHAMBRE DES CARRIERS FRANÇAIS

(MATÉRIAUX DE VIABILITÉ)

CHAMBRE SYNDICALE

DES

Négociants en Verres à Vitres

LES VERRES A VITRES

HISTORIQUE DU MÉTIER

L'HISTOIRE de la corporation est intimement liée à celle de la fabrication des verres, et on peut dire que leur développement et leur prospérité a suivi une marche parallèle.

Cet exposé sera donc une étude semblable à celle que l'on pourrait faire sur l'industrie de la verrerie appliquée à la vitrerie.

Nous ne rechercherons pas, après tant d'auteurs qui ont écrit sur ce sujet, l'origine de la découverte du verre. On sait seulement d'une façon certaine, soit par des objets en verre trouvés dans les sépultures égyptiennes, soit par des peintures représentant la fabrication, telle que celle de Beni-Hassan datant de plus de 3,800 ans avant notre ère, que le verre était connu et fabriqué à cette époque. Mais il s'agit ici de vases, de gobelets ou d'articles analogues, et l'usage de vitres ne paraît pas remonter à une antiquité aussi reculée.

(1) D'Hozier, *Armorial*, texte T. XXV, fº 540 ; *Blasons*, T. 1, de Paris, fº 670.

Il n'est pas étonnant d'ailleurs qu'il en soit ainsi, car le verre ayant pris naissance dans les pays de climats chauds, le besoin de clore les ouvertures des habitations n'a dû se faire réellement sentir qu'à la suite des conquêtes successives, par les peuples méridionaux, des contrées septentrionales.

Les Romains ont connu l'usage du verre à vitrer ; ce fait résulte incontestablement de la découverte, dans les ruines de Pompeï, de châssis de bronze garnis de vitres ; donc le verre était employé à cet usage un siècle avant notre ère actuelle. Toutefois, ces vitres étaient coulées et leur fabrication relève plutôt de l'histoire des glaceries que de celles des verreries. Il est probable également que les premiers fabricants de verres à vitres en furent les premiers marchands et les premiers employeurs, autrement dit, vitriers ; les pièces de verre, en effet, devaient être fabriquées des mêmes dimensions que les châssis destinés à les recevoir.

Depuis l'époque de la destruction de Pompeï, il nous est impossible de suivre l'historique de la fabrication des vitres et ce n'est qu'au IVe siècle qu'il en est parlé dans les écrits de Lactance et de Saint-Jérôme. Ces verres étaient fabriqués en France par les procédés dits des plateaux et des cylindres ; mais, en tout cas, ces deux procédés employant le soufflage, c'est bien du verre à vitres qu'il s'agit.

Cette industrie paraît assez prospère, tout en restant un travail de grand luxe spécialement réservé aux églises. A côté de l'industrie productive du verre, il semble que, vers le VIIIe siècle, s'établit un métier employant cette matière sans la fabriquer : celui des monteurs de verres pour vitres. Car il est dit que Saint-Bède et Saint-Benoist, supérieurs de monastères en Angleterre, firent venir du continent, des verres et des ouvriers pour vitrer leurs églises. C'est vers la même époque que Wilfrid fit venir des verres et des *vitriers* de France, pour garnir les fenêtres de la cathédrale d'Yorck.

Ces verres étaient de petites dimensions ; généralement les vitreries étaient formées de petites pièces rondes appelées *cives* que les vitriers devaient assembler entre elles pour en former une surface d'une certaine étendue.

En France, le procédé du soufflage en cylindres qui se conserva en Italie, qui le transmit elle-même à la Bohême, cessa à partir de la fin du XIVe siècle pour faire place à la fabrication plus grossière du verre en plateaux.

Cette fabrication dura jusqu'au commencement du xviiie siècle, époque à laquelle M. Drolinvaux fit venir des ouvriers souffleurs de Bohême et fonda une verrerie à Lettenbach (Saint-Quirin), qui est la souche de toutes les verreries actuelles. A compter de ce moment, le procédé de fabrication du verre reste le même : celui du soufflage en cylindres ; mais les ouvriers se perfectionnent, les exigences de la construction qui se modifie réclament des pièces de plus grandes dimensions et rendent le négociant plus difficile vis-à-vis du verrier ; celui-ci est obligé, pour donner satisfaction à sa clientèle d'acheteurs, en même temps que pour augmenter sa production et réduire son prix de revient, vu la demande sans cesse croissante qui se fait des verres à vitres, de modifier son outillage. C'est ainsi qu'il abandonne successivement le chauffage au bois pour passer au chauffage à la houille, puis au gaz. Il agrandit ses creusets et leur donne une plus grande capacité jusqu'au moment où, faisant un pas de géant et démolissant ses anciens fourneaux, il établit ces gigantesques fours à creuset unique, dits *fours à bassin*, qui portent jusqu'à 400,000 kilogrammes de verre en fusion.

Le commerce des verres à vitres a naturellement fonctionné parallèlement à la fabrication, suivant la même marche ascendante.

Jusqu'à la fin du xviiie et le commencement du xixe siècle, le marchand de verre est en même temps vitrier ; les verres sont de petites dimensions et la production au jour le jour, pour ainsi dire, suffit à la consommation.

Mais avec le développement acquis par la construction moderne, l'emploi du verre se généralisant au fur et à mesure que son prix devient plus modique, il est nécessaire d'avoir des approvisionnements plus considérables, des magasins mieux installés et plus vastes, et le marchand, cessant d'employer son verre lui-même, l'industrie du vitrier se crée, le marchand devenant purement négociant.

CHAMBRE SYNDICALE

DES

Négociants en Verres à Vitres

Fondée en 1886

++++++++

Jusqu'à l'année 1886, les négociants en verres à vitres restèrent isolés, chacun fournissant sa clientèle selon ses besoins. Ce n'est qu'à cette époque que M. Balliman, qui dirigeait l'une des plus anciennes maisons de commerce du verre de la ville de Paris, conçut l'idée de réunir tous les membres de la corporation en un syndicat professionel, établi en conformité de la législation nouvelle. Le syndicat, composé de la presque totalité de la corporation, fut fondé et se joignit de suite au groupe des Chambres du bâtiment, dont il relève.

Son bureau fut composé de MM. BALLIMAN, *Président ;* TURPIN, *Vice-président ;* BONNARD, *Trésorier ;* LÉMAL, *Secrétaire.*

En 1898, après douze années de présidence, M. Balliman dut se retirer pour raisons de santé et le bureau fut constitué de la façon suivante :

MM. TURPIN, *Président ;* LÉMAL, *Vice-président ;* BONNARD, *Trésorier ;* HUOT, *Secrétaire ;* M. BALLIMAN, *Président honoraire.*

En 1899, M. Turpin, pour les mêmes raisons, dut également se retirer et le bureau du syndicat est actuellement composé de :

MM. LÉMAL, *Président ;* DUMAS, *Vice-président ;* BONNARD, *Trésorier ;* HUOT, *Secrétaire.*

Le président actuel de la Chambre est donc M. LÉMAL, Officier d'Académie.

Les membres élus du Conseil de la Chambre, pour l'année 1899, sont :

MM. BONNARD, DUMAS, HUOT, LÉMAL, LOBRICHON, PICARD (CH. G.) RIGAULT, SIMON.

Membres consultatifs : MM. PASCAL, GIANELLA, SARTORE.

M. LÉMAL

PRÉSIDENT DE LA CHAMBRE DES NÉGOCIANTS EN VERRES A VITRES

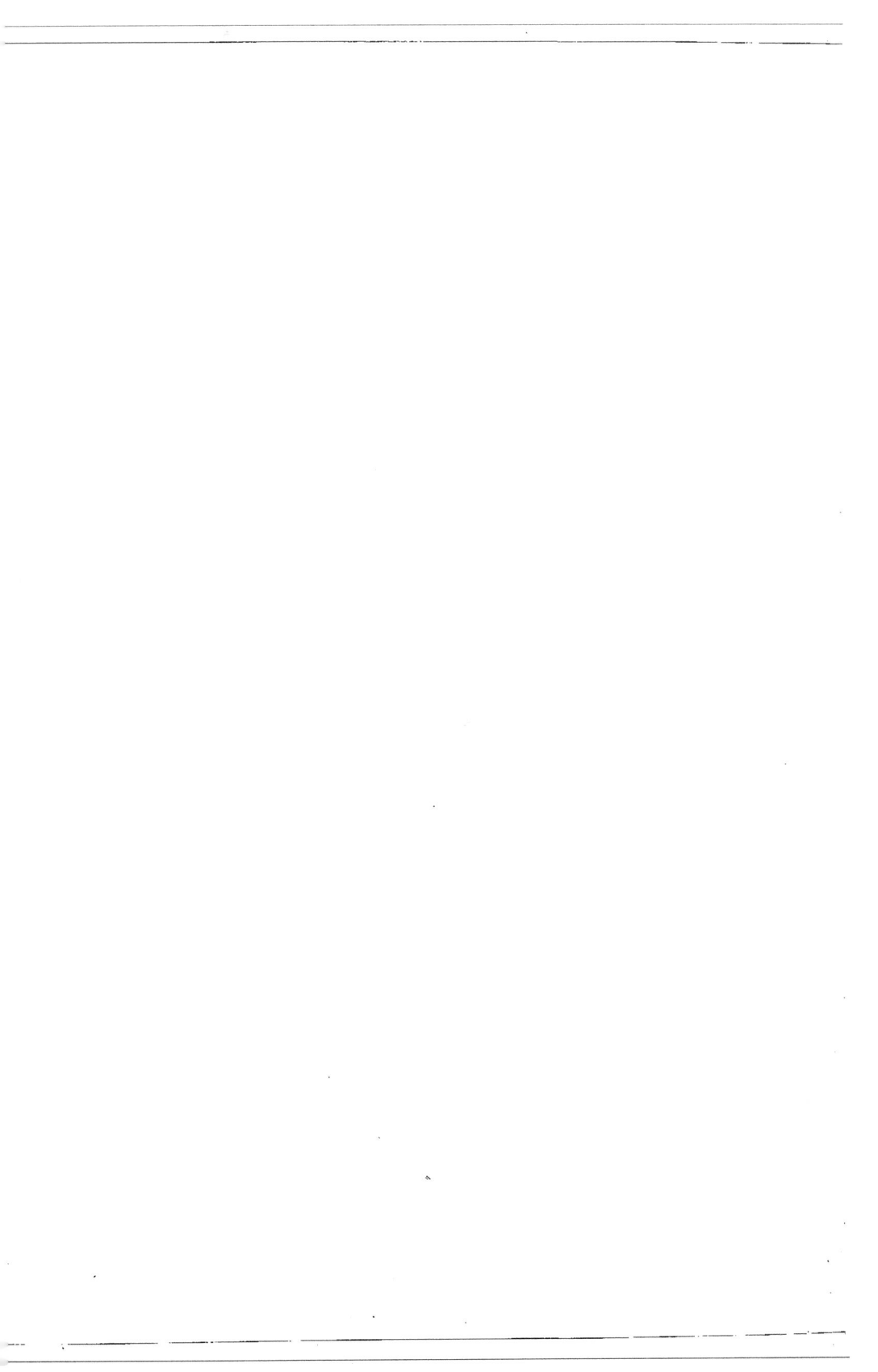

CHAMBRE SYNDICALE

DES

Entrepreneurs Spécialistes
de Travaux en Ciment

LES CIMENTS

De gueules à un gâchoir à brancards d'argent et divers outils d'or

++++ ++++ ++++ ++++

HISTORIQUE DU MÉTIER

En général, on désigne sous le nom de ciment, toute matière propre à lier et à retenir ensemble des pierres, des briques et autres matériaux de construction. On va voir que le ciment a d'autres emplois.

La composition du ciment, prétend Pline, « a été trouvée en prenant exemple sur les nids d'hirondelle » et un autre auteur ajoute : « par les Étrusques qui y mélaient de la pouzzolane, » ou laves volcaniques.

Nous savons que, si le ciment des anciens nous est parvenu avec la dureté que nous lui connaissons, il faut tout d'abord faire honneur de cette qualité à son extrême vieillesse. En effet, il est dans la nature des mortiers de durcir en vieillissant lorsqu'il ont résisté à certaines influences qui auraient pu les altérer dans les premiers temps de leur emploi.

Il est d'autres causes de leur solidité dont nous allons parler plus loin.

Nous avons trouvé, dans une étude publiée autrefois par le journal *La Construction*, l'analyse chimique des mortiers de ciments employés dans divers monuments datant de l'époque gallo-romaine. Il s'agit ici du Palais des Thermes à Paris et de l'aqueduc d'Arcueil. Voici ces dosages :

Palais des Thermes.

Chaux	65.70
Silice.	4 »
Alumine	4.20
Tuiles ou briques pilées	26.10
	100.00

Aqueduc d'Arcueil.

Chaux	61.00
Silice.	5 »
Alumine	11 »
Sable siliceux	23 »
	100 »

Voilà donc le secret des Romains dévoilé : leur fameux ciment est un carbonate de chaux non hydraulique privé de son acide carbonique par la chaleur, éteint et mélangé tantôt avec du sable, tantôt avec de l'argile cuite pulvérisée (tuile ou briques pilées).

« La qualité de ce ciment dépendait de l'agrégation plus ou moins parfaite du silicate d'alumine avec l'hydrate de chaux. Tous leurs mélanges s'opéraient par l'eau et la trituration. Les Romains ignoraient l'emploi des ciments naturels et la fabrication des ciments artificiels. »

Les constructions romaines avaient de fortes épaisseurs et, par conséquent, conservaient avec une température égale, une humidité relative très favorable à la conservation du ciment, hydrate de chaux qui, loin de trouver dans cette humidité un élément de destruction, y puisait sa force et sa dureté. De plus, on sait que les briques romaines étaient marquées en creux et en relief de signes et d'empreintes formant de solides scellements et que les assises étaient fortement battues, ce qui comprimait le ciment.

Quant aux enduits, ils durent leur solidité à leur forte épaisseur. Vitruve nous indique qu'elle était communément de six doigts (environ douze centimètres).

Non seulement les murailles romaines étaient hourdées et enduites en ciment, mais les pavages des routes reposaient sur une aire en débris de roches ou en cailloux hourdés en ciment et les plaques de basalte ou de pierre qui formaient le pavé étaient scellées avec la même composition. Souvent, la forme était faite d'un ciment additionné fortement de tuileaux et de gros sable : c'est là le ciment de paveur de nos jours.

*
* *

Au moyen-âge et plus tard même, nos maçons suivirent les traditions romaines ; aussi les bétons et mortiers qu'ils employèrent étaient-ils à peu près identiques à ceux dont nous venons de parler. Le plâtre fit son apparition au XIIe siècle ; mais, pour les édifices et les travaux d'importance, les enduits se firent en ciment mêlé de sable fin, appliqué à la grande truelle. Inutile d'ajouter que les dosages étaient mal faits et sans grande connaissance des matières employées.

Voici ce que dit du ciment Daviler, célèbre architecte du temps de Louis XIV, dans son « Cours d'Architecture, » publié en 1720 : « il se fait « du mortier de ciment pour les ouvrages qu'on fonde dans l'eau, parce « qu'il résiste plus à l'humidité que le mortier de sable, le tuileau ayant « déjà été cuit. Le ciment de tuileaux concassés est meilleur que celui de « brique ; il se broie avec de la chaux vive, dont un tiers suffit sur les « deux tiers de ciment, outre qu'il sert à la liaison des pierres. On fait « aussi des aires ou couches de mortier de chaux et de ciment qui, ne « faisant qu'un corps fort dur, servent à conserver le dessus des voûtes « exposées à l'air. On peut encore paver les aqueducs, canaux et bassins « de fontaines de petits *cailloux de vigne* bien lavés, qu'on emploie avec « le mortier de chaux vive et de ciment. »

*
* *

Les ciments ont la propriété d'absorber l'eau sans presque s'échauffer ni augmenter de volume, contrairement aux autres chaux diverses ; leur prise est plus ou moins rapide en raison du degré de leur cuisson ; ils s'emploient, pour les usages du bâtiment, comme le plâtre des enduits ou additionnés de sable dégagé de toute matière terreuse, pour en faire des mortiers.

Les ciments dits *romains* ou *ciments naturels* employés aujourd'hui renferment de 25 à 40 pour cent d'argile ; ils se préparent avec un calcaire marneux et argileux à grains fins dont les bancs ont été brisés et, dans certaines contrées, roulés en fragments comme les galets. Ils nous viennent de Pouilly, de Molène, etc., etc.

Les ciments de Portland ou *ciments romains artificiels* les plus renommés viennent d'Angleterre et, en France, de Boulogne-sur-mer, de la Porte de France, du Bassin de Paris, etc. Ils s'emploient aussi bien pour les travaux ordinaires que dans les grands ouvrages d'art, tels que : ponts, aqueducs, canaux, tunnels, ports, etc., etc.

Le ciment se prête facilement au moulage ; on peut donc en faire, en l'additionnant ou non, de matières diverses : gravier ou gros et menu sable, cailloux, laitiers des hauts-fourneaux, etc., des pierres agglomérées factices, des monolithes, des perrons entiers, des marches d'escalier, bassins, caniveaux, tuyaux, briques, des abreuvoirs, auges et mangeoires. La décoration industrielle et l'art sont représentés chez les cimentiers actuels par des socles, des vases, des crêtes et poinçons de combles et par des statuettes et statues, des fontaines monumentales, etc.

On fabrique, avec le ciment comprimé, de très beaux carrelages imitant la céramique et des dallages applicables aux pavages des grands édifices, des cours et passages à voitures. Ces dallages sont divisés en compartiments, quadrillés, en losange, etc., au moyen du fer à joints.

Les usines contruisent des passerelles et ponts tout en ciment, tel que le pont qui franchit la Roise, dans l'Isère. Il reçoit les voitures et a 8 m. 10 entre culées ; il est formé d'un seul arc avec tablier et garde-corps. Ce pont a pu être mis en place et terminé dans une seule journée.

Les pierres artificielles moulées ont une grande résistance à l'écrasement ; elles peuvent être vermiculées, striées et recevoir les apparences de la sculpture. La façade des édifices bâtie avec ces blocs de béton et de mortier de ciment coulés dans des moules et posés après complet durcissement, à un aspect monumental et des tons chauds. Comme exemple de ces constructions, nous pouvons citer l'élégant pavillon d'exposition des travaux en ciment, exécuté par la Maison Carré à l'Exposition universelle de 1889. Les façades, surmontées d'un acrotère, simulent la pierre d'appareil avec vermicules et la brique ; une balustrade d'appui et un fronton décorent la face principale.

Mentionnons, parmi les ouvrages que l'on exécute en ciment, les constructions rustiques telles que : rivières factices, rochers artificiels, grottes, etc., souvent très remarquables, qui ornent nos parcs et nos jardins publics. Ici, l'art imite la nature d'une façon si exacte et avec tant de vérité, il reproduit si bien les aspérités des parois et des voûtes et les stalactites que, si l'on n'était pas averti, on se croirait tout à coup transporté devant de véritables cascades ou sous des cavités souterraines naturelles.

Enfin, depuis peu de temps, on couvre de grands espaces avec le *ciment armé* (ou à ossature métallique), ingénieuse application du ciment et du fer combinés aux terrasses et planchers des maisons particulières, des édifices et des usines. Ces ouvrages, dans l'intérieur desquels sont noyés des fers formant treillis à mailles variables suivant la résistance à obtenir, donnent des résultats remarquables aux divers points de l'économie, de la solidité et de la réduction d'épaisseur.

Cette heureuse combinaison du ciment et du fer permet de faire d'excellents travaux résistant à des pressions considérables, évaluées dans les canalisations d'eau, jusqu'à 5.300 kilogr. de charge par mètre de longueur, avec la faible épaisseur de quatre centimètres de ciment. Tels sont les réservoirs et citernes, les pièces d'eau de grande surface, les voûtes, égouts, cuves de gazomètres, piscines pour bains publics, etc., A Pontoise, il a été construit, dans ces conditions, une cuve de gazomètre sur glaise et pilotis ; elle mesure dix-neuf mètres de diamètre sur trois mètres cinquante centimètres de hauteur.

Nous sommes ici, on le voit, en présence d'une nouvelle industrie, ou tout au moins d'une industrie qui s'est complètement transformée. Elle a pris, en peu de temps, une grande extension et ne fera certainement que grandir encore.

CHAMBRE SYNDICALE

DES

Entrepreneurs spécialistes de Travaux en Ciment

Fondée en 1886

++++++++

Cette Chambre a été fondée en 1886, sur l'initiative de M. SAPPEY, dans le but d'assurer, par la compétence des spécialistes et par la valeur des ouvriers instruits par eux, la bonne exécution des travaux publics et particuliers en ciment qui constituent une branche très importante de la construction, branche tout à fait distincte des travaux de maçonnerie proprement dits.

En effet, en raison des soins tout particuliers qu'exige l'emploi des divers ciments dans les applications bien déterminées et pourtant si diverses qui sont de leur domaine, la qualité de la main-d'œuvre est un précieux auxiliaire pour obtenir, à coup sûr, un bon résultat et, de plus, le choix des matériaux est aussi très important. Assurer ces deux résultats par l'union des spécialistes et obtenir de la ville de Paris et des architectes qu'ils fissent une place bien à part et aussi juste que méritée aux travaux spéciaux en ciment : tel fut le but des membres fondateurs de la Chambre syndicale.

Ce but a été atteint par des efforts persistants : la main-d'œuvre s'est encore perfectionnée, les matériaux ont été, de plus en plus, l'objet de choix judicieux et, enfin, depuis 1888, les travaux spéciaux en ciment ont pris leur place légitime dans un des chapitres de la Série de prix de la Société Centrale des Architectes. L'établissement d'une série spéciale avait été la première préoccupation des fondateurs de la Chambre dont nous donnons ici les noms :

MM. CARRÉ père, CARRÉ fils, CHASSIN, COIGNET (François), CRÉMER, DUBIEF, DUMESNIL, DUMONT, FIGAROL, MILLOT, ROBERT et MORIN, SAPPEY.

La Chambre s'occupe avec succès d'agrandir les domaines technique et pratique que comportent les travaux de ciment.

M. MORIN

PRÉSIDENT DE LA CHAMBRE DES CIMENTIERS

De plus, elle s'est intéressée, depuis sa fondation, à l'institution des récompenses accordées aux vieux ouvriers méritants, en proposant des candidats aux médailles décernées par les Chambres syndicales du Groupe, par le Gouvernement, les Sociétés Centrale et Nationale des Architectes, etc.

Elle s'est associée aux travaux de tous les Congrès qui intéressent l'essor des industries du groupe des Chambres syndicales, ainsi qu'à la solution des questions ouvrières.

Ci-après, nous donnons, dans un tableau synoptique, la composition des bureaux de la Chambre, depuis sa fondation jusqu'en 1900.

Années	Présidents	Vice-Présidents-Trésoriers	Secrétaires	Secrétaires-Adjoints
1886-87	Dumesnil	Chassin	Sappey	Morin
1888-89	id.	Dubief (E.)	id.	id.
1890-91	Sappey	id.	Cremer	id.
1892	id.	id.	Morin	Monier fils
1893-95	Dubief (E.)	Chassin	Monier fils	Maume
1896-97	Chassin	Dumesnil	id.	Dubief
1898	id.	id.	Carré fils aîné	Martinez
1899	Morin	Dubos	id.	Maume
1900	id.	id.	id.	Martinez

M. MORIN, président actuel de la Chambre, est membre du Comité de direction de la *Caisse Commune*, assurance contre les accidents créée par le Groupe et dirigée par quinze de ses présidents.

Les membres du Conseil d'Administration de la Chambre, actuellement en exercice, sont : MM. MORIN, DUBOS, CARRÉ fils aîné, MARTINEZ, CHASSIN, DUBIEF et FIGAROL.

CHAMBRE SYNDICALE

DES

Entrepreneurs de Constructions métalliques de France

LA CONSTRUCTION MÉTALLIQUE

D'azur en chef et de gueules, à une ferme et une enclume d'argent ; trois fleurs de lys d'or.

HISTORIQUE DU MÉTIER

ES constructeurs métalliques de France font partie de la légion d'ingénieurs qui ont doté le monde de travaux gigantesques, gloire incontestée du xixᵉ siècle et auxquels leurs précurseurs, les serruriers d'autrefois, n'auraient osé penser, tant est grande leur hardiesse.

Tels sont : les ponts suspendus ou jetés d'un seul arc sur les fleuves ou les abîmes, les flèches et les tours s'élançant dans les airs à des hauteurs jusque-là inconnues, les combles d'énormes portées, presque sans points d'appui intérieurs et couvrant des surfaces assez vastes pour y abriter des trains entiers et des milliers de personnes, les dômes et coupoles dont la légèreté et la grâce sont incomparables, enfin les locomotives et locomobiles, les paquebots et même les navires de guerre, merveilles de l'art naval.

Cette industrie est peu ancienne et il est facile de constater que, dans la première partie du siècle, la pierre et le bois étaient, à bien peu d'exceptions près, les seuls matériaux employés dans les constructions fixes, et le bois seul dans les constructions navales; pour le matériel roulant des chemins de fer, il était à l'état d'enfance.

L'application du fer à la charpente de nos habitations et de nos édifices remonte, en réalité, à la première grève des charpentiers (1845). Cette grève menaçait de se prolonger indéfiniment, puis les bois étaient rares et chers; c'est alors que l'on étudia les moyens de les remplacer par le métal. Les résultats de ces recherches ne se firent guère attendre; ils furent merveilleux au point de vue de la nouvelle industrie qui allait en sortir. Par contre-coup, la charpente fut menacée dans son existence. Depuis, le danger n'a fait que s'accroître pour elle de jour en jour. Après les planchers métalliques, vinrent les combles et, plus tard, les pans de fer et même les maisons où il n'entrait que l'élément métallique.

*
* *

Les premiers grands ouvrages métalliques furent exécutés en fonte et c'est l'Angleterre qui les produisit. En 1779, la Severn fut couverte d'un pont dont l'arc unique avait 31 mètres d'ouverture; en 1796, on construisit un autre pont, celui de Wearmouth dont l'ouverture était de 72 mètres.

En France, on copia ces types en construisant, en 1803, le pont des Arts et, en 1806, l'ancien pont d'Austerlitz.

La coupole en bois de la Halle aux blés fut dévorée par un incendie en 1802. Elle fut reconstruite en 1811 sur les dessins de l'architecte Brunet. Son diamètre est de 42 mètres. Elle est surmontée d'une grande lanterne vitrée. Cet ouvrage, de grande importance pour l'époque, est composé de cinquante et un arcs en fer forgé et fonte.

En 1833, l'ingénieur Polonceau imagine une disposition de tubes en fonte à section elliptique qu'il applique à la construction du pont des Saints-Pères.

C'est en 1847 que les Anglais commencent à aborder l'étude des constructions à grande portée. Bientôt, ils mettent en place les ponts en tôle de Britannia et de Comway dont les ouvertures sont de 120 et de 144 mètres.

Ces ouvrages indiquèrent le parti que l'on peut tirer du fer laminé et, en 1851, Flachat et Molinos exécutèrent les premiers ponts constitués par des poutres en tôle, l'un à Clichy, l'autre franchissant la Seine à Asnières, ce dernier composé de cinq travées de chacune 31^{m}40 de longueur.

Bientôt, les ingénieurs français s'enhardissent et, en 1855, une nouvelle application de ce système est faite sur le chemin de fer du Midi. Cette fois, le pont de Langon a trois travées de 64 et 74 mètres de portée.

La poutre à treillis fit d'abord son apparition à l'étranger, mais sa membrure n'avait pas la hauteur suffisante, ses mailles étaient serrées et leurs attaches mal comprises, ce qui donna lieu à de graves mécomptes.

C'est cependant elle qui composa le pont du canal de Dublin, posé en 1845 et qui a 42^{m}70 de portée et, en Allemagne, les ponts de Alstaden et de Gzihena, le premier divisé en cinq travées de 31^{m}40, le second en vingt-neuf travées de chacune 15 mètres.

En 1855, Brunel exécute le pont de Saltash avec des poutres à larges mailles et peut franchir deux espaces de chacun 139 mètres de longueur.

Le mouvement progressif est suivi en France. En 1859, le pont de Bordeaux, composé de sept travées solidaires à réseau quadruple de 77 mètres de portée est l'un des premiers types d'où dérivent les divers systèmes de poutres continues actuellement adoptés.

Dès 1863, la grande construction métallique agrandit considérablement son domaine. Nous avons dit que le constructeur des grands travaux dans lesquels le fer joue un rôle unique était un véritable ingénieur : c'est alors qu'il le prouve surtout : il transforme, perfectionne et simplifie ses méthodes de calcul ; ses laboratoires d'essais lui permettent, au moyen d'expériences pratiques, de préciser les moments de résistance à la rupture et de déterminer les *voilements* et la mesure de la répétition des efforts.

D'autre part, et dans le même temps, la métallurgie fait des pas de géant dans sa marche ascensionnelle ; elle fabrique déjà les fers à profils spéciaux dont l'usage est maintenant si répandu. Avant la création de ces nouvelles formes du fer, il arriva souvent au constructeur de transformer les fers plats, dits *marchands*, à l'aide d'assemblages, pour leur donner les sections d'un T, d'une croix, etc. On se servit de ces *fers composés* pour les combles des théâtres de l'Ambigu et de la Gaîté, de la Douane et de divers magasins de Paris.

Mais il ne faut pas anticiper; nous continuerons donc cette étude en ne nous occupant, pour l'instant, que des ponts. Les forges vont donner un développement plus considérable à leur construction en fabriquant l'acier à des prix abordables et par grandes quantités.

Les ponts construits en Hollande et en Angleterre, de 1863 à 1876, et celui de l'Exposition Universelle de Paris de 1863 furent construits en acier, mais en partant d'un principe inexact. Les constructeurs avaient utilisé un acier offrant une grande résistance à la rupture (55 à 70 kilog par millimètre carré) sans se préoccuper du défaut d'allongement, de la dureté qui en résulterait et quelques accidents arrivés en Autriche firent abandonner momentanément l'acier.

Depuis, les métallurgistes livrèrent à l'industrie un acier doux ne présentant environ que 42 kilogr. de résistance à la rupture mais, par contre, un allongement de 22 pour cent et les bons résultats obtenus par la marine française qui employa ce métal, furent le point de départ d'un nouvel emploi de l'acier.

En 1885, M. Mazoyer, le premier en France, fit l'application de l'acier doux travaillant à la flexion, pour le pont de la Braye, sur la ligne de Tours à Sargé.

Puis, viennent les ponts de Morannes, de Roubron, de 64^{m}24 d'ouverture, de Rouen, le viaduc de Rochechien de 70 mètres de portée, etc.

Les ponts en arc atteignent alors de grandes proportions; leur étude est de plus en plus rationnelle et précise et le talent du constructeur s'affirme dans les créations suivantes :

Le pont de l'Erdre, de 95 mètres d'ouverture; les ponts Morand, Lafayette, du Midi ; le pont-aqueduc d'Argenteuil, les ponts du Douro, Luiz Ier de 172 mètres de portée, de Garabit, de 165 mètres...

L'arche à deux ou trois rotules tend à se substituer à l'arche encastrée. Au pont Mirabeau, le système adopté est celui d'un arc à trois articulations et à culasses compensatrices ancrées dans les culées.

Enfin, dans le pont Alexandre III, l'arc est à trois rotules et est constitué par des voussoirs en acier moulé. On a pu ainsi franchir la Seine sur une largeur de 107^{m}50, en conservant une légèreté extrême à ce beau travail et en évitant d'amoindrir, par une carcasse métallique, l'admirable perspective qui s'offre au spectateur, du pont de la Concorde.

Les ponts à travées solidaires ont pris un grand développement. Parmi ces ouvrages, il faut citer : le pont de Cubzac (1885) de 563 mètres de longueur, en huit travées supportées par sept piles métalliques de dix-sept mètres de hauteur ; le viaduc de Claps, sur la Drôme ; celui de Manda, sur le Var ; celui de Rio Salado, en Espagne, avec ses trois travées en acier, de 105 mètres de portée ; enfin le pont-canal de Briare, en acier doux, qui a 600 mètres divisés en travées de quarante mètres ; cet ouvrage est le plus important de tous ceux de ce genre.

Les ponts à béquille imaginés par la Compagnie de l'Est, sont une heureuse transformation du système à poutres encastrées. C'est d'après cet ingénieux procédé qu'ont été construits les ponts Saint-Jean et Stanislas, à Nancy, et celui du boulevard de la Chapelle, à Paris.

Dans ces dernières années, l'adoption du système Cautilever, joint à l'emploi de l'acier, a permis de franchir des espaces considérables comme à Forth et à Cervanada.

Le pont Hachachta, sur le Chéliff (1898), appartient à ce type ; cependant, il en diffère par la suppression des travées indépendantes sur les rives ou sur l'axe et par la jonction centrale partielle de la travée intermédiaire placée entre deux travées de rive qui, chacune, équilibrent avec excès la moitié de la travée médiane. Cette disposition supprime les articulations qui sont des points faibles et permet de réaliser une certaine économie.

Depuis quelque temps, les ponts suspendus reviennent en faveur après avoir été abandonnés. De grandes améliorations y ont été apportées. Le pont suspendu de M. Arnodin est rigide, à pièces amovibles interchangeables. Les câbles de suspension sont en fil d'acier doux tordus et amarrés aux culées avec chariots de dilatation ; le tablier est soutenu par des haubans rigides, les garde-corps sont constitués par des poutres à traction équilibrée.

Le pont transporteur de Nerviou (Espagne) est suspendu ; il a 160 mètres et sert de chemin de roulement à un moteur électrique auquel est suspendu un transbordeur placé au niveau des quais. Des ponts du même genre ont été placés à Bizerte, à Rouen et à Rochefort.

Les ponts tournants ont pris aussi une grande importance. Tout le monde connaît ceux de Brest, de Marseille, du Hâvre, de Dieppe, etc.

On construit aussi des appontements et des jetées métalliques. L'appontement de Pauillac (1894) a 360 mètres sur 23 mètres cinquante centimètres de largeur. Son tablier, en fer et en acier, repose sur des tubes en fonte remplis de béton et sur des piles principales en maçonnerie établies sur des caissons métalliques enfoncés par l'air comprimé. Il est relié à la berge par une passerelle de 200 mètres et est pourvu d'un matériel de dix-huit grues hydrauliques.

La cloche descendue au fond des eaux, dite *cloche de plongeur*, sert aux travaux de fonçages et de fondations ; elle était connue 400 ans avant J.-C., puisque Aristote fait mention d'une chaudière ou cuve d'airain qui servait aux plongeurs de son temps. Au xviiie siècle, on la perfectionna et l'on découvrit le moyen d'y envoyer de l'air. Papin, après avoir décrit cet appareil, ajoute : « qu'en le faisant appuyer tout à fait à terre, le fond « de l'eau, en cet endroit, demeurerait presque à sec et que l'on pour- « rait y travailler, de même que hors de l'eau. »

C'est en 1839 que M. Triger fit la première opération de fonçage par l'air comprimé. Il put ainsi descendre à vingt mètres de profondeur à Chalonnes (Maine-et-Loire).

Aujourd'hui, les caissons peuvent atteindre de grandes dimensions. Ceux du pont Alexandre III ont 1474 mètres de surface ; ceux du bassin de radoub de Saïgon ont 5.000 mètres ; ceux des bassins de radoub de Missiessy, à Toulon, ont 5.900 mètres et 6.600 mètres.

*
* *

C'est au constructeur métallique que l'on doit encore les magnifiques bâtiments de commerce et de transport, paquebots et vaisseaux divers, chefs-d'œuvre de l'architecture navale qui sortent de ses usines pour aller sillonner les mers. Le plus grand de ces navires a été construit en Angleterre : c'est le *White Star*, qui a 215 mètres de longueur et dont les machines ont une puissance dépassant vingt-huit mille chevaux. Après cette véritable ville flottante, vient le *Great-Eastern* ou *Leviathan*, de 210 mètres 92 centimètres de longueur ; il est déjà ancien et sert maintenant à la pose des câbles électriques sous-marins.

En France, on remarque les superbes paquebots de la Compagnie transatlantique dont deux surtout : le *Saint-Laurent* et le *Pereire* sont de véritables merveilles.

Il faut ajouter ici que l'Etat et les gouvernements étrangers font souvent construire, dans nos grands ateliers privés, des bâtiments de guerre, des batteries flottantes ou canonnières, etc., etc., et exécuter les travaux métalliques nécessités par l'agrandissement et la transformation des ports militaires. Enfin, nos constructeurs établissent sur le bord des promontoires ou même en pleine mer, des phares tout en fer, comme celui de l'*Enfant perdu*, sur les côtes de la Guyane, dont l'ossature est composée de quatorze fermes debout, de chacune 55 mètres.

*
* *

Nous avons parlé de l'introduction du fer dans les planchers et les combles des bâtiments particuliers et édifices, et incidemment des fers à profils spéciaux. C'est en février 1849 que les forges de la Providence fabriquèrent les premiers fers à double T. Leur apparition fut le signal d'une révolution dans la charpente en fer, car, avec eux, on profitait de tout l'espace utile en réduisant même les forces de diverses parties de la construction et de ses points d'appui. Plus tard, furent fabriqués les fers Zorès.

Le premier comble en fer à double T a été construit à Paris pour abriter le dépôt des forges de la Providence. Il a 29 mètres de portée et sa couverture est en tôle ondulée. D'autres combles, et en grand nombre, construits depuis, ont des dimensions bien autrement considérables, mais celui-ci leur a servi de type. Tels sont ceux de nos gares de chemins de fer, des rotondes à remiser les locomotives, etc., etc. La rotonde de Troyes a 70 mètres de diamètre ; celle de Châlons-sur-Marne, 72 mètres.

Avec les fers spéciaux, on fit des constructions tout entières. Telles, les halles de Paris, véritable monument sorti des ateliers de Joly, d'Argenteuil. L'ensemble grandiose formé par les pavillons et les rues couvertes de ces halles forme un admirable travail sur lequel ont été copiés tous nos marchés parisiens et ceux des principales villes de France.

A cette époque, Polonceau avait déjà imaginé son système de fermes ; il fut appliqué notamment aux grands combles des gares d'Orléans et de Saint-Lazare.

Les Expositions universelles de Paris donnèrent un grand essor aux constructions métalliques. En 1878, les fermes des combles n'avaient plus d'entraits et descendaient jusqu'au sol ; en 1889, celles de la Galerie des Machines étaient à trois rotules, avec une portée de 110 mètres. Cette année-là, on remarquait encore : les magnifiques dômes des Palais des Beaux-Arts et des Arts libéraux, le Dôme central, etc., etc., ouvrages tout en fer et en acier, enfin la Tour de 300 mètres dont les dimensions n'ont pas été dépassées. On sait que chacun de ses côtés a 100 mètres de base et que son poids est de six millions de kilogrammes. Les assemblages ont nécessité plus de trois cent mille rivets. Cet étonnant édifice est garni de quatre ascenseurs dont deux seulement montent les curieux jusqu'à son sommet.

L'Exposition de 1900 nous offre en grande quantité, des travaux merveilleux dus aux constructeurs métalliques. Les constructions importantes qui couvrent le Champ-de-Mars et l'Esplanade des Invalides sur une surface d'environ 310,000 mètres, ont employé quarante milles tonnes d'acier doux. Ces bâtiments qui sont souvent de véritables palais, comportent des charpentes remarquables, notamment la grande nef du Palais des Champs-Elysées, qui est surmontée d'une coupole de 66 mètres de diamètre.

*
* *

Certaines constructions spéciales ne pourraient être établies autrement qu'avec l'aide du métal. Telles sont, par exemple, les coupoles tournantes de nos observatoires, etc., etc.

Nous ne pouvons oublier de citer, dans cette nomenclature très abrégée des travaux de tout genre dus au constructeur métallique, ni les maisons démontables en fer et tôle destinées aux Colonies, ni les réservoirs souvent de dimensions énormes, les gazomètres, les chaudières à vapeur, les portes d'écluse, les ascenseurs des maisons particulières, les ascenseurs à bateaux tels que celui des Fontinettes, les warfs et docks flottants, le matériel d'artillerie, le matériel des chemins de fer tant fixe que roulant, les excavateurs, les boucliers, etc., etc.

Tous ces ouvrages ont nécessité l'emploi d'un matériel remarquable totalement inconnu avant eux, parmi lequel il faut citer : le marteau-pilon; les machines à river par la pression hydraulique, l'air comprimé ou l'électricité, fixes ou portatives; les fraises, raboteuses, alaiseuses; les étaux-limeurs, les meules à émeri, les cisailles et découpoirs de grande puissance, les machines à cintrer, etc., etc.

On le voit, la construction métallique vient en aide un peu à toute les branches de l'activité humaine. Elle n'a, pour ainsi dire, pris naissance qu'avec la création des chemins de fer et la transformation des moyens de navigation. Mais, et très rapidement, elle a pris une place des plus honorables en tête de nos grandes industries et il a suffi, pour arriver à ce résultat, de la moitié d'un siècle.

CHAMBRE SYNDICALE

DES

Entrepreneurs de Constructions Métalliques de France

Fondée en 1886

Jeton de présence des Membres du Conseil d'administration de la Chambre

++++++++

Cette Chambre a pour but de créer des relations entre ses membres, de veiller aux intérêts généraux de l'industrie qu'elle représente ; de fournir aux tribunaux des arbitres et experts compétents et de régler à l'amiable les contestations qui lui seraient soumises par ses membres ; de se concerter pour maintenir une bonne entente entre les ouvriers et les patrons, enfin de se faire représenter auprès des pouvoirs publics pour toutes questions ou tous projets de loi intéressant les constructeurs tels que : séries de prix, cahiers de charges, garanties commerciales et industrielles, assurances contre les accidents, caisses de retraites, etc.

Cette Chambre représente des intérêts considérables, car le nombre des ouvriers occupés par ses membres est actuellement de *quinze mille*. Ses membres adhérents sont répartis, comme l'indique le titre du syndicat, sur tout le territoire de la France continentale.

Aussi n'a-t-elle pu fonder, ni patronage d'apprentis, ni Cours professionnels. Ces institutions, ainsi que celles de prévoyance : sociétés de secours mutuels, cités ouvrières, etc., existent d'ailleurs dans certains établissements faisant partie de la Chambre. Mais elle subventionne des créations de ce genre, particulièrement ceux de la Chambre syndicale

M. MARSAUX

PRÉSIDENT DE LA CHAMBRE DES ENTREPRENEURS DE CONSTRUCTIONS MÉTALLIQUES

DE FRANCE

des entrepreneurs de serrurerie et elle décerne, chaque année, des récompenses aux contre-maîtres et ouvriers méritants.

Un certain nombre de ses membres font partie du syndicat dit : *Comité des Forges de France* qui a créé la *Caisse syndicale d'assurances mutuelles des forges de France contre les accidents du travail.*

Ci-dessous, nous donnons, dans un tableau synoptique, la composition des bureaux de la Chambre, depuis sa fondation jusqu'en 1900.

Années	Présidents	Vice Présidents	Secrétaires	Trésoriers
1886	Colonel de Bange	E. Baudet	Moreau	Thomas
1887-88	E. Baudet	Ducros	id.	id.
1889	id.	id.	Marsaux	id.
1890-92	Lantrac	Marsaux	Roussel	id.
1893	Marsaux	Arnoult-Guibourgé	Adhémar	Roussel
1894	id.	id.	id.	id.
1895	id.	Bougault	Amblard	id.
1896-98	Lantrac	Marsaux, Bougault	id.	id.
1899	Marsaux	Roussel	Ducros	Kessler
1900	id.	id.	id.	id.

Le président actuel, M. MARSAUX est directeur de la *Société des Ponts et Travaux en fer.* Son prédécesseur, M. LANTRAC, est ingénieur en chef de la *Compagnie de Fives-Lille.*

Les membres du Conseil d'administration de la Chambre, actuellement en exercice, sont : MM. MARSAUX, Jules ROUSSEL, KESSLER, Maurice DUCROS, BARDOUX, DAYDÉ, ESCANDE, LANTRAC, LOISEAU, MOISANT, DONON, THOMAS.

Présidents honoraires : MM. Emile BAUDET et Eugène LANTRAC.

CHAMBRE SYNDICALE

De la Métallurgie

LA MÉTALLURGIE

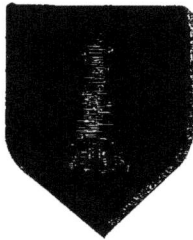

De gueules à un haut-fourneau d'or

HISTORIQUE DU MÉTIER

L'EMPLOI du fer remonte aux époques les plus reculées; toutefois, son développement et son importance datent du XIXe siècle et ont suivi tout naturellement les progrès des applications de la vapeur et de l'électricité.

Au commencement du siècle, on ne faisait que des fers battus au charbon de bois.

Le Berry et la Champagne furent en France le berceau de ces produits, en raison des forêts importantes que l'on trouvait dans ces deux régions, forêts qui fournissaient à bon marché le charbon de bois nécessaire aux hauts-fourneaux.

Ces hauts-fourneaux produisaient trois à quatre tonnes par jour et les fers arrivaient à Paris par eau ou par voitures.

Il n'existait alors à Paris que trois marchands de fers : les maisons Salmon, Lasson et Poupinel.

Ce n'est que vers 1838 que l'on fabriqua du fer laminé, d'importation anglaise, à Abainville (Meuse).

Le groupe du Nord commence alors à prendre un certain développement. C'est vers cette époque que se construisent, dans cette région, les premiers hauts-fourneaux au coke, pendant qu'à Paris, aux marchands de fers existant déjà, viennent s'ajouter les dépôts du Creusot et des différentes forges du Nord et du Centre.

En 1849, on fabrique les fers à double T, ainsi que les rails de chemin de fer.

L'Exposition de 1855, où le palais de l'Industrie est construit tout en fer, donne un nouvel élan à l'industrie métallurgique. On sait que ce Palais était considéré à cette époque, comme le plus beau spécimen des constructions métalliques.

L'Exposition de 1867, construite tout entière en fer, consacre la victoire du fer sur le bois.

Enfin, vers 1875, apparaissent les premières aciéries Bessmer venant d'Angleterre, et construites à Denain et au Creusot. A partir de cette époque jusqu'en 1900, l'industrie du fer se développe d'une façon considérable dans le Nord, le Centre et particulièrement dans l'Est, redevenu le milieu le plus puissant de production, pouvant répondre aux besoins des chemins de fer, de l'électricité, de la guerre et de la marine.

On peut compter aujourd'hui sur une production annuelle d'environ deux millions de tonnes.

La métallurgie est certainement l'une des plus belles et des plus intéressantes industries de notre pays. Avec une production semblable, le nombre des marchands de fers de la place de Paris a naturellement augmenté, afin de répondre aux besoins des producteurs.

Les marchands de fers, dès le début, ont apparu avec leur place bien déterminée, emmagasinant à grand frais l'hiver les matériaux qui leur arrivaient des forges, lentement par eau et par voiture, ce qui permettait aux maîtres de forges de ne pas chômer dans la mauvaise saison et leur évitait d'immobiliser des capitaux exagérés en attendant l'emploi de leurs produits.

Pour le constructeur il pouvait, à heure dite, se procurer les fers qui lui étaient nécessaires; sans parler des époques de crises, 1848 par exemple, où l'on peut dire que les marchands de fers ont sauvé les constructeurs et les entrepreneurs de Paris.

Mais avec les moyens de transports rapides, des chemins de fer, leur situation est devenue bien vite difficile.

Les usines tendant de plus en plus à vendre directement leurs produits, ont souvent tenté d'amoindrir le commerce des fers, sans pouvoir y arriver. On a pu voir que, dans les époques les plus prospères, sa présence était encore nécessaire, puisque l'année dernière, par exemple, Paris aurait presque entièrement manqué de fers, sans la prévoyance des marchands; leur présence a empêché les cours de s'élever au-delà de toute limite par le manque de marchandises.

Leur raison d'être apparaît encore plus clairement peut-être aujourd'hui, alors que les forges se sont vues obligées, par la rareté et le prix élevé de la matière première, de vendre au comptant et de supprimer tout escompte.

La corporation des marchands de fers de Paris, s'inspirant des besoins du commerce, a décidé de continuer de faire à ses clients un crédit de 90 jours, en leur permettant de régler à 30 jours sous le bénéfice d'un escompte de 2 0/0, conditions certainement appréciables en raison de la rareté actuelle de l'argent.

CHAMBRE SYNDICALE
De la Métallurgie

Fondée en 1887

Jeton de présence des Membres du Conseil d'Administration de la Chambre

Les marchands de fers faisaient primitivement partie de la Chambre des métaux. En 1887, quelques-uns d'entre eux eurent l'idée de former une Chambre Syndicale spéciale, dite *Chambre de la Métallurgie de Paris* et de demander au groupe de la rue de Lutèce, avec lequel ils ont tant d'intérêts communs, de bien vouloir les accueillir, ce qui eut lieu.

Cette Chambre syndicale a pour but de créer des relations entre ses membres, d'examiner les questions intéressant leur commerce, notamment celles relatives à l'octroi, à la douane et aux transports, de constituer des commissions prises parmi les membres de son Conseil d'administration et, au besoin parmi les sociétaires, pour examiner et conclure, si faire se peut, les affaires qui lui sont renvoyées par les tribunaux ou qui lui sont soumises directement par les parties.

Cette Chambre a certainement rendu de grands services à la corporation ; elle a établi entre tous ses membres la plus grande cohésion et les relations les plus cordiales.

Terminons cette notice en constatant combien l'idée de 1887 a été heureuse, lorsque les marchands de fer demandaient à se joindre au Groupe de l'Industrie et du Bâtiment. Ils ont, en effet, trouvé de la part de tous, la plus grande obligeance et de plus dévoué concours. C'est avec joie qu'ils voient s'accroître de plus en plus la prospérité de cette importante association.

toute association

M. G. SALMON

PRÉSIDENT DE LA CHAMBRE DE LA MÉTALLURGIE

Ci-dessous, nous donnons dans un tableau synoptique, la composition des bureaux de la Chambre, depuis sa fondation jusqu'en 1900 :

Années	Présidents	Vice-Présidents	Secrétaires	Trésoriers	Syndics
1887	**Ed. Salmon**	**Nozal** père	**L. Perrée**	**Gasne**	**G. Salmon, J. Cailar**
1893	**Gasne**	**Nozal** fils	**L. Lasson**	**Darche** fils	id. id.
1896	**Nozal** fils	**de Tournemine**	id.	id.	**G. Salmon, A. Collas**
1900	**G. Salmon**	**L. Lasson**	**Robert** fils	id.	**de Tournemine, A. Collas**

Le Président actuel est M. Georges SALMON.

Présidents honoraires : MM. Ed. SALMON, chevalier de la Légion d'honneur, GASNE et NOZAL fils ;

Vice-Président honoraire : M. NOZAL père.

Les membres du Conseil, actuellement en exercice, sont : MM. NOZAL, CAILAR, LASSON, DARCHE, SALMON, DE TOURNEMINE, L. GASNE, NOZAL fils et PERRÉE.

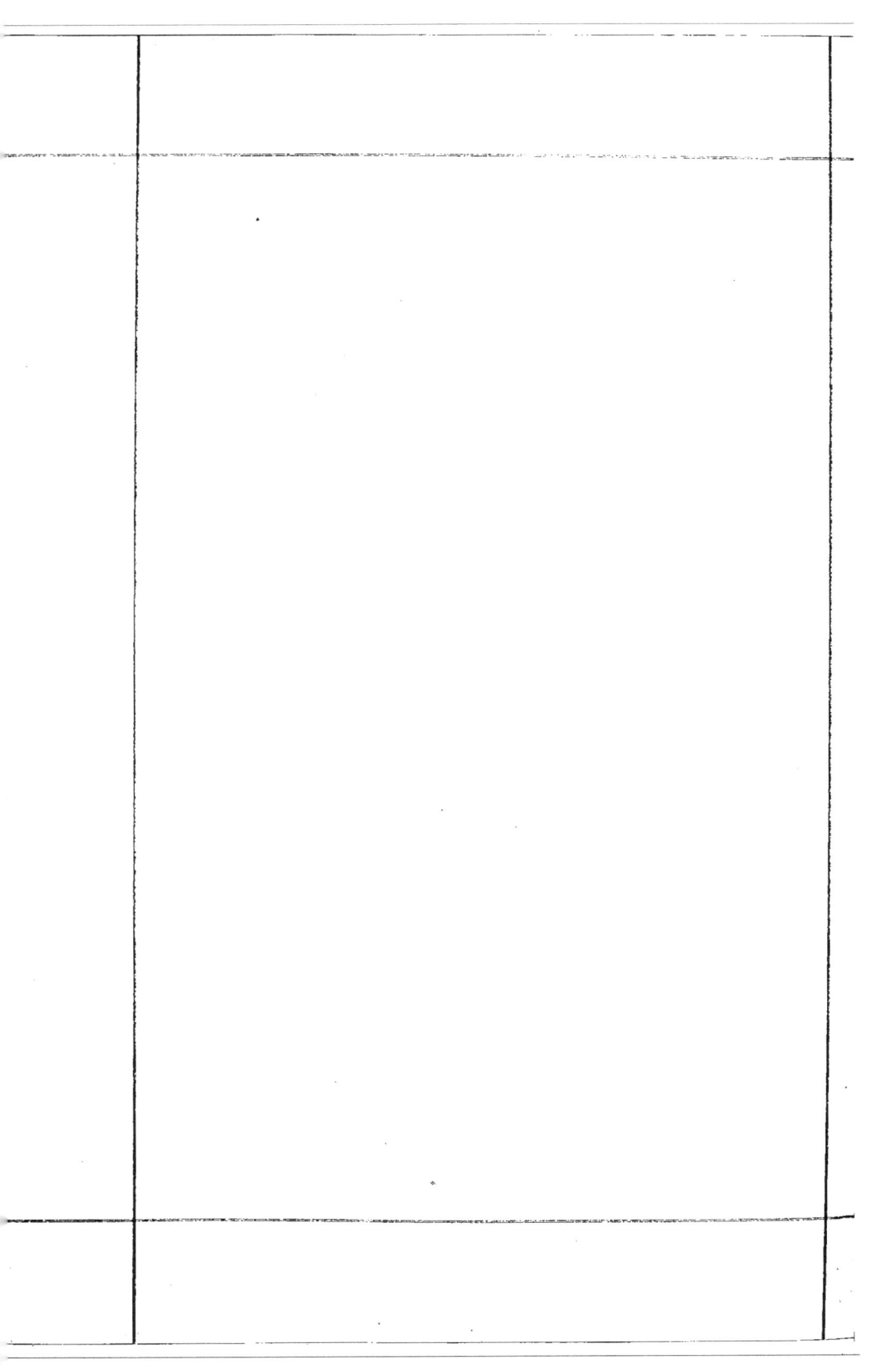

CHAMBRE SYNDICALE

De la Maréchalerie

LA MARÉCHALERIE

D'argent, à une batte de sable posée en fasce, accompagnée de trois fers de cheval de gueules, deux en chef et un en pointe (*)

HISTORIQUE DU MÉTIER

Nous savons que les Grecs et les Romains ne connaissaient aucunement l'art de ferrer les chevaux et qu'ils garnissaient les pieds de ces animaux ainsi que ceux du mulet, de l'âne et du bœuf, du *solea* ou brodequin de cuir entourant les pâturons et les sabots et retenu par des courroies. On en fortifiait souvent le dessous au moyen d'une plaque de fer ; c'était alors le *solea ferea*. Aux temps luxueux de l'empire romain, on vit des *solea argentea* et des *solea ex auro* (Suetone, Nero 30 et Pline L. C.), c'est-à-dire des chaussures de chevaux à semelles d'argent et d'or.

Les ferrures des *solea* que possèdent un grand nombre de musées,

(') D'Hozier, *Armorial*, texte T. XXV, Folio 510; *Blasons*, T. XXIII, Folio 583.

sont des plaques de forme ovalaire, relevées en talonnières et, sur les côtés en oreilles, terminées ou non par des crochets ou même des anneaux pour l'attache.

Les Gaulois-celtiques étaient plus avancés. Il est hors de doute que six siècles avant Jésus-Christ, ils appliquaient des ferrures aux pieds de leurs chevaux à peu près comme on le fait actuellement, c'est-à-dire en les clouant. On a retrouvé, un peu partout, enfoncées dans notre sol, beaucoup de ces ferrures ; elles sont tantôt en bronze, tantôt en fer, en général très étroites, à bords ondulés au droit des trous. Les clous sont à lame courte et forte avec une tête saillante figurant la clé de violon, forme propre à assurer la marche en s'opposant aux glissades.

Le cheval gallo-romain avait des fers plus forts, sans bords ondulés par l'étampage ; ils étaient rainés et percés de six à huit trous. Les têtes des clous étaient moins saillantes. Une grande quantité de ces ferrures a été aussi retrouvée dans des fouilles. Ces fers sont souvent représentés sur des bas-reliefs, des monnaies, etc., etc.

Au moyen-âge, sous les Mérovingiens, on voit apparaître le maréchal sous le nom tudesque de *marach-scalk* et ensuite de *marescalcus,* terme de basse latinité désignant le serviteur qui avait soin des chevaux et, en même temps, était maréchal-ferrant.

Plus tard, sous Charlemagne, les maréchaux étaient sous les ordres du comte de l'étable (*comes stabuli*) ou connétable.

A partir de l'époque féodale, la ferrure des chevaux devient d'un usage général. Dès lors, le maréchal est un artisan de plus en plus apprécié comme apportant à l'art de la ferrure une attention dont les ignorants en cette matière ne pouvaient, sous son apparente simplicité, qu'estimer les nombreuses difficultés. Un *surintendant des ferreurs* est à la tête de la maréchalerie des armées.

Les fers des chevaux des époques moins éloignées de nous sont de formes très différentes : les uns sont prolongés en pointe et relevés d'un talon à chaque extrémité, d'autres ont un crampon dit *à l'aragonaise* ou bien sont dentelés, retournés, coudés aux *éponges* (extrémités des branches), articulés à charnière pour être fixés sans clous, etc., etc. Dans de certaines circonstances comme, par exemple, lors des entrées solennelles des princes dans les villes, ils étaient argentés ou dorés et même parfois fabriqués en métal précieux.

La ferrure fut posée à froid pendant de longues années; elle ne fut appliquée à chaud, d'une manière générale, qu'à partir du xviiie siècle. Cette méthode consiste en l'essayage, à plusieurs reprises, du fer rouge pour le modifier jusqu'à perfection de sa forme.

La ferrure du cheval a donné lieu, dans les temps modernes, à des inventions et des perfectionnements multiples que nous ne pouvons que mentionner sommairement. C'est ainsi que l'on reprit le système des fers articulés, que l'on imagina les *fers brisés en pince*, les fers en fonte malléable, en acier, en cuir garnis de clous, en gutta-percha, en bois, les ferrures à glace avec crampons fixes, à vis, mobiles, les fers pour les pieds défectueux : *à lunettes, à pantoufles, à ressort, à planche, à crémaillère*, etc., etc.

Le clou à glace a une grosse tête carrée, pointue, en coin, toujours préparée pour arrêter les glissades sur la neige, la glace et le verglas. En hiver, c'est un auxiliaire précieux et très important de la ferrure. Une bonne part de l'inoubliable désastre de la campagne de 1812 doit être attribuée à l'absence des fers à crampons et des clous à glace. C'est le sentiment de Thiers qui, dans son histoire du Consulat et de l'Empire, raconte que, par suite de l'oubli des clous à glace, les chevaux ne purent traîner l'artillerie et qu'il fallut abandonner les canons.

Le maréchal ferre le mulet, l'âne et enfin, le bœuf de trait avec des ferrures spéciales : les premiers de ces animaux reçoivent les fers à pince carrée, les seconds des plaques en fer mince, relevées ou non sur l'onglon.

Le maréchal, pour être à la hauteur de son métier, doit, dit M. Goyau, « connaître l'organisation, les défectuosités et maladies du « pied de l'animal, les aplombs, irrégularités et accidents de la marche; « il doit, de plus, connaître à fond l'histoire de son art, les ferrures « françaises, étrangères, exceptionnelles, etc., avoir des notions d'hygiène « et de médecine spéciales à l'entretien, aux blessures et aux maladies « du pied ».

*
* *

Au xiiie siècle, les ouvriers qui travaillaient le fer, désignés en général sous le nom de *fèvres*, étaient divisés en trois catégories : maréchaux, couteliers, serruriers. Ils obéissaient aux mêmes prescriptions, sauf quelques détails et étaient tous trois sous la juridiction du *maréchal du roi*, officier qui vendait le métier.

Ces métiers s'achetaient cinq sous d'argent. L'impôt annuel qui leur était spécial était de six deniers, payables à l'octave de la Pentecôte. Si le maréchal avait une machine à ferrer les chevaux rétifs, dite *travail*, il devait trois ou six sous par an, suivant que cet appareil était à l'intérieur ou « *avec le congié du voïer de Paris* », dans la rue. Cet usage de placer le *travail* au dehors de l'atelier a duré jusqu'en 1804 et il a fallu, pour empêcher cet empiètement sur la voie publique, un arrêt de la Cour de Cassation (30 frimaire, an XIII).

Le titre XV du Livre des Métiers d'Etienne Boyleaux, prévôt de Paris sous Louis IX, qui relate les conditions et obligations qui précèdent, dénomme les maréchaux : *marischax* et *marissaux*. Il indique que cet artisan est dispensé du service du guet pendant la première année de la maîtrise, ainsi qu'après l'âge de soixante ans.

Diverses corporations, parmi lesquelles on remarque les maréchaux, pouvaient avoir autant de valets et d'apprentis qu'il leur plaisait et régler à leur gré les conditions de l'apprentissage ; chez les maréchaux, la durée de cet apprentissage était de trois ans.

Sur les 121 Communautés dont les statuts composent le livre des Métiers, vingt-et-une seulement sont autorisées à travailler à la lumière et les maréchaux jouissent de ce privilège qui a, sans doute, la source dans le souvenir d'anciennes traditions. La défense *d'ouvrer* la nuit, qui avait pour but de rendre l'exécution des ouvrages plus parfaite, datait du temps de Charlemagne.

Les statuts renouvelés de 1463 nous indiquent que les maréchaux se sont séparés des autres ouvriers travaillant le fer. Le prix de la maîtrise est fixé à vingt sols, dont moitié pour le roy, l'autre moitié pour la confrérie et les jurés.

En 1467, les « *fèvres mareschaulx* » forment, à eux seuls, une bannière des milices parisiennes.

En 1581, un édit défendit de conférer la maîtrise à tout candidat ayant moins de vingt ans ; mais les fils de maîtres étaient reçus à tout âge. Par dérogation à cet ancien usage, les statuts des maréchaux indiquent, en 1651, que les fils de maîtres ne pourront être reçus qu'à 24 ans seulement si leurs parents vivent encore et dès 18 ans, s'ils les ont perdus.

Le chef-d'œuvre ou « *première œuvre de maistre postulant* » exigé pour la maîtrise, consistait à forger des fers, à ferrer un cheval et à réparer les pieds d'un ou deux chevaux. La somme à verser était, au milieu du xviiie siècle, de 1800 livres. Cette somme représente aujourd'hui plus de 7.000 francs.

Les statuts furent encore renouvelés en 1609 et en 1687, mais on n'y trouve guère que le souvenir des anciennes réglementations. Chaque maître ne devait alors avoir qu'un seul établissement, mais pouvait y installer deux forges. Les droits de maîtrise sont de 200 livres pour la communauté, 10 livres pour la chapelle, 6 livres à chaque juré, 4 livres à chaque *ancien* (maître), 3 livres à chaque *moderne*. Douze jurés assistaient au chef-d'œuvre.

Chaque dimanche, un compagnon devait être présent à l'atelier pour le service du public ; les autres devaient rentrer à huit heures du soir, « *sans être ivres.* »

L'édit de mars 1691 divise les corporations en quatre classes suivant leur importance. Les maréchaux font partie de la deuxième classe avec les charrons, les selliers, les bourreliers. L'indemnité à payer aux jurés pour leur droit de visite et l'examen des ouvrages est fixée à 20 sols.

En 1776, les maréchaux forment, avec les éperonniers-lormiers, la 31e communauté des métiers, au prix de 600 livres la maîtrise.

Les ouvriers maréchaux s'affilièrent de bonne heure au compagnonnage. Cette association secrète donnait lieu souvent à des désordres. Nous lisons, dans les statuts de 1609 des maréchaux : « pour obvier aux débau-
« ches que font les serviteurs *quand ils vont forger les uns contre les autres*
« *pour gagner un fer d'argent de peu de valeur*, lequel ils font porter au
« chapeau de l'un d'eux pour commencer la débauche, il est enjoint aux
« jurés d'y mener un commissaire pour les mener prisonniers, confisquer
« ledit fer d'argent et condamner le maître de la boutique où ils sont
« trouvés à payer deux écus d'amende, moitié au roy, moitié à la confré-
« rie. Lequel fer d'argent, ensemble l'argent qu'ils *contribuent* pour faire
« leur débauche, sera *aumosné* aux pauvres prisonniers du Chastelet. »

Ce passage, on le voit, nous fait connaître un usage singulier pratiqué

par les ouvriers maréchaux qui faisaient appel à la révolte en promenant
l'un d'eux par les rues avec un fer d'argent au chapeau.

* *
*

De temps immémorial, le patron de la confrérie des maréchaux était
Saint-Eloi. Leur chapelle fut installée à l'église des Grands-Augustins,
jusqu'en 1707 et ensuite à Saint-Jacques de l'Hôpital, près Saint-Eustache.

Une gravure, datant de 1683, représente Saint-Eloi en costume d'évê-
que, entouré d'instruments de métiers, d'outils et de fers à cheval, avec
cette inscription : « La feste M^s Saint-Eloy, aux maistres mareschaux, est
« le 1er jour de décembre et la translation dudit saint le 25 juin et lesdits
« jours, il y a indulgence plénière. Adrian Treneau et Adrian Olive estant
« jurez en charge, ont faict faire cette planche de leur deniers en l'an 1683. »

Chacun des jurés, en entrant en charge, donnait cinquante livres
pour la décoration de la chapelle Saint-Eloi.

CHAMBRE SYNDICALE

DES

Maréchaux-Ferrants

Fondée en 1887

Cette Chambre a pour but de cimenter l'union de ses membres, de développer leurs rapports entre eux; d'obtenir, par le concours actif et pécuniaire de ses sociétaires, l'enseignement professionnel des jeunes gens.

Elle fait partie du Groupe des Chambres syndicales de l'Industrie et du Bâtiment depuis 1893.

Ci-dessous, nous donnons, dans un tableau synoptique, la composition des bureaux de la Chambre, depuis l'année 1893 jusqu'en 1900.

Années	Présidents	Vice-Présidents		Secrétaires	Trésoriers
1893	Pélissier	Ramond		Cathala	Caillaud
1894-96	Ramond	Charruau, Soubeyrand		Deshours	Sachet
1897-98	Charruau	Soubeyrand, Thomas		Le Bare	Daran
1899	Id.	Sachet	Id.	Id.	Broca
1900	Id.	Id.	Id.	Auphelle	Id.

M. CHARRUAU, président actuel de la Chambre, est l'un des membres du Comité de direction de la Caisse Commune, société d'assurance fondée par le Groupe de l'Industrie et du Bâtiment et administrée par quinze de ses présidents.

Les membres du Conseil d'Administration de la Chambre, actuellement en exercice, sont : MM. CHARRUAU, SACHET, THOMAS, BROCA, AUPHELLE, LE BARE, BONFILLON, PEILLON, DUGUET, SALMONDE, DESCHARTES, BESSE, DELFOUR, COMPOINT, CASIMIR.

M. CHARRUAU

PRÉSIDENT DE LA CHAMBRE DES MARÉCHAUX-FERRANTS

CHAMBRE SYNDICALE

DES

Sculpteurs-Décorateurs

LA SCULPTURE DÉCORATIVE

De gueules à une colonne sculptée d'argent et deux outils : maillet et ciseaux d'or

HISTORIQUE DU MÉTIER

A sculpture décorative est de toutes les branches du génie humain et de l'art, l'une des plus anciennes, une des plus françaises assurément; chaque siècle, chaque année, elle laisse derrière elle et continue un véritable monument d'histoire. A l'opposé de beaucoup d'autres, ses progrès du jour et ceux qu'elle fera demain ne font qu'affirmer tous ses succès passés accumulés depuis des siècles et dont les témoins, toujours debout, sont pour nous le meilleur enseignement. Sa tâche, quoique modeste, sera toujours d'intérêt puissant; son œuvre est infinie et immortelle. Mais ses artisans ne le sont guère et, en remontant seulement dans notre histoire, nous trouvons plusieurs traces de leurs groupements, qu'ils avait senti nécessaires pour mener à bien et assurer la destinée de leur art, sans qu'elle fut à la merci de la mort, faucheuse d'artistes à leur apogée.

Qu'auraient-ils fait, qu'auraient-ils laissé isolément? Leur réunion, au contraire, fit leur force et décupla leur talent par l'émulation et l'exemple.

C'est en grande partie, il est certain, à ces groupements d'artistes que nous devons aujourd'hui de voir la sculpture décorative depuis si long-temps maintenue comme l'une des gloires de notre pays.

Sous le nom d'assemblée par exemple, nous sommes certains qu'au xvie siècle, Bachelier Nicolas réunissait ses collègues pour se communi-quer leurs idées et parler de leur art.

Jean Goujon, sous Henri II, suivit cet exemple. Plus tard à Fontaine-bleau et à Versailles, le peintre Lebrun entraîna autour de lui, et for-tement groupés, une pléïade d'artistes sculpteurs et peintres et c'est à eux que nous devons toutes les richesses du règne de Louis xiv.

Sous celui de Louis xvi, quoique plus personnels, Gouthière, Meis-sonnier, Salembier, Oppenord, Lalonde, durent leurs succès beaucoup à leur groupement.

De nos jours, ce groupement à pris le nom de Syndicat, mais son but initial est resté toujours le même, en y ajoutant toutefois l'étude des questions d'intérêt pratique.

CHAMBRE SYNDICALE

DES

Sculpteurs-Décorateurs

Fondée en 1864

C'est, sous le nom de Chambre syndicale des Sculpteurs, à 1864 que remonte la fondation du premier syndicat des sculpteurs d'art décoratif.

Ce groupement qui, de jour en jour, s'impose davantage et deviendra bientôt complet, il faut le souhaiter, avait paru utile à plusieurs des confrères d'alors à qui tout le mérite en revient; ce sont : MM. BIÈS, BLOCHE, qui reste encore aujourd'hui notre sympathique et dévoué président honoraire, COUSSEAU, DE LA FONTAINE, GILBERT, HUBER, HOUGUENADE, LEPRÈTRE, MORAND, MARGEY, PERRIN, SAVREUX, TURPIN.

M. BIÈS occupa la présidence jusqu'en 1868; M. GILBERT le remplaça jusqu'en 1876. Pendant trois ans, les séances furent très irrégulières et espacées jusqu'à la reconstitution du syndicat en 1879, sous la présidence de M. HAMEL, et la dénomination de Chambre syndicale des Sculpteurs-ornemanistes.

Le groupement, de nouveau délaissé depuis 1884, se reforma enfin en février 1895 sous le nom de Chambre syndicale des Sculpteurs-décorateurs et sous la présidence de M. BLOCHE, qui, par raison de santé, dut résigner son mandat à la fin de l'année. M. CRUCHET fut alors élu et jusqu'à ce jour, c'est sous sa présidence que, chaque année, la Chambre prend plus d'intérêt et d'extension.

Les travaux de ces Chambres eurent, à toutes époques, sensiblement le programme suivant qu'elles ont résolu toujours au mieux de leurs moyens et des circonstances :

Créations d'albums spéciaux où chacun apportait le meilleur de son savoir; communications artistiques.

Instruction artistique et manuelle des apprentis; école professionnelle; concours.

Récompenses aux ouvriers et aux apprentis méritants ; réglementation du travail des apprentis.

Arbitrages. Questions d'économie professionnelle et d'assurance contre les accidents.

Il est à souhaiter qu'une œuvre si belle et si utile rende encore et longtemps les services qu'on attend d'elle.

Les membres du Conseil de la Chambre, actuellement en exercice, sont : MM. CRUCHET, président ; POULAIN, 1er vice-président ; KULIKOWSKI, 2e vice-président ; FLANDRIN, secrétaire et DUPUY, trésorier.

M. BLOCHE, président honoraire.

M. CRUCHET

PRÉSIDENT DE LA CHAMBRE DES SCULPTEURS-DÉCORATEURS

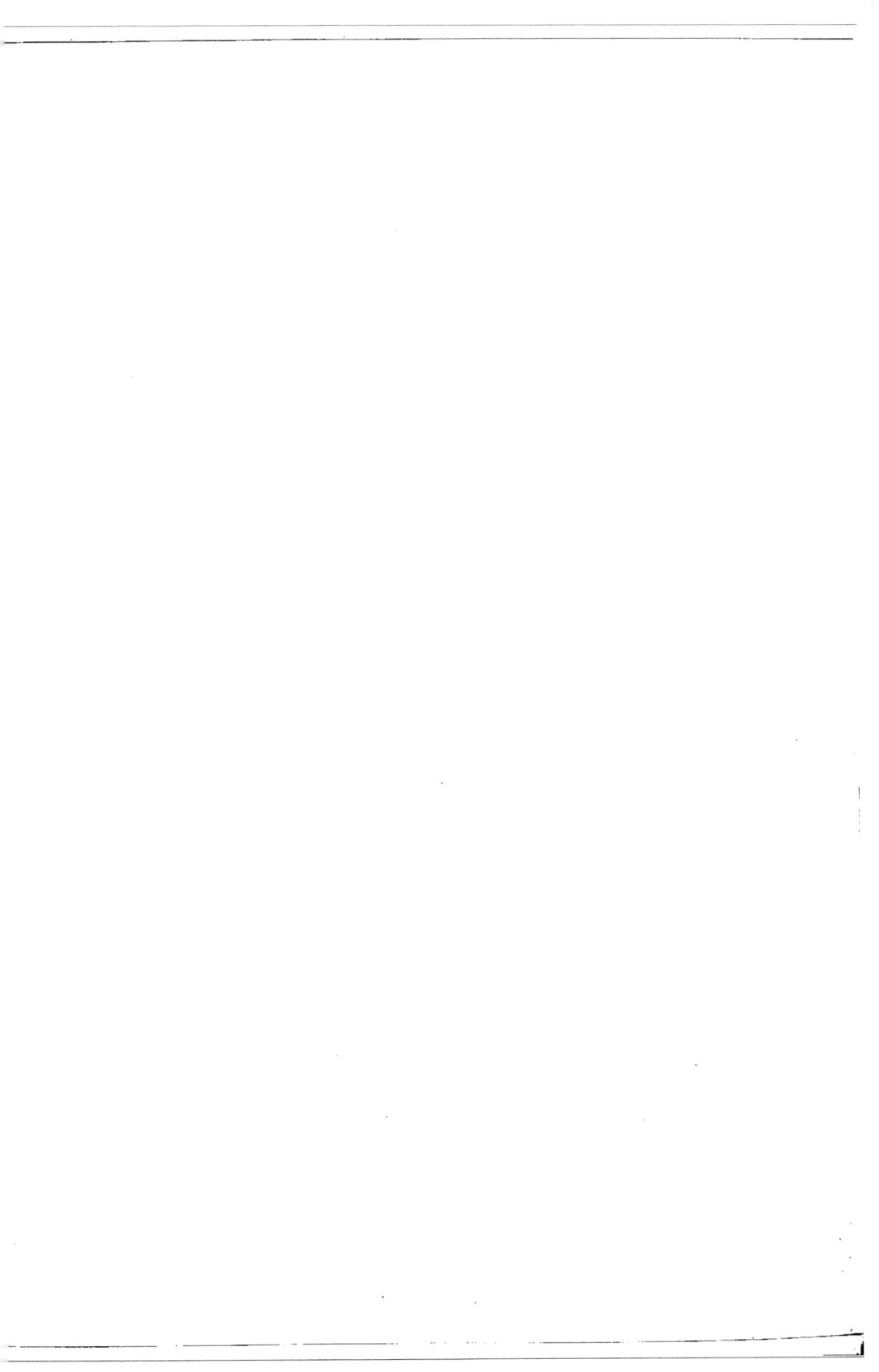

CHAMBRE SYNDICALE

DES

Entrepreneurs de Carrelage
Revêtements et Mosaïques

LA MOSAIQUE, LES REVÊTEMENTS
LE CARRELAGE

HISTORIQUE DU MÉTIER

LES revêtements artistiques des surfaces murales, des plafonds et voûtes et du sol tenaient, dans l'antiquité et chez les peuples anciens, une place importante dans l'ornementation de leurs édifices.

On croit que l'art du mosaïste est né en Asie ; il est reconnu qu'il était pratiqué par les Égyptiens. Un fragment de cercueil du musée de Turin est incrusté d'une mosaïque en émail, d'un travail très soigné.

En 1843, les fouilles exécutés sur l'emplacement de Ninive, capitale de l'Assyrie, ont mis à jour le palais de Khorsabad, dont les murailles, bâties en briques crues, sont revêtues de plaques de gypse de 0ᵐ30 à 0ᵐ35 d'épaisseur en moyenne. L'usage des revêtements est donc aussi des plus anciens.

Les juifs ont pratiqué l'art du mosaïste : le livre d'Esther mentionne un riche pavage sur lequel des pierres précieuses formaient une sorte de peinture.

Les Assyriens décoraient leurs édifices de grands tableaux de faïence peinte.

En Perse, M. Dieulafoy a découvert le palais de Darius, sur l'emplacement de la ville de Suze, aujourd'hui Chouchten et il en a rapporté la frise qui ornait la salle du Trône. Cette frise, de 3ᵐ50 de hauteur, représente une longue file de guerriers modelés en relief, presque de grandeur naturelle : ce sont les Immortels de la garde du roi Darius, tels que les a décrits, avec leurs vêtements et leurs armes, 450 ans avant J.-C., l'historien Hérodote.

Les briques émaillées qui composent cette frise sont de véritables carreaux ; elles ont 0ᵐ345 carré et 0ᵐ09 d'épaisseur ; elles sont faites d'une sorte de béton cuit à une haute température, leurs rives sont démaigries pour obtenir de très faibles joints.

Chez les Grecs, les planchers des maisons des riches particuliers étaient très souvent décorés de mosaïques en bois de diverses couleurs : ces mosaïques leur étaient venues de la Perse ; elles formaient parfois des peintures remarquables. Dans l'une des chambres du palais de Hiéron ii, roi de Syracuse (d'autres disent : sur le plancher de son navire), une mosaïque de ce genre représentait toute l'Iliade d'Homère (Athénée, liv. V).

La mosaïque atteignit sa perfection entre les mains des artistes grecs et romains. Les murs, les plafonds, les colonnes et le sol des édifices étaient magnifiquement décorés par ce procédé, soit en suivant les indications d'un dessin simplement géométrique, soit en composant de véritables tableaux formés par des petits cubes de pierre, de marbre et de verre coloré, scellés à bain de ciment. Mais le verre ne fut employé qu'à l'époque d'Auguste. Des représentations de batailles, des scènes historiques, des courses de chars, des combats d'animaux, des natures mortes, des sujets empruntés à la Mythologie, des paysages et même des cartes géographiques et des plans de ville (comme le pavé du temple de Romulus et de Rémus, représentant le plan de Rome), tels étaient les motifs divers figurés avec art et une grande puissance de coloris. Parfois, les mosaïques des salles à manger reproduisaient les débris tombés du festin. Pline mentionne l'une de celles-ci qui existait à Pergame ; elle était l'œuvre d'un certain Sosus et les objets étaient rendus avec une telle vérité que l'on pouvait croire à la négligence des esclaves qui avaient oublié de nettoyer la salle. Ces sortes d'ouvrages étaient appelés du reste, *asarota,* c'est-à-dire « qui n'a point été balayé. »

A Pompeï, une mosaïque fameuse représente la bataille d'Arbelles ; elle a été trouvée en 1830 dans la maison dite « du Faune » et n'est autre chose qu'un magnifique tableau. Un autre travail de ce genre, moins important, nous montre le chien de garde de la maison avec son collier et sa chaîne d'attache.

La mosaïque romaine était appelée *musivum* lorsqu'elle n'était composée que de petits morceaux de verre de couleur ou d'une composition en émail, par opposition au *lithostrotum,* travail fait de pierres naturelles et de marbres diversement colorés. Quant au *musivum,* cette sorte de mosaïque ne servit d'abord qu'à décorer les plafonds (Pline, H. N[elle], xxxvi, 4) parce que l'on craignait le peu de solidité du verre ou de l'émail, mais par la suite on reconnut cette crainte peu fondée et on l'employa pour les pavages de luxe en y mêlant des pierres, afin de rendre les couleurs plus variées et d'atteindre même aux artifices des demi-teintes, aux perspectives et aux profondeurs, enfin d'arriver à se rapprocher davantage de la vérité. C'est ce qui fit que l'on donna à ce perfectionnement le nom de *pictura de musivo* ou peinture en mosaïque. L'artiste qui exécutait ces beaux ouvrages était connu sous le nom de *musivarius.*

Les pavages mosaïques ainsi constitués n'ayant pas leurs petits cubes placés sur des rangées parallèles étaient désignés, tantôt par le terme de *pavimentum vermiculatum,* parce que, vues à quelque distance, leurs dispositions qui suivaient les contours de l'objet représenté offraient quelque ressemblance avec celles que produiraient les enlacements d'un grand nombre de vers, tantôt sous celui de *pavimentum scalpturatum,* quand ces dispositions étaient différentes et que le sujet se rapprochait davantage de la peinture par des procédés moins mouvementés et identiques à ceux que l'on employa plus tard au pavé du Dôme de Sienne. Là l'œuvre de Beccafiume est merveilleuse et ressemble à un dessin aux deux crayons.

La mosaïque ne s'appliquait pas toujours immédiatement sur des surfaces planes. Sous le nom d'*emblema* (marqueterie), on a désigné des tableaux en mosaïque peu connus, mais que Caylus (Recueil VI, 86) a décrits. Ce sont des bas-reliefs en stuc dans lesquels sont placés des petits morceaux de pierres de couleurs et des émaux, de telle façon qu'on les croirait peints. On a rencontré ce genre de travail dans la villa d'Hadrien, près de Tivoli, où l'on a aussi trouvé la célèbre mosaïque dite des « Colombes de Pline. »

*
* *

A l'époque gallo-romaine, les riches maisons de notre pays étaient pavées de mosaïques. On en a retrouvé de tous les côtés : à Bernay, à Châlons-sur-Saône, à Saint-Jean d'Angely, à Aix, à Soissons, dans les Basses-Pyrénées et jusqu'au fond de la Bretagne.

Parmi les plus célèbres de ces mosaïques, il faut citer : celle des Gladiateurs connue sous le nom de « mosaïque des promenades, » à Reims ; celle du dieu Océanus à Aix ; celle des courses de chars au musée de Lyon ; le Bellérophon d'Autun, au musée de Saint-Germain-en-Laye, etc.

Pendant les premiers siècles du moyen-âge, les traditions romaines furent plus ou moins exactement conservées en France et la mosaïque fut employée pour la décoration des édifices religieux. Mais les marbres étaient rares ou inconnus et, au lieu d'employer les petits cubes, on fit des dallages en pierres gravées et incrustées de mastics de couleurs ou bien en terres cuites émaillées qui n'étaient autre chose que des briques de couleur. On voit encore de ces travaux à la cathédrale de Troyes, à Saint-Pierre de Dives (Calvados), etc., etc.

L'art de la mosaïque n'a jamais été délaissé en Italie. A l'époque même des invasions, il continua à être pratiqué pour la décoration des basiliques de ce pays. C'est ainsi qu'au IVe siècle, l'église de Sainte-Constance reçoit une mosaïque merveilleuse représentant Jésus et ses apôtres, travail qui fit l'admiration du Poussin.

On peut dire, cependant, que cet art diminua beaucoup d'importance et que ses ouvriers devinrent moins habiles et beaucoup moins nombreux. La mosaïque finit même par tomber en décadence ; elle émigra avec Constantin, qui appela autour de lui, dans sa nouvelle capitale, les artistes romains et en particulier, les mosaïstes qu'il exempta de divers impôts et qui formèrent alors une nouvelle école sur les rives du Bosphore.

Au Ve siècle, nous retrouvons la mosaïque en Gaule, à Toulouse où l'église de la Daurade (Sainte-Marie dorée), renferme des travaux magnifiques couvrant son sol, ses colonnes et ses murailles. Les fonds sont d'or et la mosaïque, dans le demi-jour du temple et à la clarté des cierges, envoie des reflets merveilleux de tous côtés. Ces beaux ouvrages ont disparu.

Au IXᵉ siècle, Viollet-le-Duc signale la mosaïque qui existe encore dans l'église de Germigny-les-Prés, près de Sully-sur-Loire. Elle représente l'arche d'alliance accompagnée d'anges ; les fonds sont bleu et or, avec une frise portant une inscription en cubes d'argent.

Au Xᵉ siècle, on compte, en France, de belles mosaïques, particulièrement à Sainte-Irénée de Lyon et à Saint-Remi de Reims, dont le pavé, dit Berger, « remplit le chœur d'un bout à l'autre qui n'est pas moins long « ny large que celui de Notre-Dame de Paris ; il est assemblé de petites « pièces de marbre, les unes en leur couleur naturelle et les autres teintes « et émaillées à la mosaïque, si bien rangées et mastiquées ensemble « qu'elles représentent une infinité de figures comme faites au pinceau. » (Berger, *Histoire des grands chemins*).

Au XIᵉ siècle, l'art de la mosaïque fut apporté, ou plutôt rapporté de Byzance en Italie par des maîtres habiles que le pape et le gouvernement de la République de Venise avaient appelés. Seul, cet art nous a conservé, bien mieux que la peinture sur métaux, les traditions du dessin et de la couleur du Bas-Empire.

Depuis, les mosaïstes de Venise devinrent les premiers du monde : ils ont tracé sur les parois de la basilique de Saint-Marc des fresques inaltérables, car la pierre, le marbre et l'émail garderont presque éternellement les belles couleurs qu'ils ont employées. Les grandes mosaïques des voûtes de cet édifice réprésentent des figures tirées de l'Apocalypse, des scènes tirées des Saintes-Écritures, comme la résurrection de Lazare, la vision de Saint-Jean ; elles ont été exécutées sur les cartons du Titien, du Tintoret, de Salviati. Rien de plus élégant que ces productions où le dessin rivalise de correction et de richesse avec la couleur, le brillant et la souplesse des figures et des étoffes.

En même temps qu'à Venise, la mosaïque dotait Rome et la Sicile de magnifiques travaux.

Au XIIIᵉ siècle, Viollet-le-Duc cite les mosaïques de l'abbaye de Saint-Denis, exécutées par des ouvriers italiens, au temps de Suger. Mais il s'agit « de petits morceaux de terre cuite émaillés en noir, en jaune, « en vert foncé et en rouge, coupés en triangle, en carré, en losange, en

« portions de cercle, en polygones, formant, » dit-il, « un dessin
« charmant. »

La cathédrale d'Otrante possède une mosaïque étrange exécutée à la
fin du xiiᵉ siècle par un nommé Pantaléone. Ce singulier ouvrage figure
un arbre colossal dont la base est placée à la porte de l'église et le sommet
rejoint le maître-autel. Cet arbre, au feuillage très nourri, est chargé de
fruits qui ne sont autre chose que des têtes humaines. On y voit à la
fois : Adam et Eve, Caïn et Abel, Noé, Samson, Alexandre-le-Grand et le
roi Arthur.

Au xiiiᵉ siècle, les mosaïstes florentins jouissaient d'une réputation
universelle. Ils exécutaient leurs travaux d'après la méthode dite floren-
tine et, au lieu de composer leur œuvre au moyen de petits cubes de
mêmes dimensions, ils employaient des plaques de marbre, des corna-
lines, des calcédoines, des lapi-lazuli, etc., découpés de différentes façons,
selon le dessin qu'ils voulaient reproduire. Leurs procédés comprenaient
aussi la mosaïque en relief qui s'exécutait avec des agates, des jaspes et
autres pierres précieuses fixées sur des plaques de marbre de couleurs
propres à faire ressortir le sujet.

Aux xviᵉ et xviiᵉ siècles, nous pourrions citer d'autres intéressants
ouvrages. Bornons-nous à mentionner la reproduction en mosaïque des
tableaux de Raphaël et d'autres grands maîtres de la peinture, œuvres
qui ornaient la basilique de Saint-Pierre et que les papes firent transporter
au Vatican.

*
* *

Napoléon Iᵉʳ voulant transporter le bel art de la mosaïque en France
et en doter son pays comme l'avait fait Colbert pour diverses industries,
créa une école de mosaïque à Paris. Elle s'installa d'abord rue de l'Uni-
versité et ensuite dans le ci-devant couvent des Cordeliers (rue de l'École
de Médecine). Des jeunes gens sourds-muets furent attachés à l' « École
impériale de mosaique, » dont le budget était fort mince et qui disparut
en 1831.

Cette école avait cependant donné d'heureux résultats. Elle produisit,
entre autres, la mosaïque de la rotonde devant la galerie d'Apollon du
Louvre et le pavage en mosaïque de la salle de Melpomène du même

palais. Ce pavage est une grande composition en marbre et smalt (silicate bleu de cobalt), à compartiments, représentant Minerve conduisant un quadrige et escortée par la Paix et l'Abondance. Des figures allégoriques symbolisent des fleuves. Le dessin est du baron Gérard.

Aujourd'hui la mosaïque s'emploie, comme aux temps anciens, pour la décoration des édifices : revêtements de parois, de plafonds et du sol et, plus rarement, elle s'applique à la représentation de sujets historiques ou allégoriques. Cependant l'architecte Charles Garnier a décoré de mosaïques l'avant-foyer de l'Opéra de Paris, dont la voûte a reçu des caissons à figures, entourés d'attributs et d'arabesques et la Loggia du même théâtre qui contient sept médaillons représentant des masques tragiques. Le pavé des couloirs de l'Opéra est aussi en mosaïque.

Nous pouvons encore citer, de notre époque, la nouvelle cathédrale byzantine de Marseille, qui est aussi décorée d'importantes mosaïques.

En 1876, une « École nationale de mosaïque » fut créée par l'État ; les élèves de cette école ont exécuté une grande frise placée sous le fronton du Musée de la Manufacture de Sèvres. Actuellement, l'École poursuit l'exécution de la décoration en mosaïque de l'abside du Panthéon et représentant « le Christ révélant à l'Ange de la France les destinées de son peuple, » vaste sujet où figure Jeanne d'Arc et qui est encadré par un bel enroulement de raisins et de vignes.

*
* *

Les carrelages polychromes des édifices publics ou privés étaient, chez les Romains, de diverses natures : le *pavimentum sectile* était composé de marbres de différentes couleurs, de formes et de dimensions exactes, de façon à former un ensemble présentant une suite de figures régulières géométriques, faites de pièces carrées, triangulaires et polygonales, absolument comme le carreleur marbrier le fait encore aujourd'hui. Il reste de ces carrelages antiques ; il en existe un à Rome, dans l'église de Sainte-Croix de Jérusalem. C'est une distribution d'hexagones espacés et entourés de couronnes à pans ; les matières employées pour ce travail sont : les marbres serpentine, de Palombino, de Pavonazetto et le porphyre.

Le *pavimentum tessellatum* ou *tesseris structum* était composé des mêmes matières, mais la disposition des dessins était toujours et sans addition d'autres figures, en forme de damier plus ou moins compliqué. C'est ainsi qu'est le pavé, encore existant, des Thermes de Caracalla que Vitruve et Suétone ont décrit. Toutes les pièces et les figures de cette espèce de marqueterie sont carrées ; elles sont entourées d'une bordure de deux couleurs et d'un encadrement noir.

Au moyen-âge, les carrelages furent, le plus souvent, semblables en tous points à ceux des Romains dont les livres étaient conservés au fond des cloîtres et les travaux de carrelage et de mosaïque furent dirigés par des moines.

Les carrelages du xiie siècle reproduits par Viollet-le-Duc, tels que celui de la Chapelle de la Vierge de l'église de Saint-Denis, sont composés de « cercles noirs et rouges qui se pénètrent, et de compartiments « très fins qui n'ont pas plus de trois centimètres de côté. » Dans une autre chapelle de la même église, des fleurs de lys jaunes sur fonds noirs, verts, etc., ornent les carrelages.

Viollet-le-Duc cite encore des carrelages allemands très remarquables du xiiie siècle et fait remarquer ensuite que, dès cette époque, les carrelages de terre cuite avaient été remplacés par des carreaux incrustés d'ornements ; il en donne des exemples divers : carreaux simplement estampés en creux, carreaux incrustés de jaune sur noir ou brun, carreaux incrustés et émaillés.

Au xive siècle, on voit figurer dans l'ouvrage si estimé de cet auteur *(Le Dictionnaire raisonné de l'Architecture française)*, des carrelages magnifiques ornés de chiffres, d'inscriptions, d'armoiries, quelquefois même de petites scènes ; les tons verts et bleus clairs dominent alors et le noir devient plus rare.

Au xve siècle, on mentionne des carrelages à dessins en relief, innovation peu heureuse, à notre sens, à cause de l'usure rendue plus facile.

Au xvie siècle, apparaissent les carreaux en faïence peinte d'Ecouen, de Blois, de l'église de Brou et de la cathédrale de Langres. Ces carrelages se font aussitôt remarquer par leurs riches décorations, l'harmonie de leurs tons et leur heureuse composition. Ils furent imités pendant les siècles suivants. Aujourd'hui, on se sert surtout du carreau de faïence pour en faire des revêtements de cabinets de toilette, de salles de bains et de cuisines.

Cependant, les faïences décorées et émaillées deviennent parfois des éléments précieux d'ornementation : ce sont des bordures, des frises, des médaillons, des bas-reliefs et autres motifs isolés richement colorés que l'on peut incruster dans les façades des édifices, des habitations, surtout des maisons de campagne.

**

Les carrelages ordinaires se font actuellement avec des carreaux de terre cuite provenant des usines de Bourgogne, de Paris, Massy, Beauvais, Marseille, etc., etc. Ces carreaux sont de formes diverses : carrés, hexagonaux, octogonaux, etc., et sont posés sur forme à bain de plâtre ou mieux de ciment.

Les carrelages ornementés se sont, de plus en plus, répandus depuis environ trente ans. On les compose avec divers carreaux. Ce sont :

Les carreaux en ciment comprimé, décorés de différentes teintes ; ils fournissent des surfaces ornementées d'un prix relativement peu élevé ;

Les carreaux de terre cuite émaillée qui peuvent s'employer aussi avec succès à la décoration monumentale comme nous venons de le dire et aussi en revêtements par panneaux ;

Les carreaux en grès cérame, beaucoup plus durables que les précédents ; ils sont fabriqués avec des pierres pulvérisées mêlées à de l'argile et cuits à une haute température jusqu'à vitrification ; ces carrelages ont un très bel aspect, leur décoration étant souvent heureuse.

Enfin, on fait, comme aux temps anciens, des carrelages à dessins géométriques ; ils sont composés de carreaux de marbre et de liais carrés et octogones alternés et combinés avec des carreaux plus petits en marbre noir ou de couleur.

**

La communauté des Potiers de terre figure dans les règlements d'Etienne Boyleaux, prévôt de Paris sous Louis IX *(Livre des Métiers* LXXIV*)*; leur statuts furent revisés à diverses époques.

HISTORIQUE. — 24

En 1607, ces statuts furent confirmés par Henri IV; on y mentionne pour la première fois, la confection des grands et petits *carreaux*, pour le pavage des pièces d'appartement, d'où le nom de carreleurs donné aux ouvriers qui les posaient. Voici l'un des articles des lettres-patentes de 1607, concernant le carrelage :

« Nul ne pourra paver aucunes salle, chambres ni galleries dudit « petit et grand carreau de terre cuite et vendre des pots et bouteilles, « s'il n'est reçu et passé maître. »

La pose, comme la façon de ces carreaux appartenait donc aux seuls potiers et était interdite aux maîtres et compagnons-maçons ; plusieurs arrêts recueillis en 1752, en témoignent.

L'apprentissage était de quatre ans ; le maître ne pouvait avoir qu'un seul apprenti à la fois.

En 1693, la maîtrise coûtait trois cents livres. En 1776, les potiers formèrent la dix-neuvième communauté avec les faïenciers et les vitriers; le prix de la maîtrise était alors de cinq cents livres.

La confrérie des potiers était érigée en l'honneur de la Nativité de la Sainte-Vierge : leur chapelle était l'une de celles de l'église Saint-Bon. Pour l'entretien de cette confrérie, chaque maître payait, en 1607, douze deniers tournois par semaine et chaque valet six deniers. En 1751, les droits de confrérie furent fixés à 30 sols par an.

Les mosaïstes ne figurent pas dans le *Livre des Métiers*. Ils devaient être en très petit nombre et ne pouvaient, par cette raison, être organisés en corporation ; ils obéissaient seulement aux règlements de police concernant en général les artisans.

CHAMBRE SYNDICALE

Entrepreneurs de Carrelages
Revêtements et Mosaïques

Fondée en janvier 1899

Cette Chambre, de création récente, a pour but de veiller aux intérêts généraux de la corporation et de constituer un conseil central pour recevoir et recueillir toutes communications concernant l'exercice de la profession des membres de la Chambre et prendre, dans les limites légales, toutes mesures relatives à l'intérêt des sociétaires et à l'intérêt général (*).

Elle comprend, ainsi que son titre l'annonce, des Entrepreneurs de carrelages ordinaires, de carrelage en grès cérame vitrifié et en ciment comprimé, de revêtements en faïence unie et décorée, enfin des maîtres-mosaïstes. Tous ont voulu se réunir pour mieux se connaître, s'aider, s'estimer et unir leurs efforts en vue de faire progresser leurs industries.

Le bureau de cette Chambre est actuellement ainsi composé :

M. GAULIER, *président ;*
M. PÉROT, *vice-président :*
M. VERDY, *trésorier ;*
M. ZAENGERLER, *secrétaire.*

Les membres du Conseil, au nombre de six, sont : MM. GILARDONI, TACHE, CORBASSIÈRE, MARTIN, VOILLAUME et PIQUOT.

Comme les autres syndicats du Groupe de l'Industrie et du Bâtiment, la Chambre a formé, dans son sein, diverses commissions parmi lesquelles on remarque celle de la Série qui s'occupe des réclamations

---

(*) Art. 1 et 3 des statuts

possibles à formuler et à soutenir devant l'Administration ou les Sociétés d'Architectes et les commissions judiciaires qui ont eu à examiner diverses affaires renvoyées devant elles par le Tribunal de Commerce ou renvoyées directement par les parties et qu'elles ont eu la satisfaction de concilier, dans la proportion de six sur sept.

M. GAULIER

PRÉSIDENT DE LA CHAMBRE DES ENTREPRENEURS DE CARRELAGES,

REVÊTEMENTS ET MOSAÏQUES

CHAMBRE SYNDICALE

DES

Patrons Grillageurs

LE GRILLAGE

D'azur et de gueules, à un encadrement d'argent ; sur le fond azur trois lys d'or ;
un grillage d'or remplissant l'écusson

HISTORIQUE DU MÉTIER

L'EMPLOI des grillages ne s'est généralisé que dans ces dernières années; il nécessite aujourd'hui, pour sa production, des spécialistes qui n'avaient aucune raison d'être il y a seulement soixante ans.

Néanmoins, il se fait des grillages (sans parler des treillis encore antérieurs) depuis fort longtemps; on en retrouve sur des meubles anciens datant de plus de cent années.

A Paris et en Province, les fabricants de cages étaient les producteurs habituels; chaque région productive avait son procédé de fabrication, par exemple, dans l'une, on faisait la torsion à droite, dans l'autre, elle était à gauche. Mais partout, on employaient les fils roulés sur des bobines, dans l'ignorance où l'on était des longueurs de fil déterminées pour les largeurs du grillage.

Le travail exécuté pour les bibliothèques avait cependant été poussé assez loin et les plus beaux modèles, offrant un réel sentiment d'art, sont encore ceux créés il y a plus d'un siècle.

C'est vers 1840 que le grillage devint d'une production courante et régulière à cause de son emploi plus fréquent dans l'Industrie du bâtiment et que parurent les premiers patrons-grillageurs à la main.

A peu près à la même époque, fut imaginé un nouveau système de grillage fait mécaniquement, dit à « simple torsion », plus économique que le précédent, mais ne le remplaçant pas dans tous les cas.

En 1880, on construisit une machine à faire le grillage à double torsion, très ingénieuse mais très compliquée ; elle ne donna pas de résultats pratiques et fut abandonnée (système Gondoin).

A ce moment, l'Angleterre nous fournissait les grillages mécaniques communs à trois torsions qui font aujourd'hui l'objet d'une industrie spéciale toute française.

A la section anglaise de l'Exposition universelle de 1878, figuraient quelques échantillons d'un modèle nouveau désigné depuis sous le nom de « grillage ondulé », tout différent de ce qui s'était fait jusqu'alors, en ce sens qu'il n'y avait pas de torsion des fils l'un sur l'autre, mais des croisements alternés après préparation mécanique.

A ce moment aussi, un champ nouveau et vaste s'ouvrait à l'industrie du grillageur par l'emploi, dès lors possible, des gros fils non recuits de tous profils qu'excluait de la fabrication, le travail à la main.

Depuis, le grillage a été rendu propre à une foule d'usages, en le perfectionnant à un tel point qu'il n'a plus rien de commun avec les primitifs échantillons anglo-américains, que le principe.

Vers 1892, les premiers modèles de grillages ondulés ornés ou formant dessin firent leur apparition ; ils sont aujourd'hui très nombreux et d'un caractère décoratif.

Les outillages les plus récents permettent même d'obtenir des grillages en partie unis et en partie ornés avec une infinité de combinaisons rendant possible, dans une certaine limite que reculera chaque jour le progrès, l'exécution de panneaux d'après dessins. C'est, jusqu'à demain, le dernier mot d'une Industrie qui, par l'importance qu'elle a prise, a mérité de figurer parmi le groupe des Chambres Syndicales de l'Industrie et du Bâtiment.

CHAMBRE SYNDICALE

DES

Patrons Grillageurs

Fondée en 1899

Cette chambre a été fondée le 27 mars 1899.

Elle a pour but de développer la bonne confraternité entre ses membres ; de servir d'intermédiaire entre les membres de la corporation, les particuliers et les corps constitués ; d'élaborer et rédiger en commun une série de prix rationnelle par la compétence de ses auteurs ; de régler à l'amiable et gratuitement toutes les contestations ou différends qui lui seront soumis ; enfin d'étudier et de résoudre toutes les questions touchant les intérêts généraux de la corporation.

Le Bureau de la Chambre est ainsi composé :

MM. RODE, président ; BRUYANT, vice-président ; MAUPIN, secrétaire, MAILLOCHEAU, trésorier.

En outre, MM. LEHMANN, BOUVIER, GASNIER et BEUREL sont membres du Comité de la Chambre.

M. RODE

PRÉSIDENT DE LA CHAMBRE DES PATRONS GRILLAGEURS

GROUPE DES CHAMBRES SYNDICALES

Des Entrepreneurs de Bâtiments

DU DÉPARTEMENT DE SEINE-ET-OISE

GROUPE DES CHAMBRES SYNDICALES

DES

ENTREPRENEURS DE BATIMENTS

DU DÉPARTEMENT DE SEINE-ET-OISE

CE groupe représente diverses industries de la construction dont on a pu lire l'historique dans les monographies qui précèdent. Il n'y a donc pas lieu d'y revenir, sous peine de faire un double emploi.

Nous ne donnerons donc ici que la composition des Chambres réunies, celle du bureau du Groupe et, enfin, les noms des délégués.

Le groupe est composé des Chambres :

D'*Argenteuil,* siège social à Argenteuil.

De *Montmorency,* siège social à Enghien.

De *Beaumont-sur-Oise,* siège social à Beaumont.

De *Meulan,* siège social, Hôtel-de-Ville, à Meulan.

De *Saint-Germain-en-Laye,* siège social à Saint-Germain-en-Laye.

De *Versailles,* siège social, Tribunal de Commerce, à Versailles.

Composition du Bureau du Groupe

Président, M. ALLINE, entrepreneur de menuiserie, à Argenteuil.

Vice-présidents {
M. CHARTIER, entrepreneur de serrurerie, à Enghien.
M. BOULLAND, entrepreneur de couverture à Beaumont.

Rapporteur, M. OLIVIER, entrepreneur de couverture, à Meulan.

Trésorier, M. PETIT, entrepreneur de peinture, à Argenteuil.

Secrétaire, M. LÉGÉ, entrepreneur de menuiserie, à Argenteuil.

Délégués du Groupe

ARGENTEUIL

MM. ALLINE, *président*, entrepreneur de menuiserie.
PETIT, *trésorier*, entrepreneur de peinture.
LÉGÉ, *secrétaire*, entrepreneur de menuiserie.

BEAUMONT-SUR-OISE

MM. BOULLAND, *président*, entrepreneur de couverture.
BECKER, *trésorier*, entrepreneur de couverture.
PASDELOUP, *secrétaire-adjoint*, entrepreneur de serrurerie.

SAINT-GERMAIN-EN-LAYE

MM. FOURNEZ, *président*, entrepreneur de maçonnerie.
SIMON-LAURENT, *trésorier*, entrepreneur de maçonnerie.
MOUTIER, *vice-président*, entrepreneur de serrurerie.

MONTMORENCY

MM. CHARTIER, *président*, entrepreneur de serrurerie, à Enghien.
CASSAN, *trésorier*, entrepreneur de menuiserie, à Saint-Leu.
BOUTET, *secrétaire*, entrepreneur de serrurerie, à Enghien.

MEULAN

MM. OLIVIER, *président*, entrepreneur de couverture.
BERTHAUX, *trésorier*, entrepreneur de travaux en bois.
LEFÈVRE, *secrétaire*, entrepreneur de peinture.

VERSAILLES

MM. BERNARD, *président*, entrepreneur de menuiserie.
MASSON, *trésorier*, entrepreneur de couverture.
HÉBERT, *rapporteur*, entrepreneur de fumisterie.

M. ALLINE

CHAMBRE SYNDICALE

DES

Fabricants de Tôlerie

LA TOLERIE

Outils d'or sur fond de gueules

HISTORIQUE DU MÉTIER

L'ART du tôlier ne peut être d'ancienne date, le fer en feuilles de mince épaisseur n'ayant été obtenu, en réalité, que depuis l'établissement des laminoirs dont le premier fut mis en application en 1663, en Angleterre. Antérieurement à cette date, on employait, pour les petits ouvrages, les repoussés au marteau et les pièces d'armure, le *fer battu*, c'est-à-dire le métal battu jusqu'à la moindre épaisseur par les procédés ordinaires du martelage et du corroyage répétés.

La tôle a été appelée anciennement *fer noir* ; le mot tôle vient du latin *tela*, toile, à cause du peu d'épaisseur de la tôle. Elle n'a été fabriquée en France qu'à partir de 1726.

« La tôlerie d'aujourd'hui », dit M. Boulard, secrétaire-trésorier de la Chambre syndicale des fabricants de tôlerie, « est une des branches « les moins connues des spécialités du bâtiment ; elle compte tout au « plus 1.800 à 2.000 ouvriers à Paris. Peu d'ouvrages d'art parlent de ce « métier que l'on confond bien souvent avec la chaudronnerie en fer. »

Cependant, l'ouvrier chaudronnier appartenant à cette spécialité d'ouvrage, confectionne généralement les grandes pièces, depuis les réservoirs à eaux, les gazomètres, etc., jusqu'aux chaudières de machines et aux bateaux en fer, tandis que le tôlier produit de moins importants travaux.

« Il y a lieu de croire », ajoute M. Boulard, « que ce métier dérive de « la chaudronnerie de cuivre et, ce qui pourrait le faire mieux supposer, « c'est que la grande majorité des ouvriers tôliers sont originaires de la « région d'Aurillac qui compte précisément comme un centre de chau- « dronnerie très renommé ».

Ces chaudronniers, dans l'origine, s'appelaient *batteurs* ; ils couraient le pays avec une espèce de chalumeau que l'on a comparé à la *fistula* des Romains. Ils fabriquaient les chaudrons, poêlons, poêles, fontaines, poissonnières, bassins, brocs et même des seaux et des *coupes* à longue queue pour puiser de l'eau. Mais tous ces objets, qu'ils corportaient dans le Midi de la France, étaient en cuivre ; cependant leur industrie et celle du tôlier ont, en effet, un caractère commun : des deux côtés, on plane, découpe, emboutit la matière. Le martelage, le repoussage et les menus travaux de petite forge sont identiques dans les deux différents ateliers. Il y a donc corrélation dans l'espèce, aussi bien qu'avec le travail des dinandiers et l'outillage employé est le même.

*
* *

Les merciers, appartenant à la plus ancienne des corporations de métiers, avaient le privilège de vendre depuis les étoffes les plus riches de drap d'or, d'argent et de soie, jusqu'aux chaudières, poêles, casseroles, marmites, coquemars, bassinoires, cloches, etc., et *tous ouvrages en fer*. C'est ce que nous apprennent les règlements des merciers, corporation formant, au xviie siècle, la dix-septième classe des marchands.

Les vanniers-quincailliers, dès 1467, vendaient des articles de ménage, faits de métal.

Nous trouvons, dans un arrêt du Parlement, en date du 15 janvier 1611, un article relatif aux chaudronniers ; il indique que les taillandiers peuvent seuls fabriquer les anses, cercles et ligatures de chaudrons, chaudières, etc., et ensemble tous ustensiles de cuisine entiers *et de pur fer*. On faisait donc, en ce temps-là, des ustensiles et des accessoires d'objets de ménage en fer battu.

Dans le cours du dix-huitième siècle, quelques tôliers, planeurs et repousseurs étaient installés dans les lieux privilégiés où régnait la liberté du travail à peu près sans entrave, c'est-à-dire dans les enclos du Temple et des Quinze-Vingts, par exemple. Ces lieux de franchise étaient accessibles aux petites industries ; il n'y avait là qu'une légère redevance à payer et non pas les droits excessifs qu'exigeaient les communautés jalouses, du reste, de ces privilèges.

Nous savons que, sous le régime ancien, lorsqu'un fabricant avait à employer des matières de natures diverses, il devait être reçu maître de différents métiers et qu'il en était de même, lorsque les ouvriers et les outils d'un industriel pouvaient appartenir à divers corps d'état. D'aussi déplorables errements amenèrent des résultats significatifs. Des inventeurs allèrent porter le fruit de leurs recherches à l'étranger et c'est ainsi qu'en 1761, celui qui trouva les moyens d'emboutir et de vernir la tôle, n'étant pas assez riche pour acheter plusieurs métiers du roi ou ne pouvant s'établir en lieu de franchise, alla porter cette industrie hors des frontières françaises. Elle ne nous revint qu'en 1793 et ce fut Deharme qui, après y avoir introduit divers perfectionnements, nous la rendit.

L'histoire du compagnonnage nous fournit un détail concernant les tôliers. Les menuisiers soutenaient que les compagnons-tôliers avaient connu le secret du devoir par trahison ; ils leur vouèrent une haine mortelle qui amena des rixes fréquentes. Ceci se passait dans le cours du XVIIIe siècle.

*
* *

D'après M. Boulard, déjà cité, les maisons de Paris peuvent être divisées en quatre catégories :

1º Les fabricants d'articles de ménage : c'est la petite tôlerie ;

2º Les fabricants de bouches de chaleur en tôle et cuivre et de châssis à rideaux pour les cheminées ;

3º Les fabricants de tôlerie de fumisterie, qui exécutent : tout ce qui concerne la tuyauterie galvanisée ou non ; les appareils et coffres de ventilation, de calorifères, de chauffage des serres ; les portes, tampons, trappes, registres, cendriers, étuves, fours, chaudières ; les divers engins destinés à parer aux influences de la température qui contribuent à faire fumer les cheminées : ventilateurs et aspirateurs à hélice ou non, capuchons, mitres, gueules de loup, fumivores, etc., etc. Vers le milieu du siècle, ces fabricants ont été jusqu'à livrer aux amateurs, des cheminées à la prussienne en tôle repoussée et polie, d'une ornementation telle qu'elles pouvaient passer pour de véritables œuvres d'art.

Ces deux dernières catégories constituent la tôlerie de bâtiment qui se fabrique en tôles diverses, variant de qualité et d'épaisseur : douce, demi-douce, de troisième qualité, minces, fortes.

4º Les fabricants de fourneaux de cuisine. Cette dernière spécialité du métier est celle qui a pris le plus de développement depuis vingt ans ; elle a appliqué, à toute sa fabrication, le système du travail à la tâche.

Les établissements de tôlerie ayant été considérés par l'Administration préfectorale comme étant incommodes et trop bruyants, elle prétendit les faire disparaître et fit même, en 1896, fermer d'office l'un de ces ateliers, rue Rochechouart. La Chambre de fumisterie, prenant en main les intérêts aussi gravement menacés a soutenu, à ce propos, un procès considérable. Après appel et grâce à ses efforts, une décision du Conseil d'Etat est intervenue en sa faveur ; cette décision a donc donné gain de cause aux tôliers, sans cependant trancher la question juridique et en se basant sur des questions de fait seulement. (*Echo des Chambres syndicales* ; années 1896 à 1899).

La constatation des salaires des ouvriers tôliers travaillant pour la fumisterie a eu lieu à la suite d'une entente entre patrons et ouvriers, membres des comités des commissions mixtes nommées par arrêté ministériel du 19 septembre 1899, en vertu du décret du 10 août de la même année, sur les conditions du travail dans les traités passés au nom de l'Etat.

Cette commission s'est réunie le 29 septembre 1899 ; elle avait pour président M. Nicora, président de la Chambre syndicale des entrepreneurs de fumisterie et pour secrétaire M. Carrière, ouvrier délégué.

Les prix dont nous parlons sont les suivants :

Compagnon tôlier : 0 fr. 80 l'heure.

Aide-tôlier : 0 fr. 45 l'heure.

La journée étant de dix heures en été comme en hiver.

CHAMBRE SYNDICALE

DES

Fabricants de Tôlerie

Fondée en 1899

Jeton de présence des Membres du Conseil d'Administration de la Chambre

---

Jusqu'en 1899, les fabricants de tôlerie de Paris n'avaient pas éprouvé la nécessité de se grouper ; quelques-uns d'entre eux s'étaient ralliés à la Chambre syndicale des fabricants d'appareils de chauffage, d'autres s'étaient réunis à la Chambre des fondeurs et constructeurs-mécaniciens.

Lorsque fut promulguée la nouvelle loi du 6 avril 1898 sur la responsabilité en matière d'accidents du travail, quelques maîtres-tôliers pensèrent qu'en se présentant en groupe aux Compagnies d'assurances, ils obtiendraient des taux de primes plus avantageux que s'ils étaient isolés. Ils firent alors appel à leurs confrères et, dans une première réunion tenue en juin 1899, les fabricants de tôlerie jetèrent les bases d'une Chambre syndicale qui fut définitivement constituée le 1er juillet suivant.

Le 24 août, le bureau fut ainsi composé : MM. Bos, président ; Deveccy, vice-président ; Boulard, secrétaire.

Les membres du Conseil d'Administration de la Chambre, actuellement en exercice, sont : MM. Bos, Deveccy, Boulard, Garrigoux, Magne et J. Renaud.

M. BOS

PRÉSIDENT DE LA CHAMBRE DES TÔLIERS

Table des Matières

Table des Matières

NOTE

++++ ++++

Il a été tiré de cet ouvrage cinq cents exemplaires numérotés et signés des Editeurs :

MM. J.-E. WATELET & VIGOT

Imprimeurs des Chambres Syndicales de l'Industrie et du Bâtiment

de la Compagnie Générale Parisienne de Tramways

des Chemins de fer de l'Etat, de la Préfecture de Police

etc., etc.

18, Rue d'Odessa, 18 (dans le passage)

Paris, 1900

++++

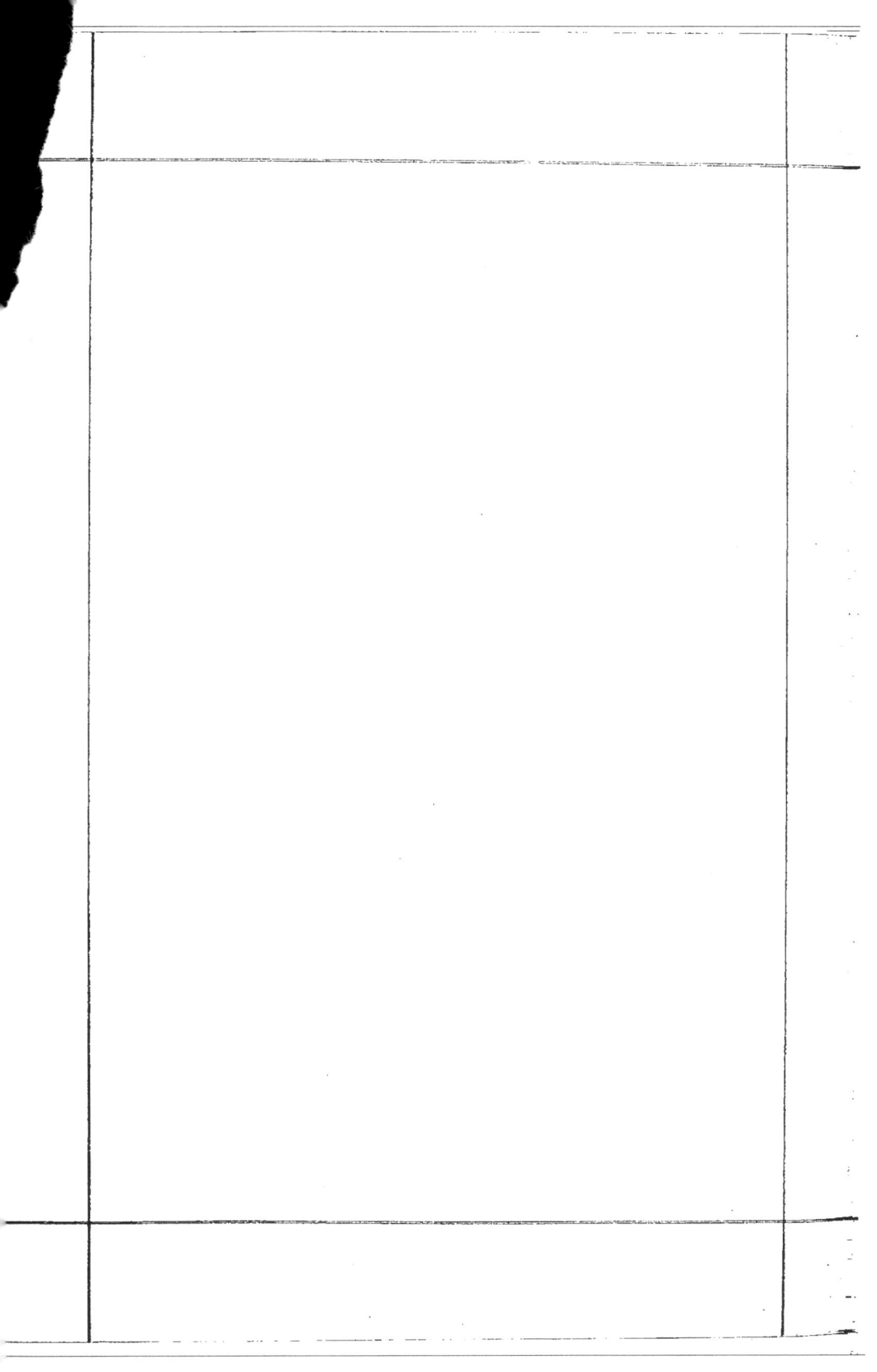

www.ingramcontent.com/pod-product-compliance
Lightning Source LLC
Chambersburg PA
CBHW060913220326
41599CB00020B/2949